KB027871

말하기가 10배 빨라지는
10
배속
프랑스어회화

초판 인쇄일 2019년 5월 10일
초판 발행일 2019년 5월 17일

지은이 Prapassorn Phan Chatree
옮긴이 전혜원
발행인 박정모
등록번호 제9-295호
발행처 도서출판 혜지원
주소 (10881) 경기도 파주시 회동길 445-4(문발동 638) 302호
전화 031) 955-9221~5 팩스 031) 955-9220
홈페이지 www.hyejiwon.co.kr

기획 박혜지
진행 박혜지, 박민혁
디자인 조수안
영업마케팅 황대일, 서지영
ISBN 978-89-8379-989-0
정가 12,000원

이 도서의 국립중앙도서관 출판예정도서목록(CIP)은 서지정보유통지원시스템 홈페이지(http://seoji.nl.go.kr)와 국가자료공동목록시스템(http://www.nl.go.kr/kolisnet)에서 이용하실 수 있습니다.(CIP제어번호: CIP2019016390)

혜지원

이 책의 구성

❶ 2개의 대주제

이 책은 크게 단어와 회화 파트로 이루어져 있으며, 독자가 짧은 시간에 프랑스어를 유창하게 말할 수 있게 도와줄 거예요. 실생활에서 있을 법한 여러 상황을 이해하기 쉽고 재미있게 구성했어요.

PART 01
알아 두면 좋은 프랑스어 단어들
MOVIE

PART 02
일상 속에서 필요한 회화

❷ 40개의 소주제

2개의 대주제는 다시 40개의 소주제로 나누어 담았어요.
일상의 회화에 기초한 내용을 통해 쉽게 프랑스어를 배울 수 있을 거예요!

❸ 그림을 통한 학습

모든 내용은 「그림」 + 「문자」의 형태로 기억하는 방식을 사용했어요. 이를 통해 쉽게 학습하고, 즐거운 분위기에서 공부할 수 있도록 하였습니다.

공중전화기
un publiphone
(엉 쀠블리폰)

전화기 부스
une cabine
(윈느 꺄빈)

통화
un appel
(어 나뻴)

전화번호
un numéro de téléphone
(엉 뉴메호 드 뗄레폰)

전화번호부
l'annuaire
(라뉴에흐)

전화 카드
une télécarte
(윈느 뗄레꺄뜨)

장거리 전화
un appel à longue distance
(어 나뻴 아 롱그 디스땅스)

국제 전화
un appel à l'étranger
(어 나뻴 아 레트랑제)

1. 공원 le parc (르 빠르크)
2. 대학교 l'université (m) (뤼니벡씨떼)
3. 호텔 l'hôtel (m) (로뗄)
4. 동물원 le zoo (르 조)

❹ Memo를 통한 추가 힌트

독자가 헷갈리기 쉬운 문법이나 용법은 Memo를 통해 쉽고 정확하게 학습하도록 도움을 줍니다.

Memo

des와 de

셀 수 있으면서 특정한 것을 지칭하지 않는 명사에 씁니다. 예를 들어 고양이 여러 마리라고 했을 때, 어떤 고양이 무리인지 가리키지 않는다면 관사 des를 씁니다. 하지만 des 뒤에서 형용사로 명사를 꾸며 줄 때에는 des를 de로 바꿔 줘야 합니다.

고양이 한 마리
un chat
(엉샤)

고양이 여러 마리
des chats
(데 샤)

하얀 고양이 여러 마리
de blancs chats
(드 블랑 샤)

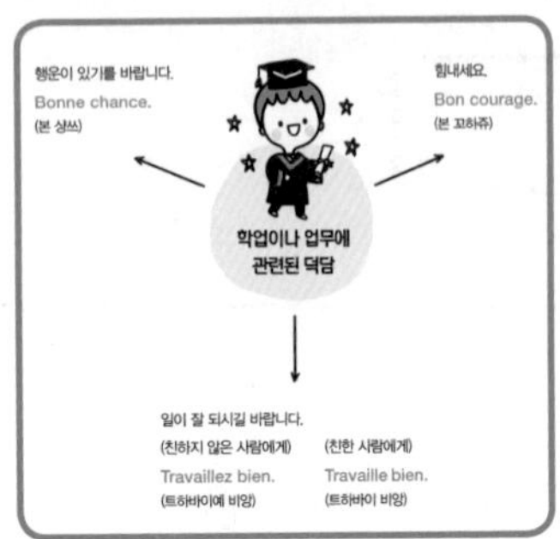

Bonne chance.

Bon courage.

Travaillez bien.
(트하바이예 비앙)

Travaille bien.
(트하바이 비앙)

❺ 여러 가지 표현

한국어와 프랑스어에는 표현 방식의 차이가 있을 수 있어요. 이 책은 여러 가지 프랑스어 표현을 다루었어요. 보다 다양한 표현을 배우고 자유자재로 쓸 수 있도록 말이죠!

❻ 문장 유형을 통째로 학습

문장 유형을 통해 자주 쓰는 프랑스어를 배울 거예요. 프랑스어 문장은 마술과 같아요. 한 문장 유형에 관련된 단어를 함께 제대로 배우면 이를 활용해 다양한 프랑스어 문장을 구사할 수 있을거예요.

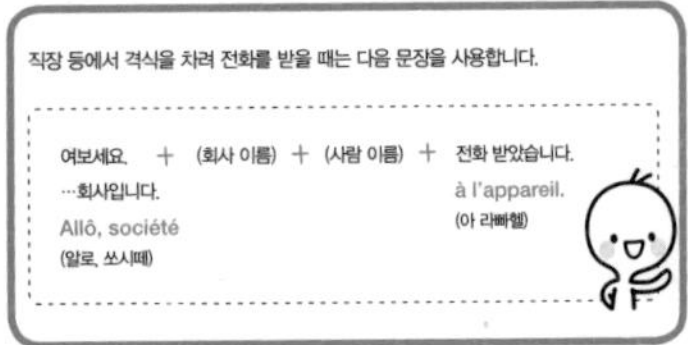

직장 등에서 격식을 차려 전화를 받을 때는 다음 문장을 사용합니다.
여보세요. + (회사 이름) + (사람 이름) + 전화 받았습니다.
…회사입니다.
Allô, société
(알로, 쏘시떼)
à l'appareil.
(아 라빠헤)

❼ 휴대용 MP3 ⊙ MP3 01-01

이 책은 언제든지 휴대하며 들을 수 있도록 MP3 파일을 제공합니다. 반복해서 들으며 듣기 능력을 기르고 따라 말하며 말하는 능력을 높여 보세요. 정확한 발음을 듣고 배워서 프랑스어 실력을 높여 봅시다.

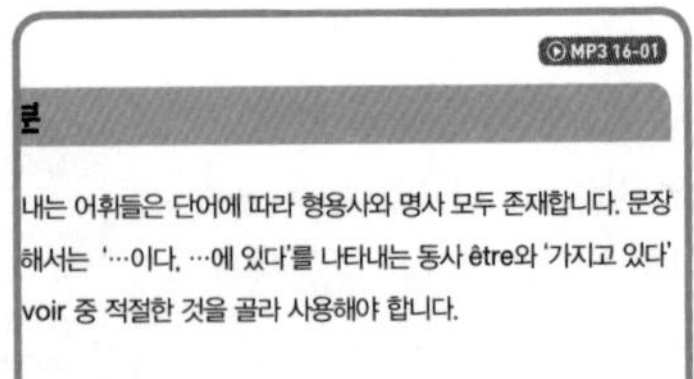

⊙ MP3 16-01
내는 어휘들은 단어에 따라 형용사와 명사 모두 존재합니다. 문장
해서는 '…이다, …에 있다'를 나타내는 동사 être와 '가지고 있다'
voir 중 적절한 것을 골라 사용해야 합니다.
하는 단어

MP3 다운로드 방법

MP3 파일은 혜지원 홈페이지(http://www.hyejiwon.co.kr)에서 다운로드 받으실 수 있습니다.

들어가는 말

새로운 언어를 배우는 것은 결코 쉬운 일이 아닙니다. 특히 입문 단계에서 기초를 다지지 않는다면 반복되는 어려움에 공부가 보다 더 힘들어질 것입니다. 〈10배속 회화〉 시리즈는 독자가 한정적인 시간에도 편안하게 언어를 학습하고 빠르게 실력이 향상될 수 있도록 하였습니다. 풍부하고 실용적인 내용을 이해하기 쉽도록 명료하게 정리하였으며, 귀여운 그림을 더하여 언어를 어렵지 않고 흥미롭게 배울 수 있도록 했습니다.

『10배속 프랑스어회화』는 가장 기초적인 자음, 모음의 발음부터 간단한 단어, 더 나아가 문장까지 배우고, 그것들을 발전시켜 우리가 생활 속에서 활용할 수 있는 실용적인 말까지 배울 수 있도록 하였습니다. 이 책은 40개의 챕터로 구성되어 있으며, 각 챕터는 쇼핑, 간병, 길 묻기, 음식 주문하기와 같은 여러 가지 실생활 회화로 구성되어 있습니다. 또한 귀여운 그림을 활용하여 보다 빠르게 문장을 기억하고 학습할 수 있는 효과를 주었습니다.

『10배속 프랑스어회화』가 프랑스어 공부를 시작하는 당신에게 꼭 필요하면서, 배우는 과정에 어려움 없이 프랑스어에 흥미를 붙이게 되기를 원합니다. 만약 프랑스어를 이미 배우기 시작했다면, 이 책이 항상 당신 곁에서 큰 도움이 되기를 희망합니다. 당신을 응원합니다!

저자의 말

『10배속 프랑스어회화』 책을 손에 집어 든 독자 여러분들은 각자 수많은 이유를 갖고 계실 겁니다. 아마도 프랑스어를 알고자 하시는 분, 현재 프랑스어를 배우고 계신 분, 프랑스에 유학을 가기 위해 자금을 마련하신 분, 프랑스인과 사랑에 빠지신 분 또는 프랑스에 여행을 가시려는 분도 있을 수 있겠지요. 이러한 다양한 이유가 여러분이 프랑스어를 배우고 익히는 계기일 것입니다.

이 책은 여러분을 세상에서 가장 감미로운 언어인 프랑스어를 배우고 친숙해지도록 이끌어 줄 것입니다. 책 속의 지문과 연관된 그림, 발음 공부 등을 통해 즐거운 마음으로 공부하실 수 있기를 바랍니다.

처음 새로운 것을 시작한다는 것은 여간 힘든 일이 아닙니다. 이 책은 독자 여러분이 힘들이지 않고 프랑스어를 알고 이해하며 구사할 수 있도록 필요한 것들을 자신 있게 모아 둔 책입니다. 부디 즐거운 프랑스어 공부가 되시길 바랍니다.

Prapassorn Phan Chatree

목차

PART 02
일상 속에서 필요한 회화

PART 01

알아 두면 좋은 프랑스어 단어들

프랑스어 입문

Introduction de la langue française

만약 세상에서 가장 감미로운 언어가 뭐냐고 묻는다면 많은 사람들이 프랑스어를 꼽을 것입니다. 프랑스어는 네덜란드, 오스트리아, 모나코, 캐나다, 벨기에, 스위스 등 전 세계 53개국 이상에서 쓰이고 있는 언어입니다. 뿐만 아니라 프랑스어는 라틴어 계열 언어들 중에서 스페인어와 포르투갈어에 이어 세 번째로 쓰는 사람이 많은 언어입니다. 따라서 프랑스어를 쓰는 사람을 francophones(프랑코폰)라고 부릅니다. 프랑스어를 모국어로 사용하는 여러 국가들을 제외하고도 UN, EC, 국제적십자기구, 유네스코, NATO, 법률 기관 등 여러 중요한 국제기구들 또한 프랑스어를 사용하고 있습니다.

알파벳, 자음, 모음, 상징 등등을 알아가는 것을 시작으로 프랑스어 공부를 해 보도록 합시다. 유창하고 감미롭게 프랑스어를 구사할 수 있도록 마스터하는 것의 밑바탕이 될 수 있을 것입니다.

MP3 01-01

프랑스어 알파벳(l'alphabet français)

프랑스어에는 자음 21자와 모음 5자를 합해 모두 26자가 있습니다. 영어 알파벳과 똑같은 글자를 쓰지만 발음에는 차이가 있습니다.

몇 가지 발음은 우리말에는 없는 소리입니다. 이 책에서는 최대한 실제 발음과 가까운 우리말을 적어 이해하기 쉽도록 했습니다. 출판사 홈페이지에서 MP3 파일을 꼭 들어 보세요. 발음에 많은 도움이 될 것입니다.

자음 21개

먼저 자음 21개를 알아봅시다. 이 자음들은 초성과 종성(받침)에 모두 쓰일 수 있습니다.

자음	자음의 이름	발음	해당 자음 사용 예시
b	베	ㅂ	**b**on**b**on(봉봉) 사탕
c	쎄	모음 a, o, u 앞에 올 때 ㄲ, ㅋ 모음 e, i, y 앞에 올 때 ㅆ 받침으로 쓰일 때 ㄱ 일부 단어는 받침을 발음하지 않음 cc e, i 모음 앞에 올 때 ㄲㅆ로 발음됨 cc a, o, u 모음 앞에 올 때 ㄲ로 발음됨 ch ㅅ 발음	bal**c**on(발콩) 베란다 **c**ent(썽) 백(100) fa**c**teur(퐉테흐) 우체부 taba**c**(타박) 담배 sa**c**(싹) 가방 a**cc**epter(악쎕터) 동의하다, 승인하다 a**cc**ord(악코흐) 동의 a**cc**lamer(아끌라메) 환호하다 a**ch**eter(아슈테) 사다
d	데	ㄷ	**d**eman**d**er(드망데) 질문하다 ai**d**e(에드) 돕다
f	에프	ㅍ, ㅃ	**f**amille(파미) 가족 positi**f**(포지티프) 긍정적이다

자음	자음의 이름	발음	해당 자음 사용 예시
g	제 (된소리)	모음 a, o, u 앞에 올 때 ㄱ 모음 e, i, y 앞에 올 때 ㅈ gn '뉴'로 발음	garder(갸흐데) 지키다, 보호하다 geste(제스트) 행위, 행동 gagner(가뉴에) 이기다
h	아쉬	두가지 유형으로 나뉜다 1. h aspiré(유음) 2. h muet(무음)	hibou(이보) 부엉이 homme(옴므) 남자
j	쥐	ㅈ	joli(졸리) 귀엽다
k	캬	ㅋ	kaki(캬키) 카키색
l	일	ㄹ ll은 이 또는 ㄹ로 발음된다	lune(륀느) 달 fille(퓌) 여자아이 mille(밀) 숫자 천(1,000)
m	엠	ㅁ	monde(몽드) 세상 ensemble(앙삼블) 함께
n	엔	ㄴ	panier(파니에) 바구니

자음	자음의 이름	발음	해당 자음 사용 예시
p	페	ㅍ, ㅃ ph f로 발음하는 복합자음	poison(푸아죵) 독 pharmacie(파흐마씨) 약사
q	큐	ㅋ(약간 '이' 모음을 함께 발음)	qui(키) 누구
r	에흐	ㅎ(가래를 뱉는 것처럼 목에서 나는 소리. ㅎ과 ㅋ 소리를 낼 때와 비슷하다)	roi(호아) 왕 pardon(파흐돈) 미안합니다 attendre(아딴드흐) 기다리다
s	쓰	ㅆ 모음 사이에 올 때는 경음으로 발음 ss 형태일 때 ㅆ 단어 끝에 올 때는 발음하지 않음	soir(쓰와흐) 저녁 maison(메죤) 집 passer(파쎄흐) 지나가다 repas(흐파) 식사
t	테	단어의 앞과 중간에 올 때 ㅌ, ㄸ 음절 끝에 –te로 올 때 ㅌ, ㄸ –tion 형태의 단어에서 ㅆ -ie 앞에 올 때 ㅌ, ㄸ	tapis(타피) 카페트 cravate(끄하바트) 넥타이 nation(나씨옹) 국가 démocratie(데모끄하티) 민주주의
v	베	ㅂ(윗니를 아랫입술에 대고 발음)	visage(비싸지) 얼굴

자음	자음의 이름	발음	해당 자음 사용 예시
w	두블르베	ㅂ	**w**agon(봐곤) 운송 트럭
x	익스	단어의 앞과 끝에 올 때 ㅆ 단어의 중간에 올 때 ㅋㅅ	di**x**(디스) 숫자 십(10) e**x**amen(이크싸멍) 시험
y	이	자음과 모음 둘 다 될 수 있다 장모음 이-(많이 쓰진 않음)	pa**y**er(페이예) 지불하다 **y**eux(유) 눈
z	제드 (탁음)	ㅈ	**z**éro(제호) 숫자 영(0)

프랑스인처럼 r 발음하기

r자 발음의 명성은 프랑스어를 배우려는 사람들이라면 익히 들어 알고 있으실 겁니다. r자의 발음은 ㅎ과 ㅋ 소리의 중간에서 나는 가래 끓는 소리입니다. 초성 자음으로 쓰일 때는 발음하기가 그렇게 어렵지 않지만 중간 자음으로 올 때는 발음이 까다롭습니다. 따라서 익숙해질 때까지 많은 연습이 필요합니다.

MP3 01-02

모음 les voyelles

프랑스어의 모음은 단모음과 복합모음으로 나뉩니다. 단모음부터 살펴보도록 합시다.

단모음

프랑스어의 단모음은 a(아) / e(으) / i, y(이) / o(오) 그리고 u(위) 5가지입니다.

모음	발음	해당 모음 사용 예시		
a	아	chat	(샤트)	고양이
e	으	fenêtre	(프네트흐)	창문
		melon	(멜론)	멜론
i, y	이	lit	(리)	침대
		nid	(니)	둥지
		stylo	(스틸로)	펜
o	오	moto	(모토)	오토바이
		rose	(호즈)	장미
		pomme	(폼므)	사과
		robe	(호브)	드레스
u	위	tu	(튀)	너
		vu	(뷔)	봤다(과거형)

Memo

프랑스 식으로 u자를 발음해 봅시다. '이–' 소리를 내고 있는 상태로 살짝 입을 오므려 발음하면 프랑스어의 'u' 소리가 됩니다.

단모음 발음 연습

입에서 술술 나올 때까지 단모음 소리를 연습해 봅시다.

a -	e -	i -	o - /	u -
la(라)	le(르)	li(리)	lo(로)	lu(뤼)
ma(마)	me(므)	mi(미)	mo(모)	mu(뮈)
pa(파)	pe(프)	pi(피)	po(포)	pu(퓌)
ra(하)	re(흐)	ri(히)	ro(호)	ru(휘)
sa(싸)	se(쓰)	si(씨)	so(쏘)	su(쒸)
ta(타)	te(트)	ti(티)	to(토)	tu(튀)

복합모음

프랑스어의 복합모음은 두 가지 유형이 있습니다.

1. 코에서 소리 나지 않는 복합모음
2. 코에서 소리 나는 복합모음

코에서 소리가 나지 않는 복합모음부터 먼저 살펴보도록 합시다.

① 코에서 소리 나지 않는 복합모음

모음	발음	해당 모음 사용 예시		
ai, ei	ㅔ	neige chaise	(네지) (셰즈)	눈 의자
eu, œu	ㅜ, - ㅔ	fleur neuf œuf	(플뢰흐) (누프) (에프)	꽃 숫자 9 계란
au, eau	ㅗ	jaune bateau	(존) (바또)	노란색 배
ou	ㅜ	journal chou	(쥬흐날) (슈)	신문 양배추
ail	아일	travail détail	(트하바이) (데따이)	일 디테일, 상세
aille	아예	bataille taille	(바따이) (따이)	싸움 몸매
eil, euil	일	soleil accueil	(쏠레이) (악끄웨이)	태양 접대
ille	ㅣ	famille fille	(파미) (피)	가족 딸
oi, oy	우아	bois noyau	(부아) (누아요)	숲 씨, 핵
ui	ㅟ	pluie fruit	(플뤼스) (프휘)	비 과일

② 코에서 소리 나는 복합모음

복합모음의 두 번째 유형은 코에서 나는 탁음입니다. 소리를 낼 때 바람이 콧구멍을 통과해 바깥으로 나오며 나는 소리입니다.

프랑스인은 ㅇ 받침의 발음을 소리 내지 않고 코를 울리는 소리를 냅니다. 예를 들어 train이라는 단어는 '애–' 소리를 내 준 후 콧소리를 냅니다. 하지만 표기상 편리를 위해 train(트랭) 처럼 유사 발음인 ㅇ 받침으로 표기했습니다.

모음	발음	해당 모음 사용 예시		
in, im, ain, aim, ein	ㅇ	train vin	(트랭) (방)	기차 와인
un, um	ㄴ	un parfum	(언) (팍픈)	숫자 1 향수
on, om	ㅁ	pont nom	(퐁) (놈)	다리 이름
an, am, en, em	ㅇ,ㄴ	banc dent	(방) (당)	벤치 의자 치아
oin	우앙	besoin loin	(브쑤앙) (루앙)	필요 멀다
ien	이앙	bien chien	(비앙) (쉬앙)	좋은 개

MP3 01-03

복합모음 발음 연습

입에서 술술 나오게 될 때까지 복합모음 발음을 연습해 봅시다.

au - 오	bau (보)	mau (모)	dau (도)	wau (우와)	fau (포)
ou - 우	bou (부)	mou (무)	dou (두)	wou (우워)	fou (푸)
ail - 아일	bail (베일)	mail (메일)	dail (데일)	wail (웨일)	fail (풰일)
an - 앙	ban (방)	man (망)	dan (당)	wan (완)	fan (팡)
un - 엉	bun (벙)	mun (멍)	dun (덩)	wun (웡)	fun (펑)
in - 잉	bin (빙)	min (밍)	din (딩)	win (윈)	fin (퓐)
on - 옹	bon (봉)	mon (몽)	don (동)	won (웡)	fon (퐁)
oin - 우앙	boin (부앙)	moin(무앙)	doin(두앙)	woin (우앙)	foin(푸앙)
ien -이앙	bien (비앙)	mien(미앙)	dien(디앙)	wien (위앙)	fien(퓌앙)

프랑스어의 복합 단어

이제 프랑스어의 자음과 모음을 알았으니 이번에는 프랑스어에서 음절의 합성이 어떻게 이루어지는지 알아보도록 하겠습니다. 가장 일반적으로 음절 한 개는 최소한 한 개의 자음이 모음과 결합한 형태를 이루고 있습니다(자음 + 모음).

전형적인 프랑스어의 음절은 보통 개음절입니다. 개음절은 자음 하나가 뒤따른 모음을 이끄는 형태의 음절을 말합니다. 예를 들어 '너'라는 뜻을 가진 단어 tu는 t + u로 이루어져 있습니다. 예시를 보겠습니다.

자음 + 모음

'이것'이라는 뜻

c + e = ce

(쓰 + 으 = 쓰)

'마셨다'(과거형)라는 뜻

b + u = bu

(브 + 우 = 뷔)

'좋다'라는 뜻

b + ien = bien

(브 + 이앙 = 비앙)

여성관사

l + a = la

(엘 + 아 = 라)

'잠'(어린아이가 쓰는 말)이라는 뜻

d + o + d + o = dodo

(드 + 오 + 드 +오 = 도도)

MP3 01-04

프랑스어의 마지막 자음

여기까지 읽으신 분들은 왜 단어에 마지막으로 오는 자음들 중 어떤 것은 소리를 내고 어떤 것은 소리를 내지 않는지 의문을 가지실 겁니다. 이것은 프랑스어의 또 다른 특징 중 하나입니다. 바로 단어의 맨 끝에 오는 자음은 소리를 내지 않는 것입니다(그렇다면 굳이 왜 넣었을지 의문입니다).

좀 더 쉽게 이해할 수 있도록 각 자음별로 축약한 그림을 넣어 보았습니다. 중요한 부분부터 먼저 살펴보도록 합시다.

마지막 자음이 확실히 소리나는 단어

일반적으로 단어 끝에 오거나 모음의 뒤에 오는 자음은 소리가 나지요? 프랑스어에서도 이렇게 소리나는 단어들이 있긴 하지만 많지는 않습니다. 대부분 한 음절로 된 단어거나 마지막에 오는 자음이 한 개인 경우입니다.

	초성 자음	모음	단독 끝자음	발음	뜻
roc	r	o	c	(호끄)	바위
sud	s	u	d	(쑤드)	남쪽
mal	m	a	l	(말)	나쁘다
sportif	sport	i	f	(스뽁티프)	스포츠를 좋아하는

마지막 자음을 살짝 버려서 약하게 발음하는 단어

마지막이 –e 자로 끝나는 일부 단어들은 마지막 자음을 발음은 해 주되 약하게 '(으 어)'라는 음절을 더해 발음합니다. 하지만 뚜렷하게 소리 나는 것은 아닙니다.

	초성 자음	모음	단독 끝자음	발음	뜻
force	f	o	rce	(폭쓰)	힘
tigre	t	i	gre	(티그흐)	호랑이
poivre	p	oi	vre	(푸아브흐)	후추
simple	s	i	mple	(삼플르)	단순하다

잘 들어보면 그냥 (for)나 (sim)이라는 발음이 아니라 그 뒤에 이어서 (ce) 또는 (ple) 발음이 약하게 소리 나는 것을 알 수 있습니다. MP3를 따라서 발음해 보도록 합시다.

마지막 자음이 전혀 발음되지 않는 단어

프랑스어의 대부분의 단어들은 마지막 자음이 발음되지 않아 기억하기 힘든 단어들입니다. 따라서 계속 발음을 연습해서 이 단어들을 마주쳤을 때 기억할 수 있도록 해야 합니다. 하지만 저자는 먼저 자세히 읽어 보기를 권합니다.

1. 마지막 자음이 전혀 발음되지 않는 단어의 대부분은 s, t, d, x로 끝난다.

dos	(도)	등	pot	(포)	화분
pied	(삐에)	발	peux	(푸)	~할 수 있다
nord	(노흐)	북쪽	voix	(부아)	소리
fois	(푸아)	번, 회	dent	(당)	치아

2. 만약 단어 끝이 –eil, –ail 또는 –il로 끝나는 경우 자음 l은 발음하지 않음

soleil	(쏠레이)	햇빛	travail	(트하바이)	일
outil	(오티)	도구	fusil	(푸지)	소총

3. 단어가 -er로 끝났을 경우 자음 r은 발음하지 않음

habiter	(아비테)	거주하다	visiter	(비지테)	방문하다

하지만 -ir로 끝난 경우는 r은 발음한다.

dormir	(도흐미흐)	자다	sortir	(쏘흐티흐)	밖으로 나가다
pouvoir	(푸부아흐)	가능하다	vouloir	(블루아흐)	원하다

4. 형용사 단어에서 t 자음은 발음하지 않는다. 하지만 여성형일 경우 발음한다.

vert	(베흐)	초록색 (남성형)	verte	(베흐트)	초록색 (여성형)
petit	(프티)	작다 (남성형)	petite	(프티트)	작다 (여성형)

Memo

이 단원의 주요 목적은 프랑스어의 기초 중에서 자음, 모음, 받침, 단어 합성의 예외 규칙을 알아 보는 것입니다. 그러나 너무 걱정하지 마세요. 도중에 특별한 예외들이 있을 때마다 설명해 드릴 테니까요. 분명 공부하면 할수록 프랑스어가 더욱 좋아질 거에요.

MP3 01-05

특별한 자음

프랑스어의 자음 21개 중에서 가장 복잡한 자음은 h입니다.
h는 h aspirè와 h muet로 나뉘며, 두 가지 모두 ㅇ 소리가 납니다. 하지만 이렇게 둘로 나눈 이유는 프랑스어에 연음이 자주 쓰이기 때문입니다. 먼저 연음에 대해 간단히 알아보도록 하겠습니다.

연음

단어 두 개를 이어서 붙였을 때 두 번째 단어가 모음으로 시작하는 경우에 일어납니다. 예를 들어 un ami를 그대로 읽으면 '엉 아미'가 되지만 어감이 좋지 않게 들립니다. 이때문에 프랑스어에서는 앞 단어의 받침을 뒷 단어의 초성 자음으로 가져와 읽습니다. 따라서 un ami는 '어 나미'라고 읽어야 맞습니다.
이에 대한 내용은 90쪽 6단원에서 더 자세히 다루도록 하겠습니다. 이제 다시 두 가지 h에 대해 이야기해 봅시다.

h aspirè

aspirè 는 유성음을 뜻합니다. 즉, 여기에 속하는 h는 울림소리를 갖고 있다는 뜻입니다. 형체는 있지만 소리는 ㅇ 으로 납니다. 하지만 무시하고 생략해 버리면 안 됩니다.
h 유성음이 쓰인 단어 앞에 관사 le 또는 la가 앞에 오면 어떻게 소리 나는지 보겠습니다.

h aspiré

hache	(아씨)	→	la hache	(라 아씨)	도끼
houe	(우)	→	la houe	(라 우)	괭이
hameau	(아무)	→	le hameau	(르 아무)	작은 마을
haie	(에)	→	la haie	(라 에)	울타리
honte	(옹트)	→	la honte	(라 옹트)	창피
héros	(에호)	→	le héros	(르 에호)	주인공, 영웅

h muet

muet는 영어의 mute처럼 소리가 나지 않는다는 뜻입니다. 즉, 여기에 속하는 h는 연음으로 쓰일 때 형체가 사라집니다. 이번에는 단어 앞에 새로운 관사를 놓겠습니다.

un hôpital	(엉 오삐딸) 이 아닌	(엉 노삐딸)	병원 하나
un homme	(엉 옴므) 가 아닌	(엉 놈므)	남자 한 명
cet hiver	(쎄 이붸) 이 아닌	(쎄 티붸)	이번 겨울

만약 h muet으로 시작하는 단어 앞에 오는 관사가 le 또는 la일 때는 ' l'apostrophe를 써서 le, la 를 l'로 축약해 나타냅니다. 읽을 때는 연음으로 읽습니다.

le / la + h muet

le hôpital	→	l'hôpital	(로피탈)	병원
le homme	→	l'homme	(롬므)	남자

le에서 끝에 있는 e 모음을 보세요. hôspital, homme는 모음으로써 기능하는 h muet가 앞에 놓인 단어입니다. 따라서 le의 형태가 l'로 축약되고 발음 역시 연음으로 읽어야 합니다.

어떤 단어가 h aspirè이거나 h muet인지 구분하려면 프랑스어 사전에 발음 표기를 보면 됩니다. h aspirè인 단어는 단어 앞에 아포스트로피(') 기호가 붙어 있습니다.

le haricot	{le 'aRiko}	(르 아히꼬)	콩
les hauteurs	{le 'otæR}	(레 오테흐)	높이
la haine	{la 'ɛn}	(라 엔느)	혐오
la harde	{la 'aRd}	(라 아흐드)	짐승의 무리
la harangue	{la 'aRãge}	(라 아헝귀)	장황한 연설

다시 말해 ' 기호가 붙은 단어의 h는 h aspirè이고, ㅇ 소리로 발음하며 앞의 단어와 연음으로 소리 내지 않습니다.

Memo

예시에 쓰인 le, la, un, cet는 프랑스어의 관사입니다. 영어의 article(a, an, the)과 비슷합니다.

MP3 01-06

철자부호

프랑스어에서 꼭 알아야 할 것 중의 하나는 철자부호입니다. 단어의 철자부호는 les signes orthographiques라고 합니다. 자음이나 모음 등이 어디에 위치하느냐에 따라 원래 발음과 다른 소리를 내게 됩니다. 그럼 어떤 철자부호들이 있는지 보겠습니다.

1. l'accent aigu (´) 락쌍 테귀

´ (악쌍 테귀)는 왼쪽으로 긋는 모양의 부호입니다. 모음 e 위에 붙여 é(에)로 발음하도록 합니다.

´ (악쌍 테귀)가 있는 단어

école	(에콜)	학교
poupée	(푸페)	인형
bébé	(베베)	갓난아기
café	(카페)	커피 또는 음식점

2. l'accent grave(`) 락쌍 끄라브

` (악쌍 끄라브)는 오른쪽으로 긋는 모양의 부호입니다. 모음 e 위에 붙여서 è(에)로 소리 나도록 합니다.

` (악쌍 끄라브)가 있는 단어

mère	(메흐)	어머니
père	(페흐)	아버지
dès	(데)	~부터
très	(트헤)	매우

` (악쌍 끄라브)는 모음 à와 ù 위에도 붙일 수 있지만 그다지 발음의 차이를 가져오지는 않습니다.

a 또는 **u** 모음 위에 ` (악쌍 끄라브)가 있는 단어

où	(우)	어디
là-bas	(라바)	저기
C'est à dire ...	(쎄 타 디흐)	즉, 말하자면

* 악쌍 끄라브 기호가 붙지 않은 **ou**는 '또는' 이라는 뜻을 가진 다른 단어가 된다.

3. l'accent circonflexe (^) 악쌍 씨흐꽁플렉스

^ (악쌍 씨흐꽁플렉스)는 위를 찍고 오는 모양의 부호입니다. 모음 e 위에 붙이면 ê(에)로 소리납니다. 악쌍 끄라브가 붙은 è(에)보다 더 길게 소리납니다.

^가 있는 단어 (악쌍 씨흐꽁플렉스)

fête	(페트)	축제
être	(에트흐)	~이다
arrêt	(아흐에)	정지
empêcher	(음페쉐)	방해하다

^ (악쌍 씨흐꽁플렉스)는 a, i, o, u 위에 붙으면 원래 소리보다 더 길게 발음하게 됩니다.

^(악쌍 씨흐꽁플렉스)가 **a, i, o, u** 위에 있는 단어

âge	(아지)	나이
naître	(네트흐)	태어나다
hôtel	(오텔)	호텔

4. le trema (··) 르 트레마

··(트레마)는 점 두 개가 찍힌 모양의 부호입니다. e i u 위에 붙여 2개의 모음자가 연이어 나타날 때 각각 따로 발음하도록 합니다. 발음을 다르게 하면 뜻도 달라지게 됩니다. 예를 들어 보겠습니다.

··(트레마)가 있을 때	**··(트레마)가 없을 때**
옥수수	하지만
maïs(마이쓰)	mais(메)

maïs는 i 위에 트레마가 있기 때문에 ma(메), is(이쓰)를 따로 발음해야 합니다. 만약 트레마가 어떤 역할을 하는지 모르고 '메'라고 발음하게 되면 상대방은 mais로 알아들을 것입니다. mais는 '하지만'이라는 뜻입니다.

··(트레마)가 있는 단어

maïs	(마이쓰)	옥수수
Noël (m)	(노엘)	크리스마스
Thaïlande	(타일랑드)	태국
aïeux	(아이유)	조상
aigüe	(에귀)	뾰족하다
coïncider	(코앙씨데)	일치하다

5. la cedille (ç) 라 쎄디유

ç(쎄디유)는 애벌레 모양의 부호로, 문자 c 아래에 붙여 나타냅니다. 모음 a, o, u 과 함께 쓰이면 원래 소리인 ㄲ이 아닌 ㅆ 소리를 냅니다.

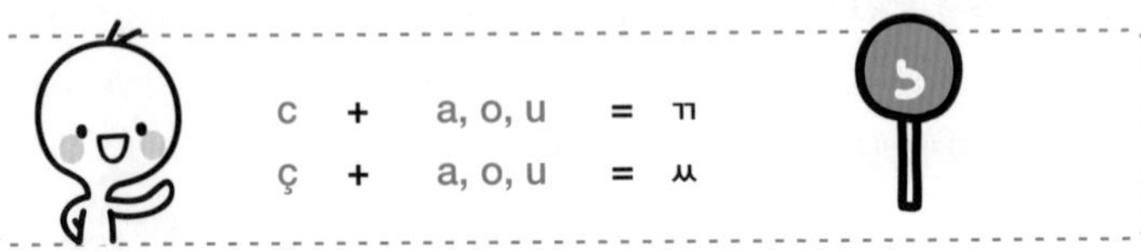

ç (쎄디유)가 있는 단어

garçon	(갸쏭)	남자아이
français	(프항쎄)	프랑스의
ça va	(싸 바)	잘 지내다
commerçant	(크맹쌍)	상인
leçon	(르쏭)	수업
reçu	(흐쒸)	영수증

프랑스어에서는 종종 발음의 어감이 중요하기 때문에, 일부 단어의 문자 c에 반드시 ç(쎄디유)를 써야 하는 경우가 있습니다. 애벌레 부호를 잊지 마세요

6. l'apostrophe (') 아포스트로프

이 부호는 영어에서와 마찬가지로 쓰입니다. 앞에서 배운 대로 형태를 축약하는 기호(아포스트로프)입니다.

단어 두 개가 연이어 나올 때, 앞 단어는 le, la, ne, que, se, ne와 같이 a, e, i로 끝나는 관사나 대명사 또는 전치사이고 뒤에 오는 단어는 모음 또는 h muet으로 시작하는 명사나 동사인 경우, 다음과 같이 형태를 축약해 나타냅니다.

le + ami　　e 모음과 a 모음이 만나면 le가 l'로 줄어든다.
발음도 하나만 남는다.

le + ami	(르 + 아미)
l'ami	(ㄹ+ 아미)
(라미)	친구

le + homme　e 모음이 h muet를 만나면 le가 l'로 줄어든다.
발음도 하나만 남는다.

le + homme	(르 + 옴므)
l'homme	(ㄹ + 옴므)
(롬므)	남자

je + ai	e 모음이 a 모음과 만나면 je가 j'로 줄어든다. 발음도 하나만 남는다.	

je + ai	(즈 + 에)
j'ai	(ㅈ + 에)
(제)	나는 ~가 있다

ne + ont	e 모음이 o 모음을 만나면 ne가 n'로 줄어든다. 발음도 하나만 남는다.

ne + ont	(느 + 옹)
n'ont	(ㄴ + 옹)
(농)	없다

영어에서는 단어를 축약하든지 않든지 자신의 선택이지만, 프랑스어에서는 항상 축약된 형태로만 써야 합니다. 예를 들어, '나는 ~를 가지고 있다'는 j'ai라고 써야 하며, je ai라고 쓸 수는 없습니다.

Memo

les signes orthographiques에서 설명 드린 6개의 부호는 자주 쓰이는 것들이기 때문에 기본적으로 알고 넘어가야 합니다. 그러나 les signes orthographiques는 아직 더 많은 종류가 남아 있습니다. 너무 빡빡하지 않고 재미있게 배울 수 있도록 나머지는 앞으로 차차 알아 가도록 하겠습니다.

명사
Les noms

프랑스어의 자음과 모음을 알아보았으니 이번에는 명사들을 알아보도록 하겠습니다. 프랑스어의 명사는 특별한 점이 있습니다. 바로 각 단어마다 성별이 구분된다는 점입니다. 사람에 관한 단어뿐만 아니라 동물, 식물 또는 볼펜, 지우개, 식탁, 의자 혹은 음식과 같은 무생물을 가리키는 단어들까지 모두 성별을 가지고 있습니다.

MP3 02-01

프랑스어 명사의 성

프랑스어 명사는 모두 성별 le genre을 가지고 있습니다. 남성형 masculin과 여성형 féminin으로 나뉩니다. 일부 단어는 두 가지 성별 모두를 가질 수 있습니다. 프랑스어를 공부할 때는 명사의 성을 기억하는 게 굉장히 중요합니다. 명사의 성을 쉽게 기억하기 위해 성을 구별하는 기본 규칙들이 있습니다.

첫 번째 규칙은 이미 자연적으로 성별이 정해져 있는 단어들의 경우입니다. 특히, 사람을 지칭하는 단어가 이 경우입니다. 예를 들면 '엄마'라는 단어는 여성형을 쓰고 '아빠'라는 단어는 남성형을 씁니다.

남성형			여성형		
아버지	père	(페흐)	어머니	mère	(메흐)
오빠, 남동생	frère	(프헤흐)	언니, 여동생	sœur	(쒀흐)
남편	mari	(마히)	아내	femme	(팜)
남자아이	garçon	(갸쏭)	여자아이	fille	(피)

사람을 가리키는 단어임에도 자연적인 성별을 가릴 수 없는 단어는 다음 두 단어 같은 경우입니다.

남성형과 여성형 모두 쓸 수 있는 단어

아이, 자식

enfant

(앙팡)

학생

élève

(엘레브)

사전 속의 명사

프랑스어 사전을 펼쳐 보면 각 단어마다 다음과 같이 성별이 명시되어 있는 것을 볼 수 있습니다.

élève [elɛv] n. **1.** Personne qui reçoit ou suit l'enseignement d'un maître (dans un art, une science) ou d'un précepteur. ⇒ **disciple.** *Ce tableau est d'un élève de Léonard de Vinci.* **2.** Enfant, adolescent qui reçoit l'enseignement donné dans un établissement d'enseignement. ⇒ **collégien, écolier, lycéen.** (REM. Pour les universités, on dit *étudiant.*) *C'est une excellente élève. Un mauvais élève.* ⇒ **cancre.** *Élève interne, externe. – Association de parents d'élèves.* **3.** Candidat à un grade militaire. *Élève officier d'active* (E.O.A.), *de réserve* (E.O.R.).

단어 끝에 적힌 n.은 해당 단어가 남성형과 여성형 모두 가질 수 있는 명사라는 것을 나타냅니다. 예를 들어 élève는 n.이 적혀 있으므로 남학생과 여학생 모두를 가리킬 수 있습니다.

mère [mɛʀ] n. f. **I. 1.** Femme qui a mis au monde un ou plusieurs enfants. ⇒ **maman.** *De la mère.* ⇒ **maternel.** *Qualité, état de mère.* ⇒ **maternité.** *Mère de famille. C'est sa mère.* **2.** Femelle qui a un ou plusieurs petits. *Une mère lionne et ses lionceaux.* **3.** Femme qui est comme une mère. *Mère adoptive.* ⇒ **nourrice.** *Leur grande sœur est une mère pour eux.* **4.** Titre de vénération donné à une religieuse (supérieure d'un couvent, etc.). — Appellatif. *Oui, ma mère.* **5.** Appellation familière pour une femme d'un certain âge. *La mère Mathieu. « C'est la mère Michel qui a perdu son chat »* (chanson). **II. 1.** *La mère patrie,* la patrie d'origine (d'émigrés, etc.). **2.** Origine, source. PROV. *L'oisiveté est mère de tous les vices.* — En appos. *Branche mère. Des maisons mères.* ▶ ***mère-grand*** n. f. ■ Vx (ou dans les contes de fées). Grand-mère. *Des mères-grand.* ⟨▷ ***belle-mère, grand-mère, mémère*** ⟩

단어 끝에 n.f.라고 적혀 있는 건 여성형이라는 뜻입니다. 예를 들어 '엄마'라는 뜻의 mère는 n.f.가 적혀 있으므로 여성형에 해당합니다.

père [pɛʀ] n. m. **1.** Homme qui a engendré, donne naissance à un ou plusieurs enfants. *Être, devenir père. Être (le) père de deux enfants. Le père de qqn. Le père et la mère.* ⇒ **parents.** *Du père.* ⇒ **paternel.** Loc. prov. *Tel père, tel fils.* — Appellatif. ⇒ **papa.** *Oui, père !* **2.** PÈRE DE FAMILLE : qui a un ou plusieurs enfants qu'il élève. ⇒ **chef** de famille. *Les responsabilités du père de famille.* Loc. *Vivre en bon père de famille,* sans bruit ni scandale. **3.** Le parent mâle (de tout être vivant sexué). *Le père de ce poulain était un pur-sang. — Père biologique,* dont le rôle s'est limité à la fécondation de l'ovule ou dont le sperme a servi pour cette opération. **4.** Au plur. Littér. Ancêtre. ⇒ **aïeul.** **5.** *Dieu le Père,* la première personne de la Sainte-Trinité. ⇒ **Notre-Père.** **6.** Fig. *Le père de qqch.* ⇒ **créateur, fondateur, inventeur.** **7.** Celui qui se comporte comme un père, est considéré comme un père. *Père légal, adoptif. Il a été un père pour moi.* **8.** (Titre de respect) Nom donné à certains religieux. *Les Pères Blancs. — Le Saint-Père, notre saint-père le pape. — Les Pères de l'Église,* les docteurs de l'Église (du Ier au VIe siècle).

단어 끝에 n.m.이라고 적혀 있는 건 남성형이라는 뜻입니다. 예를 들어 '아빠'라는 뜻의 père는 n.m.이 적혀 있으므로 남성형에 해당합니다.

남성형 단어 구별 방법

남성형 단어 분류 규칙입니다.

1. 계절, 요일, 월, 방위 명칭은 남성형

봄	printemps	(프힌텀)	여름	été	(에테)
1월	janvier	(장비에)	2월	février	(페브리헤)
북쪽	nord	(노흐)	남쪽	sud	(수드)

2. –age로 끝나는 단어의 대부분은 남성형

마을	vill**age**	(빌라쥬)	얼굴	vis**age**	(비싸쥬)
나이	**âge**	(아쥬)	용기	cour**age**	(코하쥬)

–age로 끝나지만 예외적으로 여성형인 단어들

(짐승의) 우리	c**age**	(카쥬)	수영	n**age**	(나쥬)
페이지	p**age**	(파쥬)	분노	r**age**	(하쥬)
모래사장	pl**age**	(플라쥬)	이미지	im**age**	(이마쥬)

3. –u로 끝나는 단어의 대부분과 o, a, i 등의 단모음으로 끝나는 단어는 남성형

목	cou	(쿠)	배	bateau	(바또)
모자	chapeau	(샤포)	구운 고기	roti	(호티)
펜	stylo	(스틸로)	피아노	piano	(피아노)
소파	sofa	(쏘파)	커피	café	(카페)

–u나 단모음으로 끝나지만 예외적으로 여성형인 단어들

물	eau	(오)	별장	villa	(빌라)
열쇠	clé	(클레)	풀	glu	(글루)
미덕	vertu	(베흐튀)	개미	fourmi	(푸흐미)

4. –s, –z로 끝나는 단어의 대부분과 자음으로 끝나는 단어의 대부분은 남성형

팔	bras	(브하)	아들	fils	(피스)
코	nez	(네즈)	쌀	riz	(히)
연필	crayon	(끄헤용)	담, 벽	mur	(뮤흐)

–s, –z 또는 자음으로 끝나지만 예외적으로 여성형인 단어들

번, 회	fo**is**	(푸아)	오아시스	oas**is**	(오아지스)
암컷 양	breb**is**	(브헤비)	쥐	sour**is**	(수히)
나사못	v**is**	(비스)			

5. 영어에서 온 단어는 남성형

버스	bus	(뷔스)	택시	taxi	(탁시)
티켓	ticket	(티켓)	풋볼	football	(풋볼)

6. – ier, –ment, –cle, ail로 끝나는 단어의 대부분은 남성형

공책	cah**ier**	(카이에)	건물	bâti**ment**	(바티멈)
일	trav**ail**	(트하바이)	재판, 판단	juge**ment**	(쥬즈멈)
종이	pap**ier**	(파피에)	세기(백 년)	siè**cle**	(씨에클르)

여성형 규칙

여성형 규칙은 좀 더 쉽습니다. 왜냐하면 여성형 단어는 e로 끝나기 때문입니다.

1. –e로 끝나는 과일 이름은 여성형

사과	pomm**e**	(폼므)	바나나	banan**e**	(바냔느)
오렌지	orang**e**	(오항쥐)	망고	mangu**e**	(멍그)

다른 자음으로 끝나는 과일 이름은 남성형

멜론	melon	(멜롱)	파인애플	ananas	(아나나스)

2. 동일한 자음 2개와 –e로 끝나는 단어는 여성형

큰 방	sa**lle**	(살)	병	boutei**lle**	(부테이)
자전거	bicycle**tte**	(비씨클레트)	냅킨	servie**tte**	(쎄흐비트)

남성형인 예외 단어들

버터	beu**rre**	(붜흐)	유리잔	ve**rre**	(붸흐)
천둥, 벼락	tonne**rre**	(또네흐)	천, 마일	mi**lle**	(밀)

3. –e로 끝나는 나라 이름과 대륙 이름은 여성형

태국	Thaïlande	(타일란드)	프랑스	France	(프랑스)
중국	Chine	(씬느)	영국	Angleterre	(앙글르테흐)
유럽대륙	Europe	(유홉)	아시아대륙	Asie	(아지)

예외 국가

멕시코	Mexique	(멕시끄)

4. –çon, –ion, –son, –té, –tie로 끝나는 단어의 대부분은 여성형

수업	leçon	(르쏭)	집	maison	(메종)
방법	façon	(파쏭)	절반	moitié	(모아티에)

남성형인 예외 단어들

트럭	camion	(까미옹)	물고기	poisson	(푸아쏭)
십억	billion	(빌리옹)	백만	million	(밀리옹)

CHAPTER 02

5. –e, –ée, –ie, –ue, –té, –ure, –ance, –ence로 끝나는 단어의 대부분과 추상 명사는 여성형

요정	f**ée**	(피)	과학	sci**ence**	(씨앙스)
열	chale**ur**	(샬레흐)	독서	lect**ure**	(레크튀흐)
출구	sort**ie**	(쏘흐티)	경치	v**ue**	(뷔)

남성형인 예외 단어들

박물관	mus**ée**	(뮤제)	고등학교	lyc**ée**	(리쎄)
우산	paraplu**ie**	(파하플뤼스)	화재	incend**ie**	(앙쌍디)

남성형을 여성형으로 만들기

남성형의 단어를 여성형으로 변환해야 할 때가 있습니다. 문법적 성을 우리가 가리키는 대상의 실제 성별에 맞춰야 하는 경우입니다. 예를 들어, 친구라는 단어는 두 가지 형태를 모두 갖고 있습니다. 만약 우리가 남자인 친구를 말하고자 할 경우 남성형으로, 반대로 여자인 친구를 말하고자 할 경우에는 여성형으로 만들어 줘야 합니다.

프랑스어에서 단어의 성을 바꿔 줄 때는 명사와 형용사 모두 가능합니다. 이 단원에서는 명사의 성 바꾸기를 알아보겠습니다(형용사의 성을 바꾸는 것은 13단원에서 다루겠습니다). 생각보다 어렵지 않습니다.

명사에서 형태를 바꾸는 규칙

1. 남성형 명사 뒤에 e를 붙이는 경우 단어의 소리는 변하지 않을 수 있습니다(철자는 다르지만 소리는 같습니다). 기억해 두시길 바랍니다.

	남성형		여성형
친구	ami(아미)	➡	amie(아미)
약혼자	fiancé(피앙쎄)	➡	fiancée(피앙쎄)
외국인	étranger(에트항제)	➡	étrangère(에트항제)

단어의 남성형과 여성형을 구분해서 쓸 때 사전의 도움을 받을 수 있습니다. 예를 들어, fiancé(약혼자)라는 단어를 펼쳐 보면 사전에는 fiancé, ee n.이라고 나와 있습니다. 앞의 단어는 남성형, 뒤의 단어는 여성형, n.은 명사를 나타낸다는 걸 알 수 있습니다.

2. 명사의 어미를 바꿔서 남성형을 여성형으로 만드는 경우. 특히 직업을 나타내는 명사에서 많이 나타납니다. 이 경우에는 소리도 함께 변합니다. 당연히 꼭 기억해 두고 자주 연습해야겠지요.

	남성형			여성형	
배우	acteur	(악테흐)	→	actrice	(악트히스)
상인	vendeur	(방데흐)	→	vendeuse	(방데즈)
관리자	directeur	(디헥테흐)	→	directrice	(디헥트리스)

직업을 나타내는 단어는 대부분 두 가지 형태 모두 갖고 있습니다. 이럴 때 사전의 도움을 받도록 합시다. 예를 들어, acteur라는 단어는 사전에서 acteur, trice n. 이라고 나와 있습니다.

직업에 관한 단어는 20단원에서 좀 더 자세히 알아보도록 하겠습니다.

MP3 02-02

프랑스어의 수

프랑스어의 수는 두 가지로 나뉩니다. 단수형 명사 nom singulier와 복수형 명사 nom pluriel입니다. 단수형 명사를 복수형으로 바꾸는 규칙은 다음과 같습니다.

1. 명사의 끝에 –s를 붙여 나타내는 경우, s의 소리는 발음하지 않습니다.

집	maison	(메죵)	➡	maisons	(메죵)
자동차	voiture	(부아튀흐)	➡	voitures	(부아튀흐)
책	livre	(리브흐)	➡	livres	(리브흐)

2. –s, –x, –z로 끝나는 명사의 경우, 형태나 발음이 변하지 않습니다.

국가	pays	(페이)	➡	pays	(페이)
버스	bus	(뷔스)	➡	bus	(뷔스)

3. – eau, –eu, –au로 끝나는 명사의 끝에 x를 붙이는 경우, 소리는 원래와 같습니다.

칼	couteau	(쿠토)	➡	couteaux	(쿠토)
궁전	château	(샤토)	➡	châteaux	(샤토)
머리카락	cheveu	(슈부)	➡	cheveux	(슈부)

예외 : –au, –eu로 끝나지만 복수형으로 만들 때 끝에 s를 붙여야 하는 단어들도 있습니다. 예를 들어 landau(유모차), pneu(고무), sarrau(놀이용 아동복) 등이 이에 해당합니다.

4. -al로 끝나는 명사는 복수형으로 변할 때 -al이 -aux로 변화합니다.

신문	journal	(쥬흐날)	➡	journaux	(쥬흐노)
병원	hôpital	(오피탈)	➡	hôpitaux	(오피토)
동물	animal	(아니말)	➡	animaux	(아니모)

예외 : 복수형으로 만들 때 s를 붙이는 경우도 있습니다. 예를 들면

축제	festivals	(페스티발)
무도회	bals	(발)
퍼레이드	carnavals	(카흐나발)

하지만 s를 붙이더라도 s의 소리는 발음하지 않습니다.

5. 다음과 같은 일부 단어들은 복수형으로 변화할 때 일반 규칙대로 형태나 소리가 변하지 않습니다.

남편, 남성	monsieur	(무슈)	➡	messieurs	(메쒸)
부인, 여성, 숙녀	madame	(마담)	➡	mesdames	(메담)

뒤에 s나 x를 붙여 복수형을 구별하지만 영어와는 다르게 s 소리가 나지는 않습니다.
그렇다면 말할 때 어떻게 복수형인지 단수형인지 알 수 있을까요?
명사의 단수형과 복수형을 구별할 때는 문맥에 따라 파악하거나 사용된 관사를 통해 알아낼 수 있습니다. 예를 들어 le bus는 버스 한 대, les bus는 버스 여러 대를 나타냅니다.

MP3 02-03

관사 les articles

les articles는 명사 앞에 쓰여 성별이나 수를 밝히는 단어입니다. 즉, les articles는 명사의 성별과 수에 맞게 형태를 일치시켜야 합니다. 다음과 같이 3개의 그룹으로 나눌 수 있습니다.

부정관사 l'article indéfini

여기에 속하는 관사는 un, une, des 세 개입니다. 처음으로 언급되는 명사의 앞에 쓰거나, 특정하지 않은 하나의 명사를 가리킬 때 씁니다.

un 남성 단수명사 앞

책	un livre	(엉 리브흐)
남자아이	un garçon	(엉 갹쏭)
아빠	un père	(엉 페흐)
가방	un sac	(엉 싹)
공책	un cahier	(엉 카이에)

une 여성 단수명사 앞

지우개	une gomme	(윈느 곰)
여자아이	une fille	(윈느 피)
집	une maison	(윈느 메죵)
여성, 아내	une femme	(윈느 퐘)
여동생, 언니	une sœur	(윈느 쐐흐)
자동차	une voiture	(윈느 부아튀흐)

des 남성과 여성 복수 명사 앞

책 여러 권 des livres (데 리브흐)
가방 여러 개 des sacs (데 싹)
지우개 여러 개 des gommes (데 곰)
자동차 여러 대 des voitures (데 부아튀흐)

l'article indéfini를 사용한 예문

어떤 명사를 처음으로 언급할 때나 특정한 것을 가리키는 게 아닌 경우, 문장을 만드는 쉬운 방법이 있습니다.

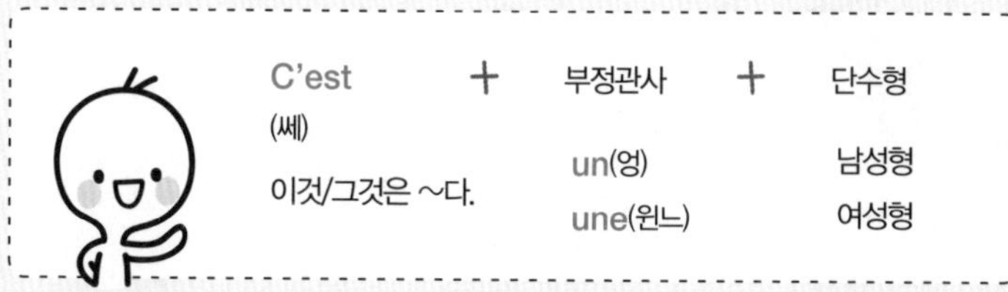

C'est (쎄)
이것/그것은 ~다.
+
부정관사
un(엉)
une(윈느)
+
단수형
남성형
여성형

그것은 가방 한 개이다.
C'est **un** sac.
(쎄 텅 싹)

그것은 여자 한 명이다.
C'est **une** femme.
(쎄 뛴느 팜)

그것은 펜 한 자루이다.
C'est **un** stylo.
(쎄 텅 스띨로)

그것은 탁자 한 개이다.
C'est **une** table.
(쎄 뛴느 타블르)

그것은 공책 한 권이다.
C'est **un** cahier.
(쎄 텅 캬이에)

Ce sont (스 쏭) 이것들/ 그것들은 ~이다.	+	부정관사 des(데)	+	복수형 남성형 여성형

그것들은 펜 여러 자루이다.
Ce sont **des** stylos.
(스 쏭 데 스틸로)

그것들은 벤치 여러 개이다.
Ce sont **des** bancs.
(스 쏭 데 방)

그것들은 자 여러 개이다.
Ce sont **des** règles.
(스 쏭 데 헤글리)

그것들은 나무 여러 그루이다.
Ce sont **des** arbres.
(스 쏭 데 자흐브흐)

그들은 여성 여러 명이다.
Ce sont **des** femmes.
(스 쏭 데 팜)

CHAPTER 02

정관사 l'article défini

정관사 le, la, les는 사람, 동물, 사물을 특정하여 지정하거나 태양이나 달같이 세상에 딱 하나 있는 것을 가리킬 때 씁니다. 그럼 정관사의 활용을 살펴보도록 합시다.

le 남성 단수명사 앞에 붙는 정관사로써, 다음과 같은 때 쓰입니다.

하늘
le ciel
(르 씨엘)

지구
le monde
(르 몽드)

샴페인
('이 샴페인'이라고 콕 집어 말할 때 사용)
le champagne
(르 샴파뉴)

la 여성 단수명사 앞에 붙는 정관사로써, 다음과 같은 때 쓰입니다.

바다
la mer
(라 메흐)

중국
la Chine
(라 쒼느)

손
la main
(라 망)

집
la maison
(라 메죵)

les 복수 명사 앞에 붙는 정관사로써, 남성형과 여성형 모두 사용할 수 있으며 다음과 같은 때 쓰입니다.

여자아이 여러 명
les filles
(레 피)

창문 여러 개
les fenêtres
(레 프네트흐)

남자 여러 명
les hommes
(레 좀므)

나무 여러 그루
les arbres
(레 자흐브흐)

미연합중국(항상 복수형)
les Etats-Unis
(레 제타쥬니)

le와 la가 모음이나 h muet 앞에 오게 되면 l'로 축약된다는 것에 주의하세요(ㄹ의 소리는 단어의 초성 자음으로 합성됩니다). 예를 들어 보겠습니다.

l' + h muet

남성	homme	(옴므)	l'homme	(롬므)
대학교	université	(유니벡시테)	l'université	(류니벨시테)
그림	image	(이마쥐)	l'image	(리마쥐)
시간	heure	(에흐)	l'heure	(레흐)
학교	école	(에콜)	l'école	(레콜)

l'article défini를 사용한 예문

정해진 사람이나 사물을 가리키는 경우에 우리는 l'article défini를 씁니다. 또한 무언가를 두 번째로 언급할 때에도 l'article défini를 사용할 수 있습니다.

나탈리의 아버지는 선생님이다.
Le père de Nathalie est professeur.
(르 뻬흐 드 나탈리 에 프로페쉐흐)

그들은 나딘의 여자 친구들이다.
Ce sont les amies de Nadine.
(스 쏭 레 자미 드 나딘느)

이것은 집 한 채이다. 이 집은 하얀색이다.
C'est une maison. La maison est blanche.
(세 튄느 매종. 라 매종 에 블랑슈)

부분관사 l'article partitif

부분관사는 du와 de la 2개가 있으며, 양을 셀 수 없는 명사들에 쓰입니다. 물, 밥, 버터 등 대부분 우리가 먹는 음식과 관련된 단어들 앞에서 쓰여 전부가 아닌 일부를 나타냅니다. 또한 단결, 부지런함 등과 같은 추상명사 앞에서도 쓰입니다.

세상에 있는 모든 쌀을 가리킬 때는 le riz
하지만 우리가 매일 먹는 정도의 쌀을 가리킬 때는 du riz

du 셀 수 없는 남성 단수명사 앞에 붙는 정관사로써, 다음과 같은 때 쓰입니다.

소금
du sel
(뒤 셀)

차
du thé
(뒤 테)

de la 셀 수 없는 여성 단수명사 앞에 붙는 정관사로써, 다음과 같은 때 쓰입니다.

고기
de la viande
(드 라 비엉드)

소스
de la sauce
(드 라 쏘스)

CHAPTER 02

주의해야 할 게 있습니다. 모음이나 h muet으로 시작하는 남성, 여성 명사 앞에서는 du, de la를 쓰지 않고 de l'를 씁니다(드 르 라고 읽습니다. 르 소리는 뒤에 오는 단어의 모음 앞에 붙어 자음 소리로 쓰입니다).

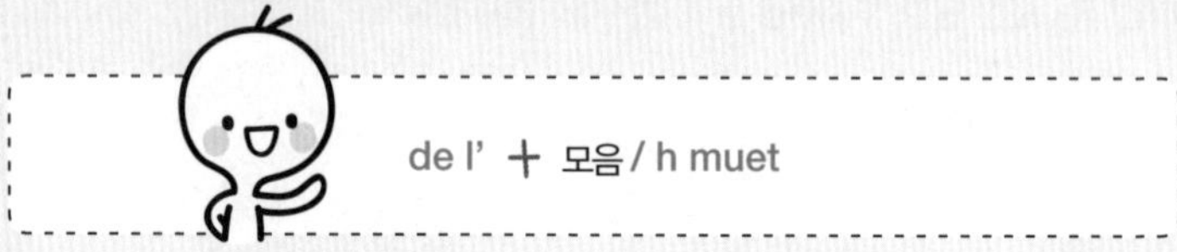

eau(오) 물 ➡ de l'eau(드 로) 물

eau의 앞 모음은 '오' 입니다. 따라서 '드 로'라고 소리납니다.

agneau(아뇨) 양고기 ➡ de l'agneau(드 라뇨) 양고기

agneau의 앞 모음은 '아' 입니다. 따라서 '드 라'라고 소리납니다.

argent(아흐정) 돈 ➡ de l'argent(드 라흐정) 돈

argent의 앞 모음은 '아' 입니다. 따라서 '드 라'라고 소리납니다.

omelette(어믈레트) 오믈렛 ➡ de l'omelette(드 러므레트) 오믈렛

omelette의 앞 모음은 '어' 입니다. 따라서 '드 러'라고 소리납니다.

l'article partitif를 사용한 예문

정확한 양을 셀 수 없는 명사를 말할 때는 l'article partitif를 쓰는 것을 잊지 마세요.

나는 고기를 먹는다.

Je mange de la viande.

(쥬 멍쥐 드 라 비엉드)

나는 차를 마신다.

Je bois du thé.

(쥬 부아 뒤 테)

나는 야채를 먹는다.

Je mange des légumes.

(쥬 멍쥐 데 레귬므)

관사 활용 요약

	l'article indéfini (부정관사)	l'article défini (정관사)	l'article partitif (부분관사)
남성 단수	un (엉)	le 또는 l' (르)	du 또는 de l' (뒤, 드 라)
여성 단수	une (윈느)	la 또는 l' (라)	de la 또는 de l' (드 라)
남성/여성 복수	des (데)	les (레)	des (데)

연습해 보기

이번에는 이 단원에서 배운 l'article 세 가지를 사용해 빈 칸을 채워 봅시다.

1. **C'est .... voiture.**

   이것은 자동차 한 대이다.

2. **Ce sont .... hommes.**

   이들은 남자 여러 명이다.

3. **Je bois .... eau.**

   나는 물을 마신다.

4. .... **sœur de Jean est actrice.**

장의 여동생은 여자 배우이다.

5. **Nathalie a** .... **bicyclette.** .... **bicyclette est blanche.**

나탈리는 자전거 한 대가 있다. 그 자전거는 하얀색이다.

6. **C'est** .... **table.**

이것은 책상 한 개이다.

7. **Ce sont** .... **filles.**

이들은 여자 아이 여러 명이다.

8. **Je mange** .... **agneau.**

나는 양고기를 먹었다.

9. **C'est** .... **lune.**

그것은 달 한 개이다(하나만 존재하는 달).

10. **C'est** .... **université de Nadine.**

이것은 나딘의 대학교이다.

Answers

1. une	2. des	3. de l'	4. La	5. une, La
6. une	7. des	8. de l'	9. la	10. l'

인칭대명사 문장의 주어

Les pronoms personnels sujets

이번 단원에서는 프랑스어의 인칭대명사를 먼저 배워 보도록 하겠습니다. 물건의 주인을 나타내는 대명사는 이해를 돕기 위해 이어지는 단원에서 알아보겠습니다. 저자가 계속 말해 온 것처럼 프랑스어는 예외가 무척 많습니다. 하지만 독자 여러분을 미리 겁주고 싶지 않군요. 읽다 보면 빠져들게 될 것입니다.

MP3 03-01

사람을 부르는 호칭

일단 우리가 알아야 할 기본적인 호칭들을 먼저 소개하겠습니다. 처음 만난 사람의 이름을 부를 때에는 예의를 갖춰야 하기 때문입니다.

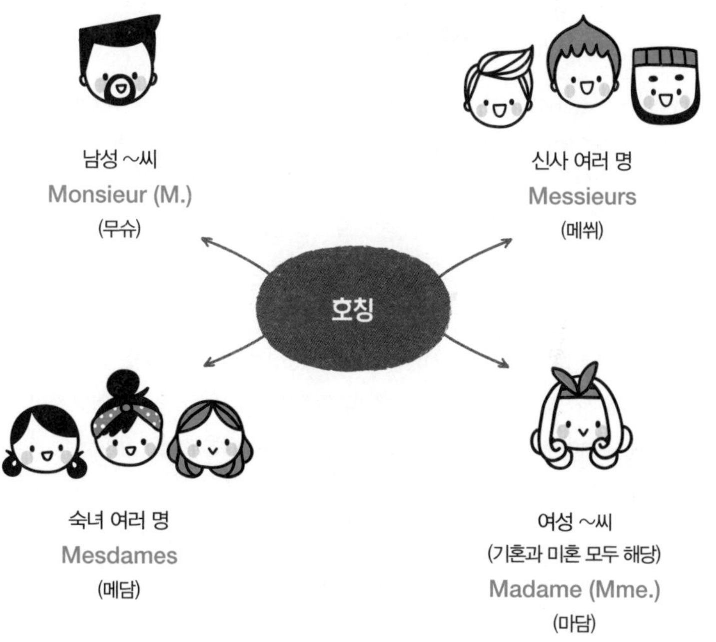

이 밖에도 처음 만난 사람이나 예의를 갖춰야 하는 상황에서 호칭을 사용할 수 있습니다. 예를 들어 보겠습니다.

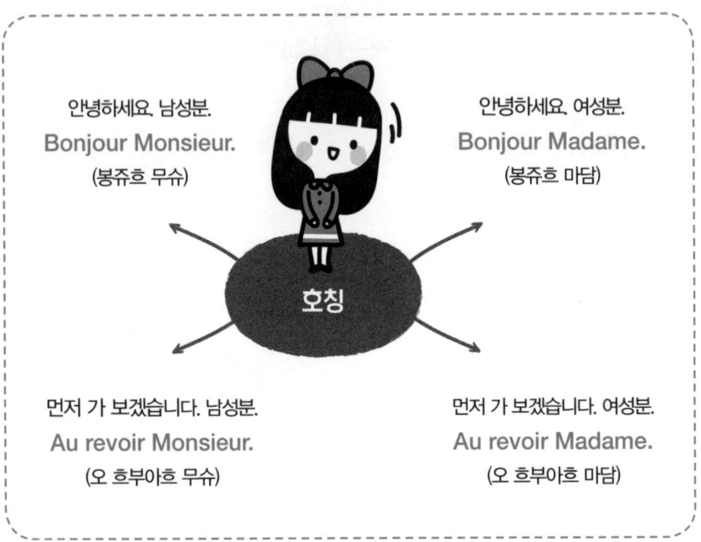

안녕하세요. 남성분.
Bonjour Monsieur.
(봉쥬흐 무슈)
안녕하세요. 여성분.
Bonjour Madame.
(봉쥬흐 마담)
호칭
먼저 가 보겠습니다. 남성분.
Au revoir Monsieur.
(오 흐부아흐 무슈)
먼저 가 보겠습니다. 여성분.
Au revoir Madame.
(오 흐부아흐 마담)

인칭대명사

프랑스어의 인칭대명사는 말하는 사람과 듣는 사람을 지칭할 때 사용하는 경우와 언급되는 사람을 지칭할 때 쓰는 경우 두 가지의 대명사로 나뉩니다. 프랑스어의 주어 대명사 les pronoms sujets를 먼저 알아보도록 합시다. 다음과 같이 세 가지로 분류할 수 있습니다.

1인칭 말하는 사람 자신

2인칭 우리가 대화하는 상대방

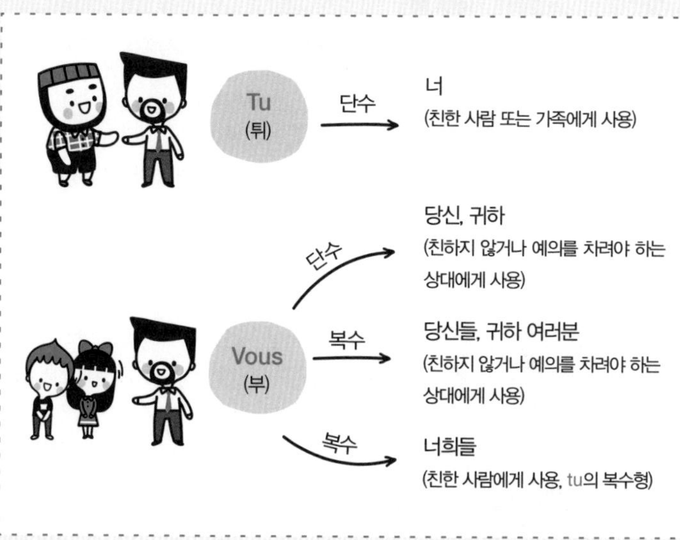

CHAPTER 03

3인칭 우리가 언급하는 사람

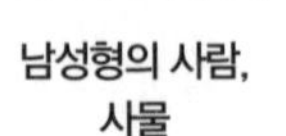

남성형의 사람, 사물

Il(일) 그, 그것

단수

Ils(일) 그들, 그것들

복수

여성형의 사람, 사물

Elle(엘) 그녀, 그것

단수

Elles(엘) 그녀들, 그것들

복수

일반적으로 사람(들)을 지칭할 때 On

on은 일반적으로 사람(들)을 지칭할 때 쓰는 대명사로, 누군가를 특정해서 가리키지 않습니다. 예를 들면 '사람들이 그러던데~'와 같은 때 쓰입니다.

만약 남성형과 여성형 모두 있는 경우 Ils를 쓰는 게 규칙입니다. 비록 여성이 더 많더라도 말입니다.

인칭대명사의 활용

누군가와 대화할 때 자기 자신을 이름으로 부르거나 지위를 붙여서 말하기보다는 우리 자신과 상대방을 대명사로 말하는 경우가 훨씬 더 많습니다. 문장 속에서 인칭대명사가 어떻게 쓰이는지 보도록 합시다.

내 이름은 나탈리야.

Je m'appelle Nathalie.

(쥬 마펠 나탈리)

[자신을 대신 지칭하는 Je]

우리들은 책 여러 권을 가지고 있어.

Nous avons des livres.

(누 자봉 데 리브흐)

[우리들을 지칭하는 Nous]

너는 고양이를 한 마리 갖고 있어.

Tu as un chat.

(튀 아 엉 샤)

[대화하고 있는 상대를 지칭하는 Tu]

당신/귀하는 교수님이십니다.

Vous êtes directeur.

(부 제트 디헥테흐)

[친근하지 않은 상대를 지칭하는 Vous]

만약 인칭대명사를 써서 명사를 대신하고 싶다면 이렇게 사용할 수 있습니다.

두부아 씨는 프랑스인이다.

Monsieur Dubois est français.

(무슈 두부아 에 퐝세)

그는 프랑스인이다.

Il est français.

(일 레 퐝세)

[남자 한 명을 대신해서 대명사 il 사용]

프랑수아와 장은 대학교에 간다.

François et Jean vont à l'université.

(프랑수아 에 장 봉 아 류니베흐시테)

그들은 대학교에 간다.

Ils vont à l'université.

(일 봉 아 류니베흐시테)

[남자 여러 명을 대신해서 대명사 ils 사용]

르두 부인은 교수님이다.

Madame Ledoux est professeur.

(마담 르두 에 프호페세흐)

그녀는 교수님이다.

Elle est professeur.

(엘 레 프호페세흐)

[여자 한 명을 대신해서 대명사 elle 사용]

르두 양과 두부아 양은 프랑스에 간다.

Madame Ledoux et Madame Dubois vont en France.

(마담 르두 에 마담 드부아 봉 떵 프헝스)

그녀들은 프랑스에 간다.

Elles vont en France.

(엘 봉 떵 프헝스)

[여자 여러 명을 대신해서 대명사 ells 사용]

모렐 군과 모렐 양은 자녀 1명이 있다.

Monsieur et Madame Morel ont un enfant.

(무슈 에 마담 모헬 옹 터 넝펑)

그들은 자녀 1명이 있다.

Ils ont un enfant.

(일 좀 터 넝펑)

[여자와 남자를 대신해서 대명사 ils 사용. 남성형 명사를 기준으로 삼기 때문

문장에서 주어 역할을 하는 인칭대명사에 대해 알아보았으니 이어지는 단원에서는 소유형용사에 대해 알아보도록 합시다.

소유형용사

Les adjectifs possessifs

어떤 사람이 나의 오빠라고 말하거나 그 우산은 어머니의 것이라고 말할 때, 혹은 이 세계는 모두의 것이라는 표현을 쓸 때가 있지요. 이때 어떤 것이 누군가의 소유인지 알리기 위해 명사를 확장시켜 주는 단어가 필요합니다. 프랑스어에도 마찬가지로 소유형용사가 존재합니다. 그러나 프랑스어는 단수형과 복수형에 따라 나뉜다는 특징이 있습니다.

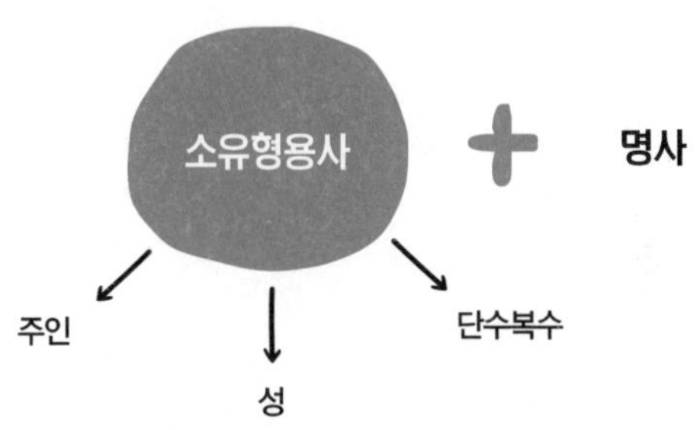

MP3 04-01

소유형용사

첫 번째 유형부터 보도록 하겠습니다.

주어 (물건의 주인)	남성 명사와 모음으로 시작하는 명사	여성 명사	복수 명사 (남성형과 여성형)	뜻
Je(쥬)	mon(몽)	ma(마)	mes(메)	나의
Tu(튀)	ton(똥)	ta(따)	tes(테)	너의
Il(일) Elle(엘) On(온)	son(쏭)	sa(싸)	ses(쎄)	그의 그녀의 (특정인이 아닌)사람의

나의

이 사람/동물/물건이 나(je)의 것이라고 말할 때는 mon, ma, mes를 씁니다.

과자 bonbon (봉봉)	남성 명사(단수) 나의 과자라고 말하려고 할 땐 mon을 써야 합니다.	나는 나의 과자를 먹는다. Je mange **mon** bonbon. (쥬 멍쥐 몽 봉봉)

엄마 mère (메흐)	여성 명사(단수) 나의 엄마라고 말하려고 할 땐 ma를 써야 합니다.	나는 나의 엄마를 사랑한다. J'aime **ma** mère. (잼므 마 메흐)

친구들 amis (아미)	남성 명사(복수) 나의 친구들이라고 말하려고 할 땐 mes를 써야 합니다.	나는 나의 친구들과 춤을 춘다. Je danse avec **mes** amis. (쥬 덩스 아베크 메 자미)

너의

이 사람/동물/물건이 너(tu)의 것이라고 말할 때는 ton, ta, tes를 씁니다.

남동생 frère (프헤흐)	남성 명사(단수) 너의 남동생이라고 할 땐 ton을 써야 합니다.	너는 너의 남동생과 대화한다. Tu parles avec **ton** frère. (튀 파흘르 아베크 통 프헤흐)

집 maison (메종)	여성 명사(단수) 너의 집이라고 말하려고 할 땐 ta를 써야 합니다.	이것은 너의 집이다. C'est **ta** maison. (세 따 메종)

숙제 devoirs (드부아흐)	남성 명사(복수) 너의 숙제라고 말하려고 할 땐 tes를 써야 합니다.	너는 너의 숙제를 한다. Tu fais **tes** devoirs. (튀 페 테 드부아흐)

그의, 그녀의, (특정인이 아닌)사람의

이 사람/동물/물건이 그(il) 또는 그녀(elle) 또는 불특정한 어떤 사람(on)의 것이라고 말할 때는 son, sa, ses를 씁니다.

호텔 hôtel (오텔)	모음으로 시작하는 단어(단수) 그의 호텔이라고 말하려고 할 땐 son을 써야 합니다.	그는 그의 호텔에 있다. Il est à **son** hôtel. (일 레 아 쏘 노텔)

시계 montre (몽트흐)	여성 명사(단수) 그녀의 시계라고 말하려고 할 땐 sa를 써야 합니다.	실비는 그녀의 시계를 들여다 본다. Sylvie regarde **sa** montre. (실비 흐갸흐드 싸 몽트흐)

안경 lunettes (뤼네트)	여성 명사(복수) (특정인이 아닌) 사람의 안경이라고 말하려고 할 땐 ses를 써야 합니다.	사람들은 자신의 안경을 가지고 있다. On a **ses** lunettes. (오 나 쎄 뤼네트)

MP3 04-02

소유형용사

첫 번째 유형을 보았으니 이번에는 소유형용사의 다른 유형을 좀 더 보도록 합시다. 이 유형은 외울 게 많지 않습니다.

주어 (물건의 주인)	단수 명사	복수 명사	뜻
Nous(누)	notre(노트흐)	nos(노)	우리의 것
Vous(부)	votre(보흐트)	vos(보)	당신의 것
Ils(일) Elles(엘)	leur(뤠흐)	leurs(뤠흐)	그들의 것 그녀들의 것

우리의 것

이 사람/동물/사물이 우리(nous)의 것이라고 말할 때는 notre 또는 nos를 씁니다.

딸 fille (피)	여성 명사(단수) 우리의 딸이라고 말하려고 할 땐 notre를 써야 합니다.	우리는 우리의 딸을 사랑한다. Nous aimons notre fille. (누 자몽 노트흐 피)

CHAPTER 04

당신의 것

이 사람/동물/물건이 당신(vous)의 것이라고 말할 때는 votre 또는 vos를 씁니다.

남성 명사 chiens(복수)
당신의 개들 모두라고 말하려고 할 땐
vos를 써야 합니다.

개들 모두
chiens
(샹)

당신은 당신의 개들 모두와 산책한다.
Vous marchez avec **vos** chiens.
(부 마흐쉐 아베크 보 샹)

그들의 것/그녀들의 것

이 사람/동물/물건이 그들 ils 또는 그녀들 elles의 것이라고 말할 때는 leur 또는 leurs를 씁니다.

여성 명사(단수)
그들의 자동차라고 말하려고 할 땐
leur를 써야 합니다.

자동차
voiture
(부아튀흐)

뱅상의 가족은 그들의 차를 타고 있다.
Les Vincent ont **leur** voiture.
(레 뱅상 옹 뤠흐 부아튀흐)

남성 명사(복수)
그녀들의 아파트들이라고 말하려고 할 땐
leurs를 써야 합니다.

아파트 여러 채
appartements
(아파흐트멍)

나딘과 줄리는 그녀들의 아파트에서 살고 있다.
Nadine et Julie habitent dans leurs appartements.
(나딘 에 줄리 아비트 덩 뤠흐 자파흐트멍)

연습해 보기

소유형용사를 적절하게 골라 사용하는 법에 대해 배워 보았습니다. 이번에는 주어, 그리고 명사의 성과 수에 따라 알맞은 소유형용사를 골라 집어넣는 연습을 해 보도록 합시다.

1. **Nous dansons avec .... amis.**
   우리는 우리의 친구 여러 명과 춤을 춘다.

2. **J'ai une maison. .... maison est blanche.**
   나는 집이 한 채 있다. 나의 집은 하얀색이다.

3. **Les Ledoux mangent .... pains et .... croissants.**
   르두의 가족은 그들의 빵과 크로와상을 먹는다.

4. **Vous avez .... devoirs.**
당신은 당신의 숙제가 있다.

5. **Tu as trois professeurs. .... professeurs sont gentils.**
너는 3명의 교수님이 있다. 너의 교수님은 착하시다.

6. **........................ frère s'appelle Jacques et .... sœur s'appelle Nathalie.**
그의 남동생의 이름은 자크이고, 그의 여동생의 이름은 나탈리다.

7. **Elle aime beaucoup .... mère et .... père.**
그녀는 그녀의 어머니와 아버지를 무척 사랑한다.

Answers

1. nos 2. Ma 3. leurs, leurs 4. vos 5. Tes
6. Son, sa 7. sa, son

문장

La phrase

단어와 회화를 배우기 전에 먼저 프랑스어 문장 구조를 배워 보도록 하겠습니다. 사실 프랑스어 문장 구조는 우리에게 친숙한 영어 문장 구조와 비슷합니다. 동사 몇 가지를 더 배우고 익혀야 할 뿐입니다. 그럼 이제 문장 구조를 배우러 가 보겠습니다.

MP3 05-01

기본 문장 구조

먼저 긍정문의 기본 구조를 익혀 보도록 하겠습니다. 긍정문은 여러 가지 상황에서 누가, 무엇을, 어디서, 어떻게 하는지 알려 주는 문장입니다.

긍정문 기본 구조

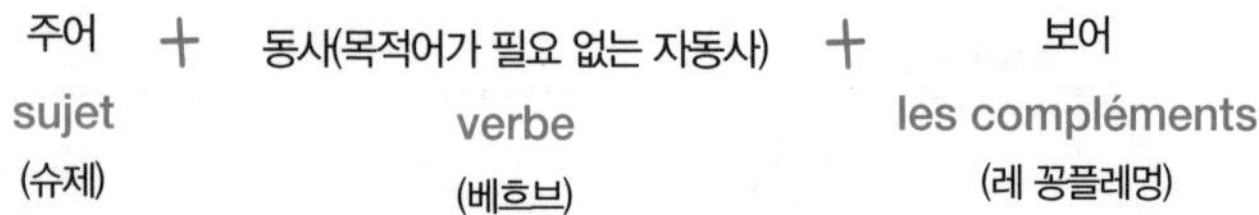

주어 앞 단원에서 배웠던 것입니다. 기억 하시겠지요? 만약 기억나지 않는다면 잠시 복습의 시간을 드리겠습니다.

동사 주어에 따라 모양을 바꿉니다. 이걸 가리켜 동사 변화라고 합니다. 하지만 이 단원에서는 언급하지 않겠습니다. 이 단원은 문장 구조에 대해서만 먼저 이해해 봅시다.

보어 여기서 보어란 시간, 장소, 인과관계 등을 나타내는 단어를 말합니다. 문장 속에 있어도 되고 없어도 되는 성분입니다. 주어와 목적어가 필요 없는 동사만 있다고 해도 완전한 문장이 성립됩니다. 동생이 울다, 어머니가 달린다, 나는 노래를 부른다 등등의 문장을 예로 들 수 있습니다.

주어	+	자동사	+	보어
나 Je (쥬)		노래 부르다 chante (샹트)		나의 집에서 chez moi. (쉐 무아)
장 Jean (장)		웃다 rit (히)		시끄럽게 très fort. (트레 포흐)
당신 Vous (부)		일하다 travaillez (트하바이에)		잘 bien. (비앙)
너 Tu (튀)		달리다 cours. (쿠흐)		
그 Il (일)		운전하다 conduit. (콩뒤)		

목적어가 필요 없는 자동사의 예시는 다음과 같습니다.

수영하다
nager
(나줴)

점심 식사하다
déjeuner
(데쥬네)

운전하다
conduire
(콩뒤흐)

살찌다
grossir
(그호씨흐)

잠자다
dormir
(도흐미흐)

박수치다
applaudir
(아플로디흐)

태어나다
naître
(네트흐)

도착하다
arriver
(아히베)

죽다
mourir
(무히흐)

걷다
marcher
(마흐쉐)

어떤 동사가 목적어가 필요한지 아닌지는 단어의 의미에 따라 구분합니다.

MP3 05-02

목적어가 있는 문장

목적어가 필요한 문장 구조는 3가지로 나눕니다.

목적어가 필요한 문장 첫 번째

주어 +	타동사 +	관사 +	직접목적어 +	보어
sujet (슈제)	verbe (베흐브)	article (아흐띠끌)	objet direct (오브제 디헥트)	les compléments (레 꽁플레멍)

보어 les compléments는 있어도 되고 없어도 됩니다.

주어 +	타동사 +	관사 +	직접목적어 +	보어
나 Je (쥬)	먹다 mange (멍쥐)	(어느 정도) du (뒤)	밥 riz (히)	식당에서 au restaurant. (오 헤스토헝)
너 Tu (튀)	보다 regardes (허갸흐드)	(여성 관사) la (라)	TV télévision (텔레비지옹)	너의 여동생과 avec ta sœur. (아베크 타 쉐흐)
나딘 Nadine (나딘)	사랑하다 aime (앰므)	아드리앙 Adrien. (아드리앙)		

목적어가 필요한 동사의 예를 들어 보겠습니다.

manger(멍제)	먹다	regarder(허갸흐데)	바라보다
gagner(가니에)	얻다, 이기다	avoir(아부아흐)	있다
vouloir(블루아흐)	원하다	aimer(애메)	사랑하다, 좋아하다
appeler(아플레흐)	부르다	acheter(아슈테)	사다

목적어가 필요한 문장 두 번째

주어	+ 타동사	+ à 또는 de	+ 간접목적어	+ 보어
sujet (슈제)	verbe (베흐브)	préposition (프레오지시용)	objet indirect (오브제 땡디헥트)	les compléments (레 꽁플레멍)

보어 les compléments는 있어도 되고 없어도 됩니다.

문장 유형 두 번째에서 à 또는 de는 전치사 préposition의 역할을 합니다. 동사와 간접목적어 사이를 이어 주는 역할입니다. 어떤 때 à를 쓰고 어떤 때 de를 쓰는지 기억해야 합니다. 자주 쓰이는 단어들을 모아 보았습니다.

à를 쓰는 동사	de를 쓰는 동사
penser à ~에 대해 생각하다 (펑세아)	penser de ~에 대해 생각하다 (펑세 드)
écrire à ~에게 편지를 쓰다 (에크히흐 아)	être sûr de ~에 자신감을 갖다 (에트흐 쉬흐 드)
parler à ~와 대화하다 (파흘레 아)	parler de ~에 대해 말하다 (파흘레 드)
téléphoner à ~에게 전화하다 (텔레포네 아)	s'occuper de ~를 책임지다 (소뀨페흐 드)
obéir à ~를 따르다 (오베이흐 아)	avoir envie de ~를 원하다 (아부아흐 엉비 드)
désobéir à ~를 따르지 않다 (데조베이흐 아)	raffoler de ~에 빠져들다 (하폴레 드)
participer à ~에 참여하다 (파흐띠시페 아)	rêver de ~에 대해 꿈꾸다 (헤베 드)
songer à ~에 대해 생각하다 (송제 아)	souvenir de ~를 기념하다 (수브니흐 드)
compatir à ~를 동정하다 (콩파티흐 아)	
faire attention à ~를 조심하다 (페흐 아텅시옹 아)	

CHAPTER 05

주어 +	타동사 +	à 또는 de +	간접목적어 +	보어
나	생각하다	~를	나딘	지금
Je	pense	à	Nadine	maintenant.
(쥬)	(펑스)	(아)	(나딘)	(맹트넝)
그녀	말하다	~에 대해	그녀의 남편	매일
Elle	parle	de	son mari	tous les jours.
(엘)	(파흘르)	(드)	(송 마히)	(투 레 주흐)
우리들	전화하다	~에게	아드리앙	
Nous	téléphonons	à	Adrien.	
(누)	(텔레포농)	(아)	(아드리앙)	

목적어가 필요한 문장 세 번째

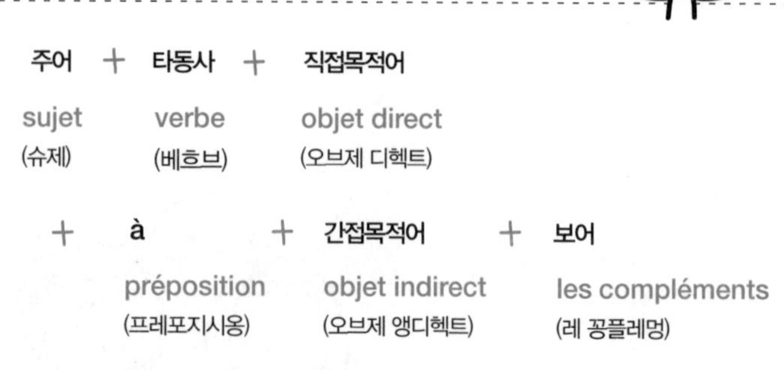

주어 +	타동사 +	직접목적어
sujet	verbe	objet direct
(슈제)	(베흐브)	(오브제 디헥트)

+ à	+ 간접목적어	+ 보어
préposition	objet indirect	les compléments
(프레포지시옹)	(오브제 앵디헥트)	(레 꽁플레멍)

보어 les compléments는 있어도 되고 없어도 됩니다.

세 번째 문장 유형은 직접목적어와 간접목적어 모두 있는 유형입니다. 사람이나 사물을 간접목적어로 갖는 동사와 함께 쓰입니다. 예를 들어 누구와 무엇에 대해 말하는가, 누구에게 무엇을 주는가, 누구에게 무엇을 보내는가 등의 문장입니다.
문장에서 자주 쓰이는 동사들은 다음과 같습니다.

간접목적어와 직접목적어가 필요한 동사들

donner (도네) 주다	+	사물	+	à (아)	+	사람
dire (디흐) 말하다	+	말의 내용	+	à (아)	+	사람
poser (포제) 물어보다	+	질문	+	à (아)	+	사람
présenter (프헤정테) 소개하다	+	사람	+	à (아)	+	사람

raconter + 말의 내용 + à + 사람
(하콩테) (아)
이야기하다

envoyer + 사물 + à + 사람
(엉부아예) (아)
보내다

offrir + 사물 + à + 사람
(오프히흐) (아)
주다

répondre + 말의 내용 + à + 사람
(헤퐁드흐) (아)
대답하다

proposer + 사물 + à + 사람
(프호포세) (아)
제안하다

expliquer + 말의 내용 + à + 사람
(엑스플리케) (아)
설명하다

주어	+	타동사	+	직접목적어	+	à	+	간접목적어	+	보어
나		주다		사과 1개		~에게		자크		
Je		donne		une pomme		à		Jacques.		
(쥬)		(돈느)		(윈느 폼므)		(아)		(쟈크)		
당신		물어보다		질문		~에게		당신의 교수님		
Vous		posez		une question		à		votre professeur.		
(부)		(포제)		(윈느 케쓰띠옹)		(아)		(보트흐 프호페쉐흐)		

이 단원은 여러분이 프랑스어로 소통하고자 할 때 가장 먼저 배우게 되는 프랑스어 문장의 기초입니다. 이 형식에 익숙해지고 난 뒤에 이어서 나올 복잡한 문장들을 배우러 가도록 합시다.

연음

Les liaisons

MP3 06-01

프랑스어에는 단어의 끝에 오는 자음 t, s, n, r, p, f, d는 보통 발음하지 않지만, 모음으로 시작하거나 h muet로 시작하는 단어와 만나면 연음 현상이 일어납니다.

T, S, N R, P, F, D로 끝나는 단어

모음 또는 H MUET로 시작하는 단어

연음이 일어날 때는 앞 단어의 끝 자음이 뒤 단어의 모음과 이어져 발음됩니다. 예를 들어 보겠습니다.

Nous	avons
(누)	(아봉)
자음 s로 끝남	모음 a로 시작함

우리들은 가지고 있다

Nous avons

(누 자봉)

다른 예시들을 좀 더 살펴보겠습니다.

병원 여러 채
des hôpitaux
(데 죠피토)

호텔 여러 채
des hôtels
(데 죠텔)

두꺼운 책
cet énorme livre
(쎄 테노흐므 리브흐)

이 학생들
ces élèves
(쎄 젤레브)

그는 살고 있다.
Il habite
(일 라비트)

MP3 06-02

연음의 중요 법칙

이번에는 연음 현상 liason의 중요한 법칙들을 알아보겠습니다. 다음과 같은 소리 규칙이 있습니다.

1. 인칭대명사 + 동사

인칭대명사 les pronoms personnels 몇 가지가 모음이나 h muet로 시작하는 동사와 만났을 때 연음 현상이 일어납니다.

인칭대명사

vous	(부)	당신, 당신들	nous	(누)	우리들
il	(일)	그	elle	(엘)	그녀
ils	(일)	그들	elles	(엘)	그녀들

인칭대명사 + 동사

당신은 파리에 간다.
Vous allez à Paris.
(부 잘레 아 파히)
s가 모음 a와 연음

그들은 책 여러 권을 가지고 있다.
Ils ont des livres.
(일 죵 데 리브흐)
s(ㅆ)소리가 모음 o와 연음

그녀들은 편지를 쓴다.
Elles écrivent des lettres.
(엘 지크리브 데 레트흐)
s (ㅆ) 소리가 모음 e와 연음

2. 관사 + 명사

관사와 이어지는 명사가 모음 또는 h muet로 시작할 때 연음 현상이 일어납니다.

관사

un (엉)	deux (두)	trois (트와)	dix (디스)	six (시스)
les (레)	aux (오)	des (데)	ces (쎄)	
mon (몽)	ton (통)	son (쏭)		
mes (메)	tes (테)	ses (쎄)		
nos (노)	vos (보)	leurs (레흐)		
quelques (켈크)	plusieurs (플뤼스지에흐)	certains (쎄텅)		

관사 + 명사

남자 친구 한 명

un ami

(어 나미)

n(ㄴ) 소리가 모음 a 와 연음

그의 친구

son ami

(쏘 나미)

n(ㄴ) 소리가 모음 a 와 연음

그녀의 자식들

tes enfant

(테 졍펑)

s(ㅆ) 소리가 모음 e 와 연음

병원 3채

trois hôpitaux

(트와 죠피토)

s(ㅆ) 소리가 h muet와 연음

9살

neuf ans

(누 방)

앞 단어가 f로 끝나긴 하지만 연음될 때는 v(ㅂ) 으로 소리 납니다.

3. 형용사 + 명사

속성을 표현하는 형용사가 h muet로 시작하는 명사와 만났을 때 연음 현상이 일어납니다.

형용사 + 명사

꼬마 아이

un petit enfant

(엉 프티 텅펑)

t(ㅌ) 소리가 h muet와 연음

밝은 미래

un brillant avenir

(엉 브히리엉 타브니흐)

t(ㅌ) 소리가 모음 a와 연음

긴 겨울

long hiver

(롱 기베흐)

g(ㄱ) 소리가 h muet와 연음

커다란 친구

grand ami

(그헝드 타미)

d(ㄷ) 소리가 모음 a와 연음
앞 단어가 d로 끝나긴 하지만 연음 될 때는 t(ㅌ) 으로 소리 납니다.

4. 부사 + 이어지는 단어

자음 한 개로 끝나는 부사에 이어지는 단어가 모음 또는 h muet으로 시작할 때 연음 현상이 일어납니다.

부사

좋다 bien (비앙)	더 적다 moins (모앙)	더 낫다 mieux (미우)
매우 très (트헤)	지나치게 trop (트홉)	

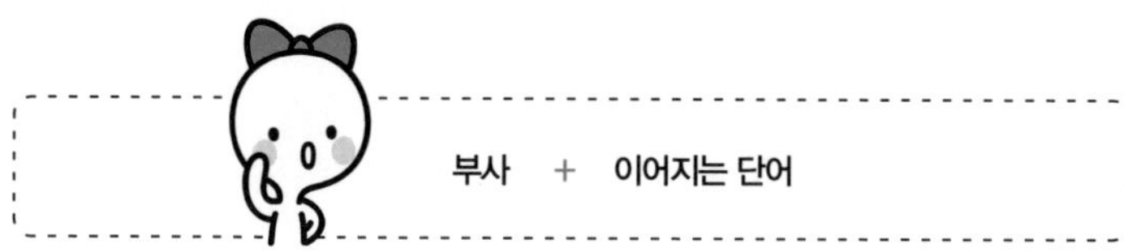

매우 행복하다

très heureux

(트헤 제으웨)

s(ㅆ) 소리가 h muet와 연음

잘 다루다

bien équipé

(비앙 네퀴페)

n(ㄴ) 소리가 모음 é와 연음

연인이 되다, 서로 사랑하다

bien aimé

(비앙 내매)

n(ㄴ) 소리가 모음 a와 연음

덜 사랑하다

moins amoureux

(모아 자무흐)

s(ㅆ) 소리가 모음 a와 연음

더욱 잘 가르치다

mieux enseigner

(미우 썽씨네)

x(ㅆ) 소리가 모음 e와 연음

5. 전치사 + 이어지는 단어

한 개의 자음을 가진 전치사에 이어지는 단어가 모음 또는 h muet로 시작할 경우 연음 현상이 일어납니다.

전치사

~내에	~안에	~없이
en (엉) (여성형 국가 이름, 교통 수단, 계절 단어와 함께 씁니다)	dans (당)	sans (쌍)
	~아래 sous (쑤)	~의 집에서 chez (쉐)

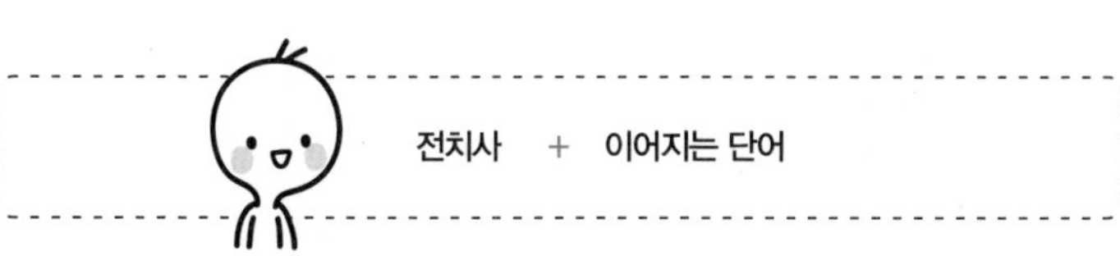

스페인 내에 en Espagne (엉 네스판뉴) n(ㄴ) 소리가 e 소리와 연음	그녀의 집에서 chez elle (쉐 젤레) z(ㅈ) 소리가 모음 e와 연음
일시적 시간 내에 dans un instant (당 정 닝스탕트) s(ㅆ) 소리가 모음 u와 연음 n(ㄴ) 소리가 모음 i와 연음	그들 없이 sans eux (쌍 쥐) s(ㅆ) 소리가 모음 e와 연음

고정된 연음 단어들

지금까지 배운 연음의 유형들 외에 또 하나의 유형이 있습니다. 바로 고정된 연음입니다. 이 유형의 단어들은 무조건 연음 현상이 일어난다는 뜻입니다. 예를 들어 보겠습니다.

계속 더해진다. de plus en plus (드 플뤼스 정 플뤼스)	조금씩 조금씩 petit à petit (프티 타 프티)
계속 덜해진다. de moins en moins (드 모앙 정 모앙)	그저께 avant hier (아방 티에)
종종 de temps en temps (드 텅 정 텅)	잘 지내시나요? comment allez-vous ? (코망 탈레 부)
미 연합국 les Etats-Unis (레 제타 쥬니)	곧 tout à l'heure (투 타 레흐)

프랑스어 동사

Les verbes

이어지는 단어와 문장에 관한 단원으로 넘어가기 전에, 프랑스어 동사를 먼저 배워 보도록 하겠습니다. 프랑스어 동사는 주어, 시제, 사용법에 따라 형태가 변하는데, 이것을 동사 변형이라고 부릅니다. 익혀야 할 내용이 많은 단원이지만, 재미있는 단원이기도 합니다.

MP3 07-01

프랑스어 동사 변형

프랑스어 동사는 주어 그리고 과거, 현재, 미래 등의 시제에 따라 형태가 변합니다. 현재 시제 le présent(르 프헤정)에 따른 기본적인 동사 변형부터 보도록 하겠습니다. 프랑스어 동사 verbe(베흐브)는 다음과 같이 3가지 유형으로 나뉩니다.

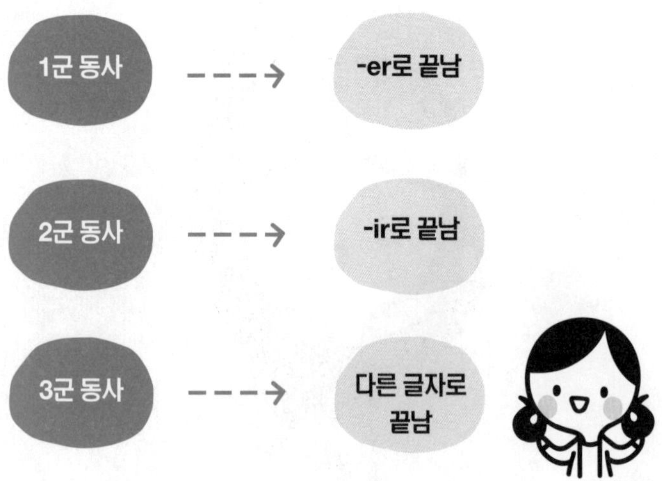

-er로 끝나는 1군 동사

동사의 약 90%가 여기에 해당합니다. 대부분 규칙대로 변하지만 일부 문자나 소리의 변형이 있을 수 있습니다. -er로 끝나는 동사들의 예시를 보겠습니다.

일하다 travailler (트하바이에)		준비하다 préparer (프헤파헤)	놀다 jouer (주에)
춤추다 danser (덩쎄)	감탄하다 admirer (아드미헤)		사랑하다, 좋아하다 aimer (애매)
듣다 écouter (에쿠테)	말하다 parler (파흘레)	배우다 étudier (에튀디에)	얻다 gagner (갸니에)

CHAPTER 07

보다 regarder (흐갸흐데)	주다 donner (도네)	만나다 trouver (트후베)	입다 porter (포흐테)
생각하다 penser (팡쎄)	걷다 marcher (막쉐)	도착하다 arriver (아히베)	가르치다 enseigner (앙씨녜)
먹다 manger (망제)	점심 식사 하다 déjeuner (데쥬네)	저녁 식사 하다 dîner (디네)	싫어하다 détester (데테스테)

-er로 끝나는 1군동사 변형

1군 동사를 변형할 때는 er을 버리고 그 자리에 다음과 같이 덧붙여 줍니다.

주어	-er 버리기	글자 더하기	travailler 일하다
Je	travaill	e	Je travaill**e**(쥬 트하바이) 나는 일한다.
Tu	travaill	es	Tu travaill**es**(튀 트하바이) 너는 일한다.
Il/Elle/On	travaill	e	Il/Elle/On travaill**e**(일/엘/온 트하바이) 그는/그녀는 일한다.
Ils/Elles	travaill	ent	Ils/Elles travaill**ent**(일/엘 트하바이) 그들은/그녀들은 일한다.
Nous	travaill	ons	Nous travaill**ons**(누 트하바이옹) 우리들은 일한다.
Vous	travaill	ez	Vous travaill**ez**(부 트하바이예) 당신은 일한다.

동사 변형이 일어난 후에도 이 글자 저 글자가 추가됩니다. 하지만 그렇더라도 여전히 발음은 항상 '트하바이'라고 읽습니다. 그렇다면 말할 때는 어떻게 알 수 있을까요? 바로 주어를 참고해 알아낼 수 있습니다.

1군 동사 변형의 예외

–er로 끝나는 1군 동사 변형의 예외는 다음과 같습니다.

1. –ger로 끝나는 동사의 주어로 Nous가 쓰인 경우 –er을 버린 뒤 –ons 앞에 –e를 붙여 줍니다. 예를 들어 보겠습니다.

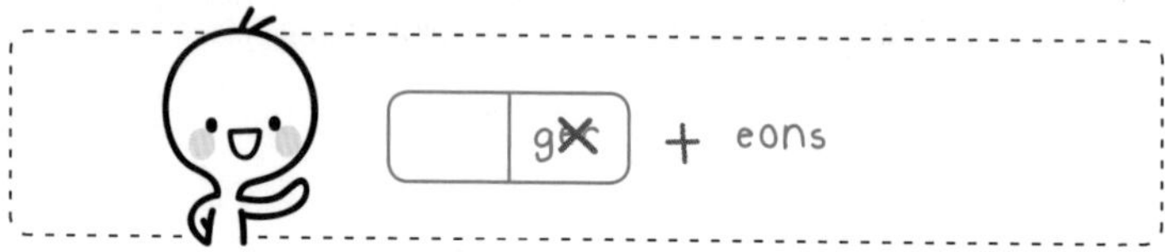

manger(멍제) 먹다	➡	Nous mangeons(누 멍죵)
changer(샹제) 바꾸다	➡	Nous changeons(누 샹죵)
mélanger(메렁제) 섞다	➡	Nous mélangeon(누 메렁죵)
nager(나제) 수영하다	➡	Nous nageons(누 나죵)
voyager(보아제) 여행하다	➡	Nous voyageons(누 보아죵)

왜 이렇게 하는 걸까요? ons만 붙이게 되면 '죵' 이 아닌 '꽁'이라고 읽히기 때문입니다.

2. –cer로 끝나는 동사의 주어로 Nous가 쓰인 경우 –er을 버린 뒤 –ons 앞에 오는 c를 ç로 바꿔 줍니다. 예를 들어 보겠습니다.

commencer(커멍쎄) 시작하다	➡	Nous commençons(누 커멍쏭)
annoncer(아넝쎄) 공표하다	➡	Nous annonçons(누 자넝쏭)
effacer(에파쎄) 지우다	➡	Nous effaçons(누 제파쏭)
prononcer(프호넝쎄) 발음하다	➡	Nous prononçons(누 프호넝쏭)
placer(플라쎄) 놓다	➡	Nous plaçons(누 플라쏭)

왜 이렇게 하는 걸까요? ons만 붙이게 되면 '쏭' 이 아닌 '꽁' 이라고 읽히기 때문입니다.

⊗	✓
commencons	commençons
커멍꽁	커멍쏭

3. –eler와 –eter로 끝나는 동사의 경우(er 앞에 el 또는 et가 올 때) –er을 버린 뒤 자음 글자를 두 개 써 주고 주어에 따라 변합니다. 주어로 Nous와 Vous가 쓰이는 경우는 예외입니다.

-eler로 끝나는 동사는 er을 버리고 l 두 개를 넣어 줍니다.

주어	er 버리기	l을 ll로 바꾸기	글자 더하기	appeler 부르다
Je	appel	appell	e	J'appell**e**(자펠) 나는 부른다.
Tu	appel	appell	es	Tu appell**es**(튀 아펠) 너는 부른다.
Il/Elle/On	appel	appell	e	Il/Elle/On appell**e**(일/엘/옹 아펠) 그는/그녀는 부른다.
Ils/Elles	appel	appell	ent	Ils/Elles appell**ent**(일/엘 자펠) 그들은/그녀들은 부른다.
Nous	appel	-	ons	Nous appel**ons**(누 자펠롱) 우리는 부른다.
Vous	appel	-	ez	Vous appel**ez**(부 자플레) 당신은 부른다.

–eter로 끝나는 동사는 er을 버리고 t를 넣어 줍니다.

주어	er 버리기	t를 tt로 바꾸기	글자 더하기	jeter 버리다
Je	jet	jett	**e**	Je jett**e**(쥬 제테) 나는 버린다.
Tu	jet	jett	**es**	Tu jett**es**(튀 제테) 너는 버린다.
Il/Elle/On	jet	jett	**e**	Il/Elle/On jett**e**(일/엘/옹 제테) 그는/그녀는 버린다.
Ils/Elles	jet	jett	**ent**	Ils/Elles jett**ent**(일/엘 제테) 그들은/그녀들은 버린다.
Nous	jet	-	**ons**	Nous jet**ons**(누 제통) 우리는 버린다.
Vous	jet	-	**ez**	Vous jet**ez**(부 제테) 당신은 버린다.

예외 중에서 또 예외가 있습니다. 다음 동사들은 앞에서 본 유형처럼 –eler와 –eter로 끝나지만 각기 다르게 변합니다.

이 예외 유형은 끝에 자음 두 개를 붙이는 대신에 t나 l 앞에 오는 e 위에 ` accent grave(악쌍 끄라브)를 붙입니다. Nous와 Vous를 제외한 모든 주어에 쓸 수 있습니다.

주어	er 버리기	e 위에 `(악쌍 끄라브) 붙이기	글자 더하기	acheter 사다
Je	achet	achèt	**e**	J'achèt**e**(쟈 셰트) 나는 산다.
Tu	achet	achèt	**es**	Tu achèt**es**(튀 아트) 너는 산다.
Il/Elle/On	achet	achèt	**e**	Il/Elle/On achèt**e**(일/엘/옹 나셰트) 그는/그녀는 산다.
Ils/Elles	achet	achèt	**ent**	Ils/Elles achèt**ent**(일/엘 자셰트) 그들은/그녀들은 산다.
Nous	achet	-	**ons**	Nous achet**ons**(누 자슈통) 우리는 산다.
Vous	achet	-	**ez**	Vous achet**ez**(부 자슈테) 당신은 산다.

이 규칙대로 변화하는 다른 동사들을 예로 들어 보겠습니다.

geler(젤리) 얼리다, 몹시 춥다

modeler(모델리) 빚다

peler(펠리) 벗기다

racheter(하쉬테) 다시 사다

4. 대부분의 -yer, -oyer, -uyer로 끝나는 동사의 경우 -er을 버린 뒤 y를 i로 바꿔 줍니다. 예외로 Nous 와 Vous 가 주어로 오는 경우엔 변화하지 않습니다.

주어	er 버리기	y를 i로 바꾸기	글자 더하기	envoyer 보내다
Je	envoy	envoi	**e**	J'envoi**e**(쟝부아) 나는 보낸다.
Tu	envoy	envoi	**es**	Tu envoi**es**(튀 엉부아) 너는 보낸다.
Il/Elle/On	envoy	envoi	**e**	Il/Elle/On envoi**e**(일/엘/옹 엉부아) 그는/그녀는 보낸다.
Ils/Elles	envoy	envoi	**ent**	Ils/Elles envoi**ent**(일/엘 정부아) 그들은/그녀들은 보낸다.
Nous	envoy	-	**ons**	Nous envoy**ons**(누 정부아용) 우리는 보낸다.
Vous	envoy	-	**ez**	Vous envoy**ez**(부 정부아예) 당신은 보낸다.

이 규칙대로 변화하는 다른 동사들을 예로 들어 보겠습니다.

essayer	(에쎄예)	시험하다
appuyer	(아푸의예)	누르다
employer	(엉플루아예)	고용하다, 채용하다
tournoyer	(투흐노예)	빙빙 돌다, 회전하다

CHAPTER 07

5. 앞에 e와 자음 하나를 두고 er로 끝나는 동사가 여기에 해당합니다. 설명이 복잡하지요. 한 마디로 끝이 e_er로 끝나는 동사입니다.

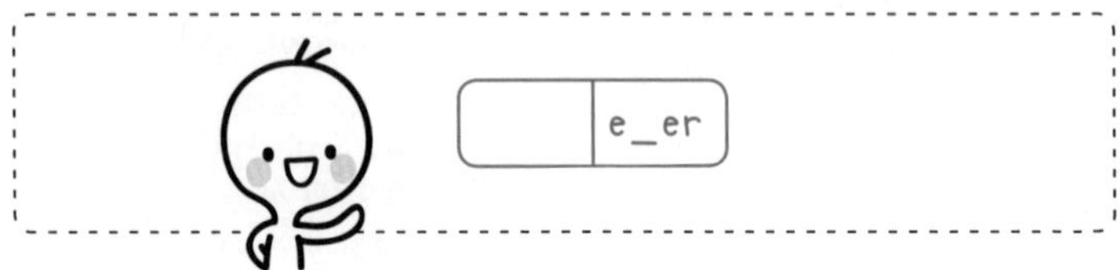

다음 동사들은 Je, Tu, Il, Elle, Ils 그리고 Elles가 주어일 때 동사의 마지막 자음 앞에 오는 –e 위에 ` accent grave(악쌍 끄라브)를 붙입니다.
하지만 Nous와 Vous가 주어로 올 때는 마지막 자음 앞에 오는 –e 위에 ' accent aigu(악상 테귀)를 붙입니다.
더 선호한다는 뜻을 가진 préférer(프헤페헤)라는 단어로 예를 들어 보겠습니다.

주어	r 앞에 오는 e 위에 ` (악쌍 끄라브) 또는 ´ (악상 테귀) 붙이기	글자 더하기	préférer 더 선호하다
Je	préfèr	e	Je préfère(쥬 프헤페헤) 나는 더 좋아한다.
Tu	préfèr	es	Tu préfères(튀 프헤페헤) 너는 더 좋아한다.
Il/Elle/On	préfèr	e	Il/Elle/On préfère(일/엘/옹 프헤페헤) 그는/그녀는 더 좋아한다.
Ils/Elles	préfèr	ent	Ils / Elles préfèrent(일/엘 프헤페헤) 그들은/그녀들은 더 좋아한다.
Nous	préfér	ons	Nous préférons(누 프헤페홍) 우리는 더 좋아한다.
Vous	préfér	ez	Vous préférez(부 프헤페헤) 당신은 더 좋아한다.

이 규칙대로 변화하는 다른 동사들을 예로 들어 보겠습니다.

répéter(헤페테) 반복해서 말하다
célébrer(쎌레브헤) 축하하다
compléter(콩플레테) 완성하다
céder(쎄데) 넘겨주다, 패배하다
espérer(에스페헤) 바라다
révéler(헤벨레) 드러내다
régler(헤글리) 통제하다
protéger(프호테제) 지키다

-ir로 끝나는 2군 동사

-ir로 끝나는 동사는 앞에서 본 유형에 비해 수가 많지 않습니다. 배워야 할 내용 또한 앞에서 본 1군 동사만큼 많지는 않습니다. 이 유형에 해당하는 동사들의 예를 들어 보겠습니다.

벌을 내리다 punir (퓨니흐)	자라다 grandir (그항디흐)	끝나다 finir (피니흐)	제공하다 fournir (푸흐니흐)
선택하다 choisir (슈아지흐)	색이 붉어지다 rougir (후지흐)	설치하다, 수립하다 établir (에타블리흐)	즐기다 jouir (쥬이흐)
보증하다 garantir (갸항티흐)	임명하다 investir (앙베스띠흐)	성공하다 réussir (헤쒸흐)	채우다 remplir (헝플리흐)

-ir로 끝나는 2군 동사 변형

이 유형은 ir을 버리고 다른 글자를 붙이는 동사 변형입니다. 다음과 같이 변합니다.

주어	–ir 버리기	글자 더하기	punir 벌을 내리다
Je	pun	**is**	Je pun**is**(쥬 퓨니) 나는 벌을 내린다.
Tu	pun	**is**	Tu pun**is**(튀 퓨니) 너는 벌을 내린다.
Il/Elle/On	pun	**it**	Il/Elle/On pun**it**(일/엘/옹 퓨니) 그는/그녀는 벌을 내린다.
Ils/Elles	pun	**issent**	Ils/Elles pun**issent**(일/엘 퓨니스) 그들은/그녀들은 벌을 내린다.
Nous	pun	**issons**	Nous pun**issons**(누 퓨니쏭) 우리는 벌을 내린다.
Vous	pun	**issez**	Vous pun**issez**(부 퓨니쎄) 당신은 벌을 내린다.

–ir로 끝나지만 –er로 끝나는 동사의 규칙대로 변하는 불규칙 동사들은 다음과 같습니다.

CHAPTER 07

ouvrir(우부리흐) 열다	découvrir(데쿠브리흐) 발견하다
souffrir(수프리흐) 참다, 견디다	cueillir(퀘이흐) 얻다, 취하다
recueillir(흐퀘이흐) 모으다	accueillir(악퀘이흐) 맞이하다
offrir(오프리흐) 제공하다	couvrir(쿠브리흐) 덮다, 가리다

–ir을 잘라 내고 난 뒤 주어에 따른 동사 변화는 2군 동사가 아닌 1군 동사와 같이 활용합니다.

주어	–ir 버리기	글자 더하기	offrir 주다
Je	offr	**e**	J'offr**e**(죠프흐) 나는 준다.
Tu	offr	**es**	Tu offr**es**(튀 오프흐) 너는 준다.
Il/Elle/On	offr	**e**	Il/Elle/On offr**e**(일/엘/옹 오프흐) 그는/그녀는 준다.
Ils/Elles	offr	**ent**	Ils/Elles offr**ent**(일/엘 죠프흐) 그들은/그녀들은 준다.
Nous	offr	**ons**	Nous offr**ons**(누 죠프홍) 우리는 준다.
Vous	offr	**ez**	Vous offr**ez**(부 죠프헤) 당신은 준다.

나머지 글자로 끝나는 3군 동사

3군 동사는 나머지 글자들로 끝나는 동사군입니다. 어떤 단어들은 2군 동사처럼 –ir 로 끝나기도 하지만, 이 경우에는 알아볼 수 있습니다. 일단 먼저 그림을 보고 어떤 유형들이 있는지 살펴봅시다.

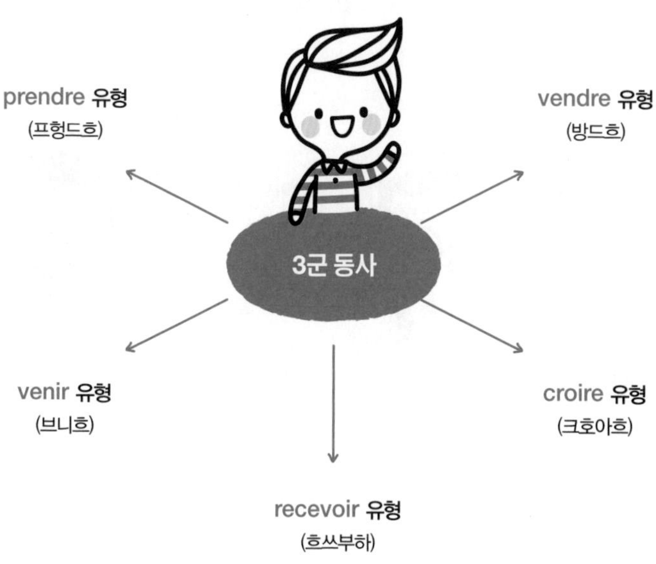

나머지 글자들로 끝나는 동사의 변형

3군 동사는 정해진 동사 변형 규칙이 없고 단어마다 변형이 다릅니다. 따라서 익숙해질 때까지 외워야 합니다. 하지만 외우는 요령이 있습니다. 어떤 동사를 기준으로 잡아 둔 뒤에, 같은 글자로 끝나는 동사들은 그와 똑같이 변형된다고 기억하면 됩니다.

prendre **집다, 잡다, 마시다, 먹다와 같은 유형**

집다, 잡다, 마시다, 먹다
prendre
(프헝드흐)

공부하다
apprendre
(아프헝드흐)

이해하다
comprendre
(콩프헝드흐)

깜짝 놀라게 하다
surprendre
(쉬흐프헝드흐)

prendre 유형의 동사 변형 방식은 다음과 같습니다.

주어	-dre 버리기	더하는 글자	prendre 집다, 잡다, 마시다, 먹다
Je	pren	**ds**	Je pren**ds**(쥬 프헝) 나는 집는다.
Tu	pren	**ds**	Tu pren**ds**(튀 프헝) 너는 집는다.
Il/Elle/On	pren	**d**	Il/Elle/On pren**d**(일/엘/옹 프헝) 그는/그녀는 집는다.
Ils/Elles	pren	**nent**	Ils/Elles pren**nent**(일/엘 프헨느) 그들은/그녀들은 집는다.
Nous	pren	**ons**	Nous pren**ons**(누 프헤농) 우리는 집는다.
Vous	pren	**ez**	Vous pren**ez**(부 프헤네) 당신은 집는다.

vendre(벙드흐) 팔다와 같은 유형

팔다 vendre (벙드흐)	들리다 entendre (엉텅드흐)	기다리다 attendre (아탕드흐)
내리다 descendre (데쌍드흐)	잃다 perdre (페흐드흐)	대답하다 répondre (헤퐁드흐)
지키다 défendre (데펑드흐)	웃다 rire (히흐)	미소짓다 sourire (쑤히흐)

vendre 유형의 동사 변형 방식은 다음과 같습니다.

주어	-re 버리기	더하는 글자	vendre 팔다
Je	vend	**s**	Je vend**s**(쥬 벙) 나는 판다.
Tu	vend	**s**	Tu vend**s**(튀 벙) 너는 판다.
Il/Elle/On	vend	-	Il/Elle/On **vend**(일/엘/옹 벙) 그는/그녀는 판다.
Ils/Elles	vend	**ent**	Ils/Elles vend**ent**(일/엘 벙드) 그들은/그녀들은 판다.
Nous	vend	**ons**	Nous vend**ons**(누 벙동) 우리는 판다.
Vous	vend	**ez**	Vous vend**ez**(부 벙데) 당신은 판다.

CHAPTER 07

croire(크호아흐) 믿다와 같은 유형

젖을 짜다	부주의하다, 기분을 풀어 주다	뽑아내다, 캐내다, 짜내다
traire (트헤흐)	distraire (디스트헤흐)	extraire (익스트헤흐)

croire 유형의 동사 변형 방식은 다음과 같습니다.

주어	-re 버리기	i를 y로 변형	더하는 글자	croire 믿다
Je	croi	-	**s**	Je crois**s**(쥬 크와) 나는 믿는다.
Tu	croi	-	**s**	Tu croi**s**(튀 크와) 너는 믿는다.
Il/Elle/On	croi	-	**t**	Il/Elle/On croi**t**(일/엘/옹 크와) 그는/그녀는 믿는다.
Ils/Elles	croi	-	**ent**	Ils/Elles croi**ent**(일/엘 크와) 그들은/그녀들은 믿는다.
Nous	croi	croy	**ons**	Nous croy**ons**(누 크와용) 우리는 믿는다.
Vous	croi	croy	**ez**	Vous croy**ez**(부 크와예) 당신은 믿는다.

recevoir(흐쓰부아흐) 받다와 같은 유형

인지하다	임신하다, 생각이 떠오르다	속이다	의무가 있다
percevoir (페흐쓰부아흐)	concevoir (콩쓰부아흐)	décevoir (데쓰부아흐)	devoir (드부아흐)

recevoir 유형의 동사 변형 방식은 다음과 같습니다.

주어	버리는 글자	더하는 글자	recevoir 받다
Je	cevoir	**çois**	Je reçois(쥬 흐쑤아) 나는 받는다.
Tu	cevoir	**çois**	Tu reçois(튀 흐쑤아) 너는 받는다.
Il/Elle/On	cevoir	**çoit**	Il/Elle/On reçoit(일/엘/옹 흐쑤아) 그는/그녀는 받는다.
Ils/Elles	cevoir	**çoivent**	Ils/Elles reçoivent(일/엘 흐쑤아브) 그들은/그녀들은 받는다.
Nous	oir	**ons**	Nous recevons(누 흐쓰봉) 우리는 받는다.
Vous	oir	**ez**	Vous recevez(부 흐쓰베) 당신은 받는다.

ç를 사용해야 하는 이유는 일반 c를 쓸 경우 recois로 읽혀서 어감이 좋지 않기 때문입니다.

venir(브니흐) ~에서 오다와 같은 유형

~가 되다	잡다	지지하다
devenir	tenir	soutenir
(드브니흐)	(트니흐)	(쑤트니흐)

venir 유형의 동사 변형 방식은 다음과 같습니다.

주어	자르는 글자	남기는 글자	더하는 글자	venir ~에서 오다
Je	enir	v	**iens**	Je v**iens**(쥬 비엉) 나는 ~에서 왔다.
Tu	enir	v	**iens**	Tu v**iens**(튀 비엉) 너는 ~에서 왔다.
Il/Elle/On	enir	v	**ient**	Il/Elle/On v**ient**(일/엘/옹 비엉) 그는/그녀는 ~에서 왔다.
Ils/Elles	enir	v	**iennent**	Ils/Elles v**iennent**(일/엘 비엔느) 그들은/그녀들은 ~에서 왔다.
Nous	ir	ven	**ons**	Nous ven**ons**(누 브농) 우리는 ~에서 왔다.
Vous	ir	ven	**ez**	Vous ven**ez**(부 브네) 당신은 ~에서 왔다.

예외적으로 –ître로 끝나는 단어들이 있습니다. 다음을 봅시다.

(얼굴, 이름을) 알다	사라지다, 소멸되다	기억해 내다
connaître	disparaître	reconnaître
(코네트흐)	(디스파하트흐)	(흐꼬네트흐)
자라다, 성장하다	나타나다	태어나다
croître	paraître	naître
(크와트흐)	(파하트흐)	(네트흐)

이 단어들의 변형은 –ître를 떼어 낸 후 2군동사(–ir로 끝나는 동사) 유형과 똑같이 변형시킵니다.

주어	–ître 버리기	더하는 글자	connaître 알다
Je	conna	**is**	Je conna**is**(쥬 코네) 나는 안다.
Tu	conna	**is**	Tu conna**is**(튀 코네) 너는 안다.
Il/Elle/On	conna	**it**	Il/Elle/On conna**it**(일/엘/옹 코네) 그는/그녀는 안다.
Ils/Elles	conna	**issent**	Ils/Elles conna**issent**(일/엘 코네쓰) 그들은/그녀들은 안다.
Nous	conna	**issons**	Nous conna**issons**(누 코네쏭) 우리는 안다.
Vous	conna	**issez**	Vous conna**issez**(부 코네세) 당신은 안다.

CHAPTER 07

MP3 07-02

자주 사용하는 동사들

굉장히 자주 쓰이기 때문에 굳이 외우지 않아도 외워지는 동사가 두 개 있습니다. 바로 être, avoir 입니다. 이 두 동사는 다른 동사들과 변형 방식이 다릅니다. 어떻게 변형되는지 한번 보겠습니다.

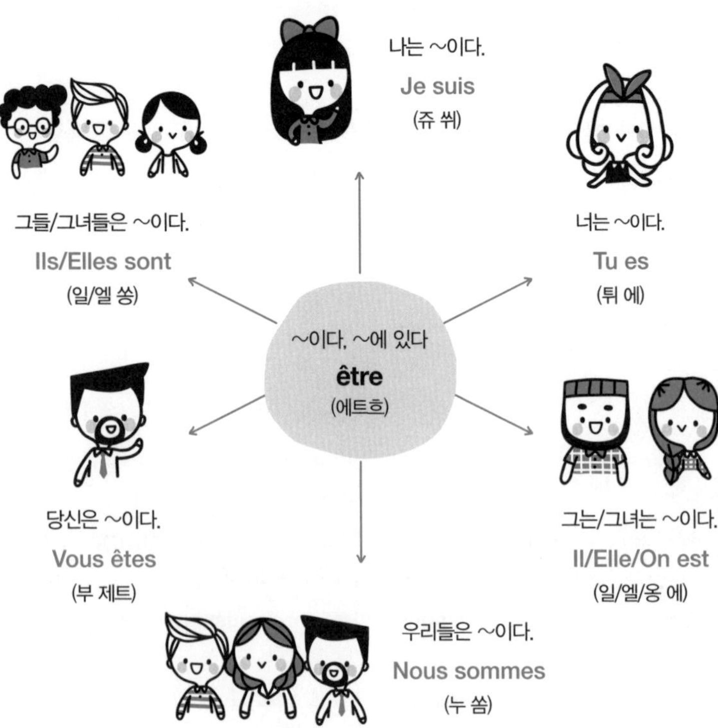

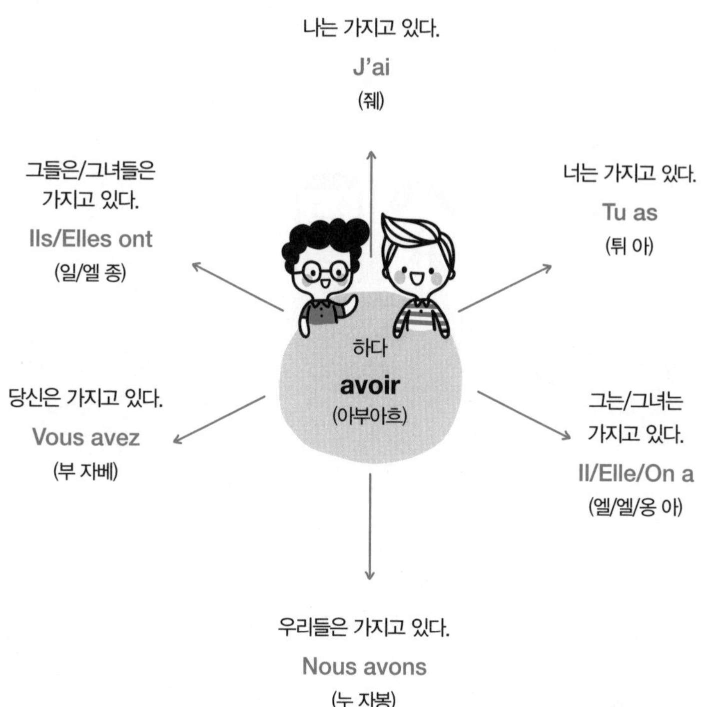

이외에 한 가지 동사가 더 있습니다. 바로 '하다'라는 뜻의 faire(패흐)입니다. 변형형인 Il fait라는 형태로 자주 보게 될 동사인데, 다양한 관용구에서 쓰이기 때문에 이 동사도 기억해 두는 게 좋습니다.

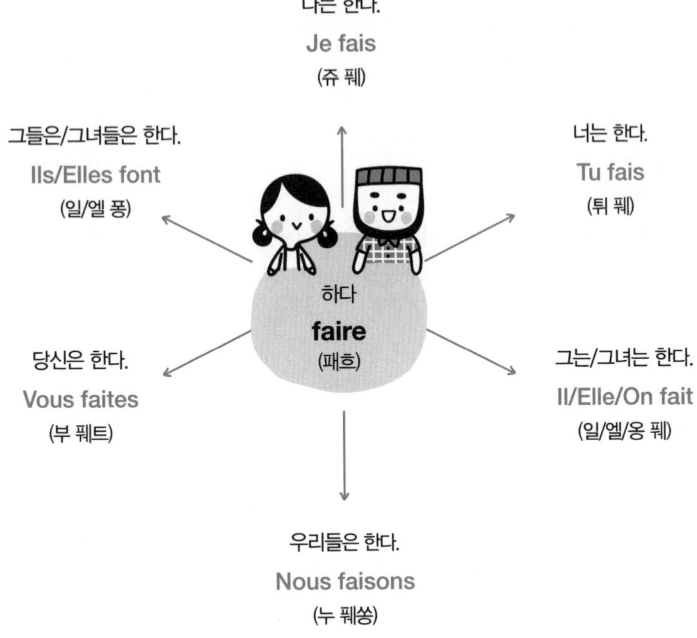

Memo

모든 유형의 동사 변형 분류를 보자면 다음과 같습니다.

Tu는 -s로 끝나는 형태로 변형된다.

Il/Elle/On는 Tu나 Je와 같이 변형하지만 s가 없거나 s가 t로 바뀐다.

Nous는 끝에 -ons가 붙는다. 반면 Vous는 끝에 -ez가 붙는다. 두 글자가 함께 쓰인다.

숫자

Les chiffres en lettres

이번 단원에서는 숫자를 배워 보도록 하겠습니다. 시계를 볼 때마다 항상 숫자를 보게 되지요. 뿐만 아니라 물건을 살 때, 가격을 물어볼 때, 나이를 물어볼 때, 전화번호를 물어볼 때 등등 수많은 상황에서 숫자를 써야 합니다. 프랑스에서 숫자를 세는 방식은 다른 나라와 좀 다릅니다. 수학 능력이 필요한 부분이 있기 때문입니다. 수학에 자신 있는 분들은 기대하세요.

MP3 08-01

숫자 읽기

les nombres cardinaux

숫자를 읽는 법부터 배워 보겠습니다. 1부터 19까지를 먼저 익혀 둔다면 그 다음은 좀 쉽게 느껴질 수 있습니다.

0	zéro	(제호)	10	dix	(디스)
1	un	(엉)	11	onze	(옹즈)
	une	(윈느)	12	douze	(두즈)
2	deux	(두)	13	treize	(트헤즈)
3	trois	(트와)	14	quatorze	(캬토즈)
4	quatre	(꺄트흐)	15	quinze	(캉즈)
5	cinq	(상크)	16	seize	(쎄즈)
6	six	(시스)	17	dix-sept	(디쎕트)
7	sept	(셉트)	18	dix-huit	(디즈 윗트)
8	huit	(윗트)	19	dix-neuf	(디즈 누프)
9	neuf	(누프)			

cinq, six huit, dix의 발음

5 cinq, 6 six, 8 huit, 10 dix의 받침은 문장 끝에 올 때 또는 모음으로 시작하는 단어의 앞에서 연음으로 소리납니다. 예를 들어 보겠습니다.

학생 8명

huit élèves

(윗 텔레브)

새 10마리

dix oiseaux

(디 주아조)

나이 5세

cinq ans

(상 캉)

하지만 만약 5 cinq, 6 six, 8 huit, 10 dix이 자음으로 시작하는 단어, 예를 들면 cent, mille, million, mois, livres 등의 앞에 오면 받침을 발음하지 않습니다.

6명

six personnes

(시 팩쏜)

8개월

huit mois

(윗 모아)

10권

dix livres

(디 리브흐)

20-69 숫자 읽기

20부터 69까지 읽는 방법은 우리말과 비슷합니다. 십의 단위를 말해 주고 일의 자리 숫자 1부터 9까지를 말해 주면 됩니다. 한번 같이 읽어 보도록 합시다.

20	vingt	(방)
21	vingt et un	(방 테 앙)
22	vingt-deux	(방 두)
23	vingt-trois	(방 트와)
24	vingt-quatre	(방 캬트흐)
30	trente	(트항트)
40	quarante	(캬항트)
50	cinquante	(상캉트)
60	soixante	(수아썽트)

십의 자리와 일의 자리 사이에 - 표시를 잊지 마세요.

마지막이 1로 끝나는 숫자

1로 끝나는 숫자들, 예를 들면 21, 31, 41, … 등은 십의 자리와 일의 자리 사이에 et를 씁니다. et는 '그리고'라는 뜻입니다.

21	31
vingt et un	trente et un
(방 테 앙)	(트항트 테 앙)

뿐만 아니라 숫자 1 un 또는 une는 성별을 구분해서 써야 합니다. 따라서 뒤에 오는 명사의 성에 따라서 알맞게 써야 합니다.

un
(엉)
남성 명사에 사용

une
(윈느)
여성 명사에 사용

21시
Il est vingt et une heure.
(일 에 방 테 윈 네흐)

heure는 여성 명사이기 때문에 관사로 une를 씀

남자 31명
trente et un hommes
(트항트 테 앙 옴므)

homme는 남성 명사이기 때문에 관사로 un을 씀

CHAPTER 08

여자 51명

cinquante et une femmes
(상캉 테 윈 퐘므)

femmes는 여성 명사이기 때문에 관사로 une를 씀

70-79 숫자 읽기

숫자 70은 먼저 60을 말해 준 뒤 중간에 '–'를 붙이고 뒤에 나머지 숫자를 말해 줍니다. 예를 들어 보겠습니다.

70 = 60 (soixante) + 10 (dix)

71 = 60 (soixante) + 11 (onze)

이어지는 숫자들은 계속 하나씩 더해 가면 됩니다.

70	soixante-dix	(수아쌍트 디스)
71	soixante-et-onze	(수아쌍 테 옹즈)
72	soixante-douze	(수아쌍트 두즈)
75	soixante-quinze	(수아쌍트 캉즈)
79	soixante-dix-neuf	(수아쌍트 디즈 누프)

80-89 숫자 읽기

숫자 80은 곱하기 개념이 필요합니다. 4 x 20 이라고 세기 때문입니다. 이어지는 숫자들은 80을 뺀 나머지를 뒤에 이어붙여 나타냅니다. 예를 들어, 81은 (4 x 20) + 1과 같습니다.
뿐만 아니라 1로 끝나는 숫자들처럼 일의 자리와 십의 자리 사이에 et을 붙이지 않습니다.

80 = 4 (quatre) x 20 (vingts)
82 = 80 (quatre-vingt) + 2 (deux)

80	quatre-vingts	(캬트흐 방)
※80에만 s를 붙이는 이유는 80을 20의 4배라고 보기 때문입니다.		
81	quatre-vingt-un	(캬트흐 방 엉)
84	quatre-vingt-quatre	(캬트흐방 캬트흐)
88	quatre-vingt-huit	(캬트흐 방 윗트)
89	quatre-vingt-neuf	(캬트흐 방 누프)

90-99 숫자 읽기

숫자 90은 따로 읽는 법 없이 80을 기준으로 더해진 숫자들을 뒤에 붙여 나타냅니다.

90 = 80 (quatre-vingt) + 10 (dix)
91 = 80 (quatre-vingt) + 11 (onze)

이어지는 숫자들은 하나씩 더해 가면 됩니다.

90	quatre-vingt-dix	(캬트흐 방 디스)
91	quatre-vingt-onze	(캬트흐 방 옹즈)
92	quatre-vingt-douze	(캬트흐 방 두즈)
93	quatre-vingt-treize	(캬트흐 방 트헤즈)
94	quatre-vingt-quatorze	(캬트흐 방 캬토즈)

100-999 숫자 읽기

숫자 100부터 999까지는 우리와 비슷합니다. 백의 자리를 먼저 읽고난 뒤에 나머지를 읽으면 됩니다.

하지만 주의사항이 있습니다. 숫자 200부터 딱 떨어지는 백의 단위, 즉 200, 300, 400, …에는 cent에 s를 붙입니다. 하지만 그 외에는 s를 붙일 필요가 없습니다.

100	cent	(썽)
101	cent un	(썽 엉)
200	deux cents	(두 썽)
250	deux cent cinquante	(두 썽 상캉트)
400	quatre cents	(캬트흐 썽)
589	cinq cent quatre-vingt-neuf	(상크 썽 캬트흐 방 누프)
600	six cents	(시 썽)

천의 자리 읽기

천 자릿수의 숫자는 먼저 천의 자리 mille를 읽어 준 뒤에 나머지를 읽습니다. mille의 뒤에는 어떠한 경우에라도 s가 붙지 않습니다. s를 붙여 주게 되면 길이의 단위 '마일'이라는 뜻으로 변하기 때문입니다. 예를 들어 dix milles라고 하면 10마일이라는 뜻입니다.

1,000
mille
(밀)

1,408
mille quatre cent huit
(밀 캬트흐 썽 윗트)

2,000
deux mille
(두 밀)

5,344
cinq mille trois cent quarante-quatre
(상크 밀 트와 썽 캬항트-캬트흐)

8,000
huit mille
(윗트 밀)

만의 자리 이상 읽기

프랑스어에서는 만의 단위가 따로 없고 10천(1만), 20천(2만), 30천(3만), …이라고 읽습니다.

10,000	dix mille(디 밀)
10,498	dix mille quatre cent quatre-vingt-dix-huit (디 밀 캬트흐 썽 캬트흐-방-디스-윗트)
20,000	vingt mille(방 밀)
21,900	vingt et un mille neuf cents(방 테 앙 밀 누프 썽)
50,620	cinquante mille six cent vingt(상캉트 밀 시 썽 방)
60,000	soixante mille(쑤아쌍트 밀)

십만의 단위도 마찬가지로 100천에 해당합니다.

100,000	cent mille	(썽 밀)
200,000	deux cent mille	(두 썽 밀)
300,000	trois cent mille	(트와 썽 밀)
400,000	quatre cent mille	(캬트흐 썽 밀)

백만의 단위는 따로 있습니다. 2백만부터는 뒤에 s를 붙입니다.

1,000,000	un million	(엉 밀리옹)
2,000,000	deux millions	(두 밀리옹)
3,000,000	trois millions	(트와 밀리옹)

MP3 08-02

알아 두어야 할 수량사

이번에는 수량 les quantités(레 꿩티테), 무게 les poids(레 뿌와), 크기 les mesures (레 메주헤)에 대하여 알아보겠습니다. 무언가의 양을 말하는 문장은 수량사를 먼저 말한 뒤 de와 명사를 붙여 나타냅니다.

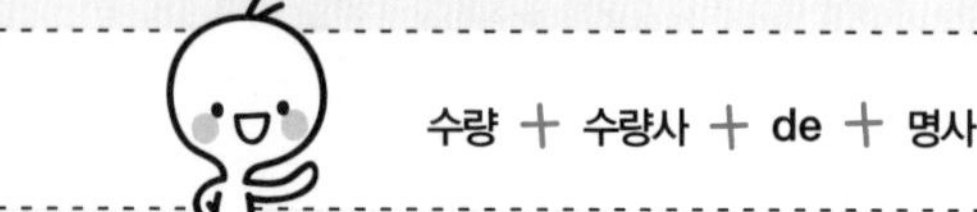

수량에 숫자 1이 들어갈 때는 명사의 성을 따져야 한다는 것을 잊지 마세요. 남성형이라면 un, 여성형이라면 une를 써야 합니다. 단어의 성이 무엇인지 궁금할 때는 괄호 안의 글자를 보면 됩니다. (f)라고 되어 있다면 여성형, (m)이라고 되어 있다면 남성형입니다.

상자, 통 boîte (f)

우유
lait (m)
(레)

우유 1통
1 + 통 + de + 우유
une boîte de lait
(윈느 부아트 드 레)

개, 조각 pièce (f)

동전
monnaie (f)
(모네)

동전 3개
3 + 개 + de + 동전
trois pièces de monnaie
(트와 피에쓰 드 모네)

병 bouteille (f)

레드와인
vin rouge (m)
(방 호즈)

레드와인 1병
1 + 병 + de + 레드와인
une bouteille de vin rouge
(윈느 부테이 드 방 호즈)

스푼 cuillère à soup (f)

설탕
sucre (m)
(쉬크흐)

설탕 1스푼
1 + 스푼 + de + 설탕
une cuillère à soupe de sucre
(윈느 퀼이에흐 아 수프 드 쉬크흐)

티스푼 cuillère à thé (f)

소금
sel (m)
(쎌)

소금 2티스푼
2 + 티스푼 + de + 소금
deux cuillères à thé de sel
(두 퀼이에흐 아 데 드 쎌)

킬로그램 kilogramme, kilo (m)

사과
pomme (f)
(폼)

사과 1킬로그램
1 + 킬로그램 + de + 사과
un kilogramme de pomme
(엉 킬로그함므 드 폼)

리터 litre (m)

맥주
bière (f)
(비에흐)

맥주 1리터
1 + 리터 + de + 맥주
un litre de bière
(엉 리트흐 드 비에흐)

유리잔 verre (m)

물
eau (m)
(오)

물 1잔
1 + 잔 + de + 물
un verre d'eau
(엉 베흐 도)

MP3 08-03

서수 읽기

les nombres ordinaux(레 놈브흐 조흐디노)

프랑스어로 서수를 나타낼 때는 숫자 뒤에 ième를 붙여 나타냅니다. 단, 숫자 1은 예외입니다. 숫자 1을 서수로 바꿀 때는 남성형일 경우에 premier로, 여성형일 경우에는 première로 나타냅니다. 다른 숫자들은 남성형과 여성형 모두 동일하게 씁니다.

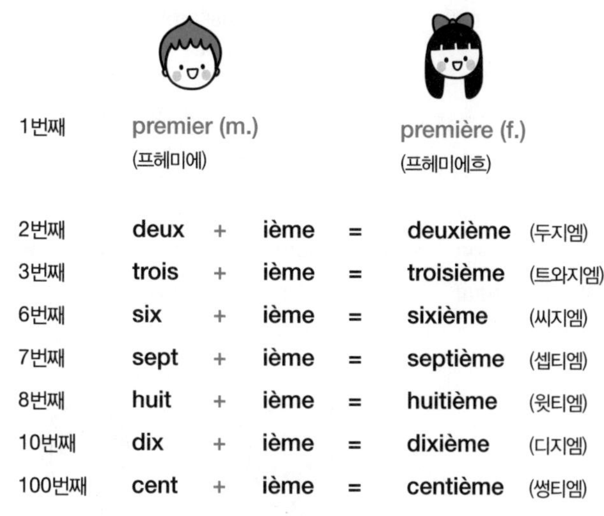

1번째	premier (m.) (프헤미에)				première (f.) (프헤미에흐)	
2번째	deux	+	ième	=	deuxième	(두지엠)
3번째	trois	+	ième	=	troisième	(트와지엠)
6번째	six	+	ième	=	sixième	(씨지엠)
7번째	sept	+	ième	=	septième	(셉티엠)
8번째	huit	+	ième	=	huitième	(윗티엠)
10번째	dix	+	ième	=	dixième	(디지엠)
100번째	cent	+	ième	=	centième	(썽티엠)

기수를 서수로 바꿀 때의 예외 규칙

어떤 단어들은 ième를 붙이는 것으로 끝나지 않습니다. 이것들은 예외 규칙입니다(또 하나의 예외).

1. e로 끝나는 숫자는 e를 떼어 내고 ième를 붙입니다.

4번째	**quatr~~e~~**	+	**ième**	=	**quatrième**	(캬트히엠)
11번째	**onz~~e~~**	+	**ième**	=	**onzième**	(옹지엠)
13번째	**douz~~e~~**	+	**ième**	=	**douzième**	(두지엠)
1,000번째	**mill~~e~~**	+	**ième**	=	**millième**	(밀리엠)

2. 5와 9를 서수로 만들 때는 받침을 바꿔 줍니다. 5의 경우에는 u를 ième 앞에 붙입니다. 9의 경우에는 f를 v로 바꿉니다.

5번째	**cinq**	+	**u**	+	**ième**	=	**cinquième**	(상키엠)
9번째	**neu~~f~~**	+	**v**	+	**ième**	=	**neuvième**	(누비엠)

3. 21, 31, 41, … 처럼 끝이 1로 끝나는 숫자들은 뒤에 ième를 붙여 줍니다. 1을 premier나 première로 바꿔 줄 필요는 없습니다. 예를 들어 보겠습니다.

21
vingt et unième
(방 테 옹이엠)

51
Page cinquante et unième
(파지 쌍캉 테 옹이엠)

51
cinquante et unième
(쌍캉 테 옹이엠)

CHAPTER 08

서수 표기하기

서수를 문자상으로 표기할 때는 영어와 마찬가지로 기수 뒤에 접미사처럼 나타냅니다. 숫자의 오른쪽 위에 다음과 같이 표기합니다.

1번째(남성형)	1번째(여성형)	3번째	50번째
1er	**1re**	**3e**	**50e**
premier	première	troisième	cinquantième
(프헤미에)	(프헤미에흐)	(트와지엠)	(쌍캉티엠)

서수 활용하기

어떤 분들은 실생활에서 그다지 서수를 쓸 일이 없어서 별로 외우지 않아도 된다고 생각하실 수도 있습니다. 하지만 서수는 다음과 같은 중요한 상황들에서 쓰이는 개념이기 때문에 꼭 알아두어야 합니다.

1. ~번째	이것은 두 번째 오는 이름입니다. C'est le deuxième prénom. (쎄 르 두지엠 프헤놈)
2. ~세기	지금은 20세기가 아닙니다. Ce n'est pas le vingtième siècle. (스 네 파 르 방띠엠 씨에클르)
3. 날짜	1월 1일은 새해입니다. Le premier janvier est le jour de l'An. (르 프헤미에 장비에 에 르 쥬흐 드 랑)
4. 왕, 황제, 교황 ~세	나폴레옹 1세 Napoléon premier (나폴레옹 프헤미에)

MP3 08-04

전화번호 읽기

프랑스는 전화번호를 두 개씩 끊어 읽습니다. 다음을 봅시다.

088-768-3452

08	87	68	34	52
zéro-huit	quatre-vingt-sept	soixante-huit	trente-quatre	cinquante-deux
영 팔	팔십칠	육십팔	삼십사	오십이
(제호 윗트)	(캬트흐 방 셉트)	(쑤아쌍트 윗트)	(트항트 캬트흐)	(상캉트 두)

085-614-9970

08	56	14	99	70
zéro-huit	cinquante-six	quatorze	quatre-vingt-dix-neuf	soixante-dix
영 팔	오십육	십사	구십구	칠십
(제호 윗트)	(상캉트 시스)	(캬토즈)	(캬트흐 방 디즈 누프)	(쑤아쌍트 디스)

080-265-4737

08	02	65	47	37
zéro-huit	zéro-deux	soixante-cinq	quarante-sept	trente-sept
영 팔	영 이	육십오	사십칠	삼십칠
(제호 윗트)	(제호 두)	(쑤아쌍트 상크)	(캬항트 셉트)	(트항트 셉트)

082-812-0981

08	28	12	09	81
zéro-huit	vingt-huit	douze	zéro-neuf	quatre-vingt-un
영 팔	이십팔	십이	영 구	팔십일
(제호 윗트)	(방트 윗트)	(두즈)	(제호 누프)	(캬트흐 방 엉)

02-563-9707

02	56	39	70	7
zéro-deux	cinquante-six	trente-neuf	soixante-dix	et sept
영 이	오십육	삼십구	칠십	칠
(제호 두)	(상캉트 시스)	(트항트 누프)	(쑤아쌍트 디스)	(에 셉트)

MP3 08-05

소수점 읽기

프랑스에서는 소수점 표기 방식이 조금 특이합니다. 자연수와 소수 부분을 구분할 때 마침표를 쓰지 않고 쉼표 즉 virgule로 표기합니다.

게다가 소수점 기호 앞의 수와 뒤의 수 모두 자릿수를 따져 읽습니다. 소수점 뒤의 숫자는 하나씩 따로 읽는 우리나라 방식과는 다릅니다.

4,56	우리 식으로 읽을 때	사 점 오 육
	프랑스 식으로 읽을 때	사 점 오십육 quatre virgule cinquante-six (캬트흐 베흐귈르 상캉트-시스)

308,442	우리 식으로 읽을 때	삼백팔 점 사 사 이
	프랑스 식으로 읽을 때	삼백팔 점 사백사십이 trois cent huit virgule quatre cent quarante-deux (트와 썽 윗트 베흐귈르 캬트흐 썽 캬랑트-두)

CHAPTER 08

88,22	우리 식으로 읽을 때	팔십팔 점 이 이
	프랑스 식으로 읽을 때	팔십팔 점 이십이 quatre-vingt-huit virgule vingt-deux (캬트흐-방-윗트 베흐귈르 방-두)

100,1281	우리 식으로 읽을 때	백 점 일 이 팔 일
	프랑스 식으로 읽을 때	백 점 천이백팔십일 cent virgule mille deux cent quatre-vingt-un (썽 베흐귈르 밀 두 썽 캬트흐-방-엉)

MP3 08-06

분수 읽기

les fractions(레 프학씨옹)

프랑스에서 분수를 읽을 때는 분자를 먼저 기수로 읽습니다. 그 다음에 분모, 즉 밑에 오는 숫자를 서수로 읽어 줍니다.

$1/2$	이분의 일	un demi	(엉 드미)
$1/3$	삼분의 일	un tiers	(엉 티에흐)
$1/4$	사분의 일	un quart	(엉 카흐)
$1/5$	오분의 일	un cinquième	(엉 상퀴엠)
$2/3$	삼분의 이	deux tiers	(두 티에흐)
$2/4$	사분의 이	deux quarts	(두 카흐)
$3/4$	사분의 삼	trois quarts	(트와 카흐)
$3/5$	오분의 삼	trois cinquièmes	(트와 상퀴엠)
$5/9$	구분의 오	cinq neuvièmes	(상크 누비엠)
$7/10$	십분의 칠	sept dixièmes	(쎕트 디지엠)

분수를 쓸 때, 분자가 1보다 클 때는 분모의 뒤에 s를 붙여야 하지만 발음은 하지 않습니다. 또한 분모가 3일 때는 s를 더 붙이지 않습니다. 왜냐하면 tiers의 뒤에 이미 s가 있기 때문입니다.

MP3 08-07

퍼센티지 읽기

퍼센티지를 읽는 방식은 우리와 같습니다. 숫자를 먼저 읽어 준 뒤에 '퍼센티지'라는 뜻의 pourcent를 붙여 주면 됩니다.

35%	trente-cinq pourcent (트항트 상크 푸흐썽)
60%	soixante pourcent (쑤아쌍트 푸흐썽)
99%	quatre-vingt-dix-neuf pourcent (캬트흐-방-디즈 누프 푸흐썽)
100%	cent pourcent (썽 푸흐썽)

이제 프랑스어로 숫자를 읽는 방법을 모두 배워 보았습니다. 꼭꼭 반복해 연습하는 것을 잊지 마세요. 숫자를 읽고 말하는 데 익숙해졌다면 다음 단원인 사칙연산, 즉 더하기 빼기 곱하기 나누기를 즐겁게 배울 수 있을 것입니다.

숫자 계산

Le calcul

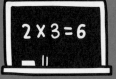

살아가며 피할 수 없는 것 중의 하나는 수학 계산입니다. 물건을 사고 팔 때나 기타 다양한 상황에서 필요한 개념입니다. 가게에서 음식을 먹는 상황만 하더라도 종업원이 음식값을 더해서 합산합니다. 그럼 우리도 그 사람의 계산이 맞는지 확인하고 얼마를 거스름돈으로 받아야 하는지 알 수 있어야 하겠지요. 그렇지 않다면 돈을 잃기 십상입니다. 따라서 수학 계산은 우리에게 굉장히 중요한 개념 중의 하나입니다.

MP3 09-01

수학 기호

프랑스어로 수학 기호들을 부르는 명칭을 알아보도록 하겠습니다.

더하기	addition (f)	(아디씨옹)
빼기	soustraction (f)	(쑤스트학씨옹)
곱하기	multiplication (f)	(뮐띠플리까시옹)
나누기	division (f)	(디비죵)

+	plus	(플뤼스)
−	moins	(모앙)
×	multiplié par, fois	(뮐티플리에 파흐, 푸아)
÷	divisé par, sur	(디비제 파흐, 쒸흐)
=	égale, font, ça fait	(에걀, 퐁, 싸 페)

MP3 09-02

읽기

프랑스어로 사칙연산을 읽는 방식은 세 가지로 나뉩니다.

1. 문어적 표현 : 격식을 차리는 상황에서 사용합니다. 예를 들면 회의나 문서에서 표현해야 하는 상황 등입니다.
2. 일부 문어적 표현 : 같은 소속 내의 사람에게 사용합니다. 우리 일상에서 예를 들자면 같은 학급 친구가 있습니다.
3. 구어적 표현 : 가족이나 친한 친구와의 대화에서 쓸 수 있습니다.

2 + 2 = 4

문어적 표현	2 plus 2 égale 4.	(두 플뤼스 두 에걀 캬트흐)
일부 문어적 표현	2 et 2 font 4.	(두 에 두 퐁 캬트흐)
구어적 표현	2 et 2, ça fait 4.	(두 에 두 싸 페 캬트흐)

2 - 2 = 0

문어적 표현	2 moins 2 égale 0.	(두 모앙 두 에걀 제호)
일부 문어적 표현	2 moins 2 font 0.	(두 모앙 두 퐁 제호)
구어적 표현	2 moins 2, ça fait 0.	(두 모앙 두, 싸 페 제호)

2 × 2 = 4

문어적 표현	2 multiplié par 2 égale 4. (두 뮐티플리에 파흐 두 에걀 꺄트흐)
일부 문어적 표현	2 fois 2 font 4. (두 푸아 두 퐁 꺄트흐)
구어적 표현	2 fois 2, ça fait 4. (두 푸아 두, 싸 페 꺄트흐)

---

2 ÷ 2 = 1

문어적 표현	2 divisé par 2 égale 1 (두 디비제 파흐 두 에걀 엉)
일부 문어적 표현	2 divisé par 2 font 1 (두 디비제 파흐 두 퐁 엉)
구어적 표현	2 sur 2, ça fait 1 (두 쒸흐 두, 싸 페 엉)

연습해 보기

프랑스어로 수학 계산을 읽는 법을 알아보았습니다. 이번에는 읽는 법을 연습해 보도록 합시다.

1. **5 + 2 = 7**
2. **9 - 3 = 6**
3. **4 x 2 = 8**
4. **10 ÷ 2 = 5**

Answers

1. 문어적 표현 – 5 plus 2 égale 7.(상크 플뤼스 두 에걀 셉트)
   일부 문어적 표현 – 5 et 2 font 7.(상크 에 두 퐁 셉트)
   구어적 표현 – 5 et 2, ça fait 7.(상크 에 두, 싸 페 셉트)

2. 문어적 표현 – 9 moins 3 égale 6.(누프 모앙 트와 에걀 시스)
   일부 문어적 표현 – 9 moins 3 font 6.(누프 모앙 트와 퐁 시스)
   구어적 표현 – 9 moins 3, ça fait 6.(누프 모앙 트와, 싸 페 시스)

3. 문어적 표현 – 4 multiplié par 2 égale 8.(캬트흐 뮬티플리에 파흐 두 에걀 윗트)
   일부 문어적 표현 – 4 fois 2 font 8.(캬트흐 푸아 두 퐁 윗트)
   구어적 표현 – 4 fois 2, ça fait 8.(캬트흐 푸아 두, 싸 페 윗트)

4. 문어적 표현 – 10 divisé par 2 égale 5.(디스 디비제 파흐 두 에걀 상크)
   일부 문어적 표현 – 10 divisé par 2 font 5.(디스 디비제 파흐 두 퐁 상크)
   구어적 표현 – 10 sur 2, ça fait 5.(디스 쒸흐 두, 싸 페 상크)

일, 월, 년

Les jours, les mois et les années

살면서 자주 듣는 질문이 '오늘은 무슨 요일이야?', '오늘은 며칠이야?'입니다. 왜냐하면 사람들이 날짜를 자주 잊어버리기 때문이죠. 사실 날짜를 잊어버리는 것은 별 일이 아닙니다. 하지만 그 날짜가 여러분의 남자친구 또는 여자친구의 생일이라면? 급속하게 분위기는 얼어붙고 상대방이 화낼 것입니다. 이번 단원에서는 프랑스어로 년, 월, 일을 말하는 방법을 배워 보도록 하겠습니다.

MP3 10-01

날, 일 un jour

프랑스에서는 일, 월을 표기할 때 첫 글자를 소문자로 씁니다. 또한 월요일을 한 주의 시작으로 생각합니다.

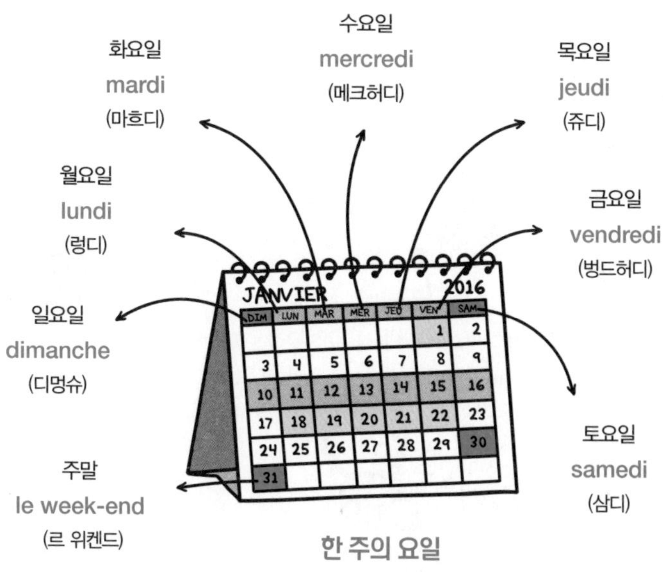

한 주의 요일

CHAPTER 10

한 주의 요일
les jours de la semaine
(레 주흐 드 라 스멘느)

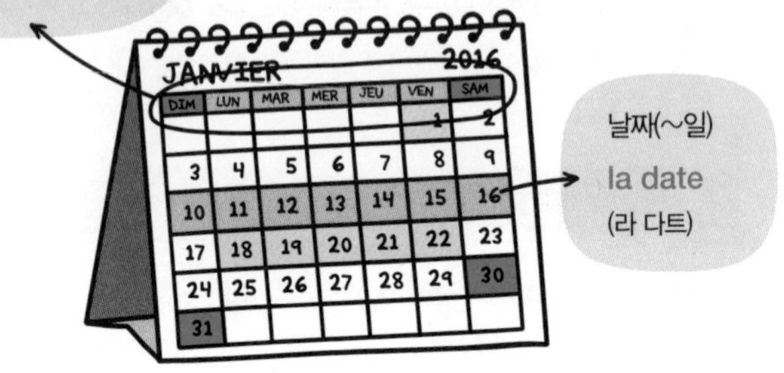

관사 le의 사용

관사 le는 사용할 때도, 사용하지 않을 때도 있습니다. 그때그때 상황에 따라 달라집니다.

1. 자주, 일상적으로 일어나는 일정이 있는 요일에는 le를 사용합니다.

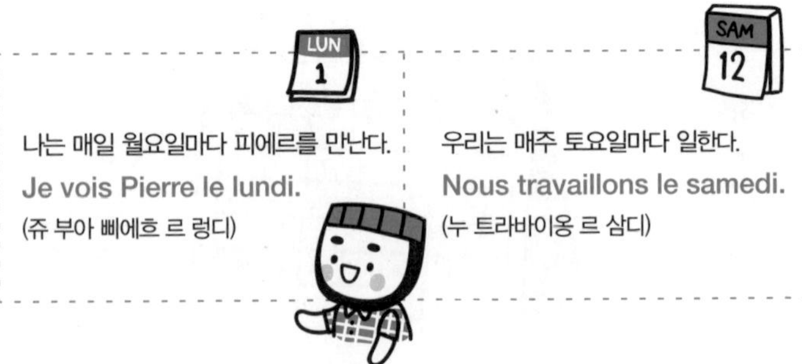

LUN
1
나는 매일 월요일마다 피에르를 만난다.
Je vois Pierre le lundi.
(쥬 부아 삐에흐 르 렁디)
SAM
12
우리는 매주 토요일마다 일한다.
Nous travaillons le samedi.
(누 트라바이옹 르 삼디)

2. 주기적으로 일어나는 일이 없는 요일에는 le를 쓸 필요가 없습니다.

나는 일요일에 장을 본다.
Je vois Jean dimanche.
(쥬 부아 장 디멍슈)

그는 수요일에 도착한다.
Il arrive mercredi.
(일 아히브 메크허디)

요일을 말하는 법에 대해 배워 보았으니 이번에는 다른 날들과 한 주와 관련된 단어들을 배워 보도록 하겠습니다.

다른 날들

JANVIER

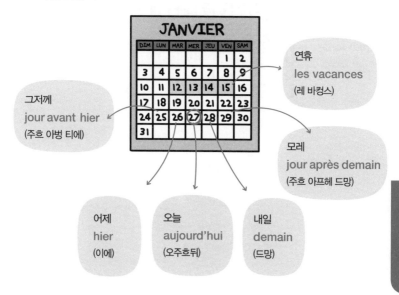

연휴
les vacances
(레 바컹스)

그저께
jour avant hier
(주흐 아벙 티에)

모레
jour après demain
(주흐 아프헤 드망)

어제
hier
(이에)

오늘
aujourd'hui
(오주흐뒤)

내일
demain
(드망)

MP3 10-02

한 주 une semaine

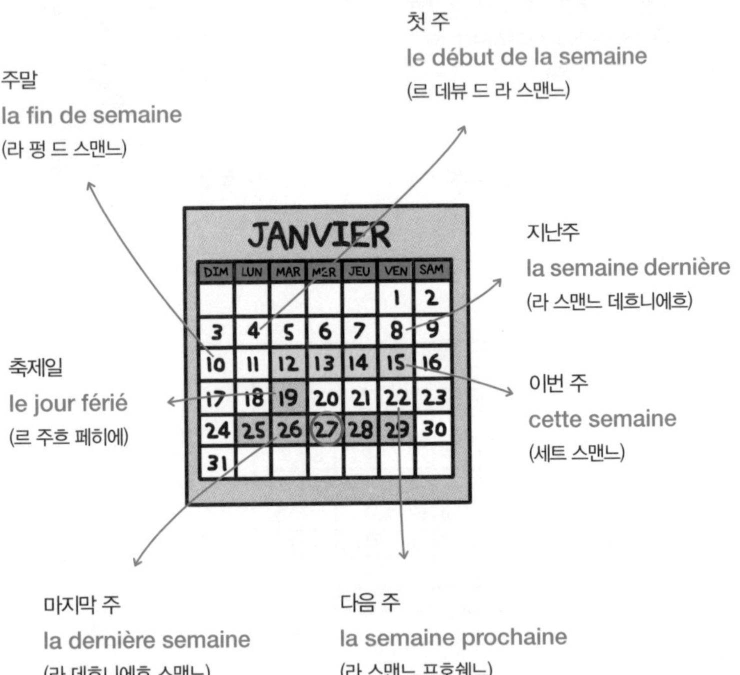

마지막 주
la dernière semaine
(라 데흐니에흐 스맨느)

다음 주
la semaine prochaine
(라 스맨느 프호쉔느)

les jours ds fêtes en France 프랑스의 중요한 날들

프랑스도 영국이나 미국과 마찬가지로 크리스트교가 주요 종교입니다. 따라서 프랑스에서 중요한 날들의 대부분은 종교와 관련된 날들입니다. 하지만 이에 못지 않게 굉장히 중요한 날이 하나 있습니다. 바로 프랑스의 국경일입니다.
프랑스인들에게 중요한 날은 어떤 날들이 있는지 보도록 하겠습니다.

프랑스의 중요한 날들

새해	Le jour de l'An	(르 주흐 드 랑)
이스터데이	La Pâque	(라 파크)
노동절	La fête du travail	(라 페트 뒤 트하바이)
국경일	La fête nationale	(라 페트 나시오날르)
중요한 종교 명절	L'Assomption	(라쏨시옹)
만성절	La Toussaint	(라 투쌍)
크리스마스	Le Noël	(르 노엘)

Memo

7월 14일은 프랑스인들에게 가장 중요한 공휴일입니다. 바로 국경일 le fête nationale(라 페트 나시오날르)이기 때문입니다. 이 날은 바스티유 데이(Bastille)라고도 불립니다. 1789년에 왕정 체제에 반기를 든 혁명이 성공을 이루고 공화정 체제를 세운 날입니다. 이 날에는 나라 전체에 불꽃놀이가 열리고 대통령과 정부 인사, 고위직들이 행사에 참석합니다. 또한 Champs-Élysées 거리 위에 상당한 규모의 군인들이 행진 퍼레이드를 펼칩니다.

날짜 묻고 답하기

프랑스어로 여러 가지 날들을 지칭하는 말을 배워 보았습니다. 이번에는 날짜와 요일을 묻고 답하는 말은 어떤 것이 있는지 살펴보도록 합시다.

날짜에 대해 묻기

오늘은 며칠입니까?
Quelle est la date d'aujourd'hui ?
(켈 에 라 다트 도쥬흐뒤)

오늘은 무슨 요일입니까?
Quel jour sommes nous ?
(켈 쥬흐 쏨 누)

어제는 무슨 요일입니까?
Quelle est la date d'hier ?
(켈 에 라 다트 디에)

내일은 무슨 요일입니까?
Demain c'est quel jour ?
(드망 쎄 켈 쥬흐)

요일은 무엇이고 날짜는 무엇인지 대답할 때 쓰는 문장은 아주 쉽습니다. 다음과 같이 대답하면 됩니다.

오늘은 …일이야

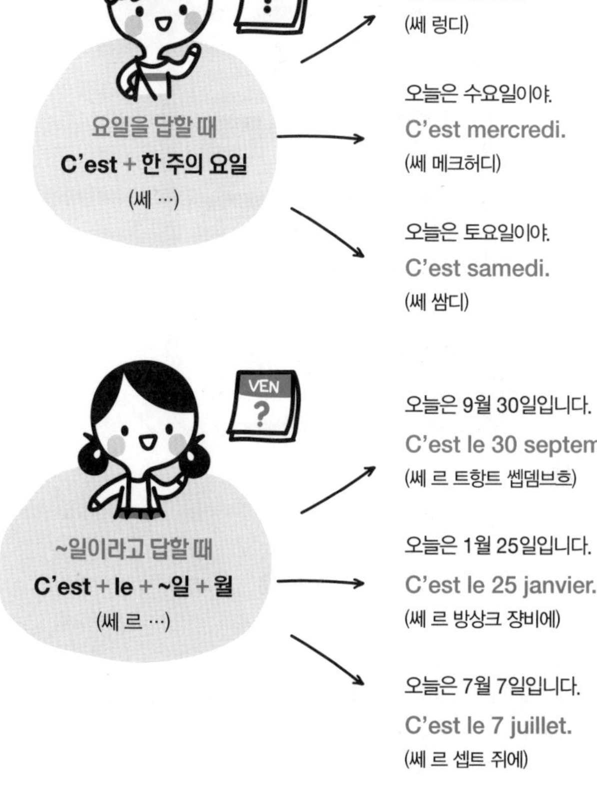

오늘은 월요일이야.
C'est lundi.
(쎄 렁디)

오늘은 수요일이야.
C'est mercredi.
(쎄 메크허디)

오늘은 토요일이야.
C'est samedi.
(쎄 쌈디)

오늘은 9월 30일입니다.
C'est le 30 septembre.
(쎄 르 트항트 쎕뎀브흐)

오늘은 1월 25일입니다.
C'est le 25 janvier.
(쎄 르 방상크 쟝비에)

오늘은 7월 7일입니다.
C'est le 7 juillet.
(쎄 르 셉트 쥐에)

MP3 10-03

달, 월 les mois

프랑스에서 월을 나타내는 명칭은 영어와 발음이 무척 비슷합니다. 많은 단어들이 비슷하니 아마 쉽게 외울 수 있을 것입니다.

12개월 전체

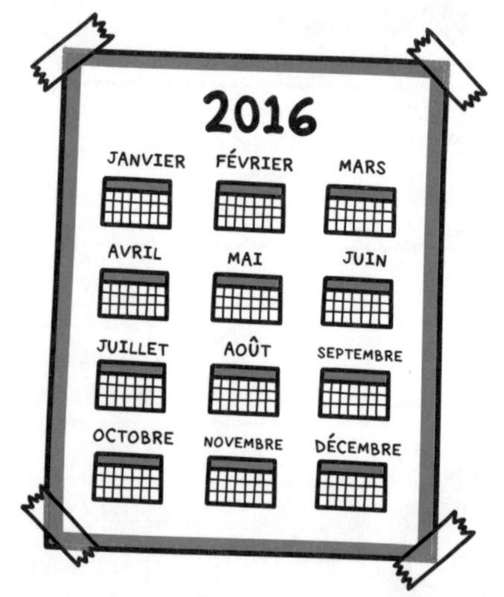

1월	2월	3월	4월	5월	6월
janvier	février	mars	avril	mai	juin
(장비에)	(페브리헤)	(막스)	(아브힐)	(매)	(쥔)

7월	8월	9월	10월	11월	12월
juillet	août	septembre	octobre	novembre	décembre
(쥐에)	(우트)	(셉텅브흐)	(옥또브흐)	(노벙브흐)	(데성브흐)

이번 달, 다음 달, 또는 어떤 특정한 달을 가리켜 말할 때는 다음과 같은 표현들을 사용합니다.

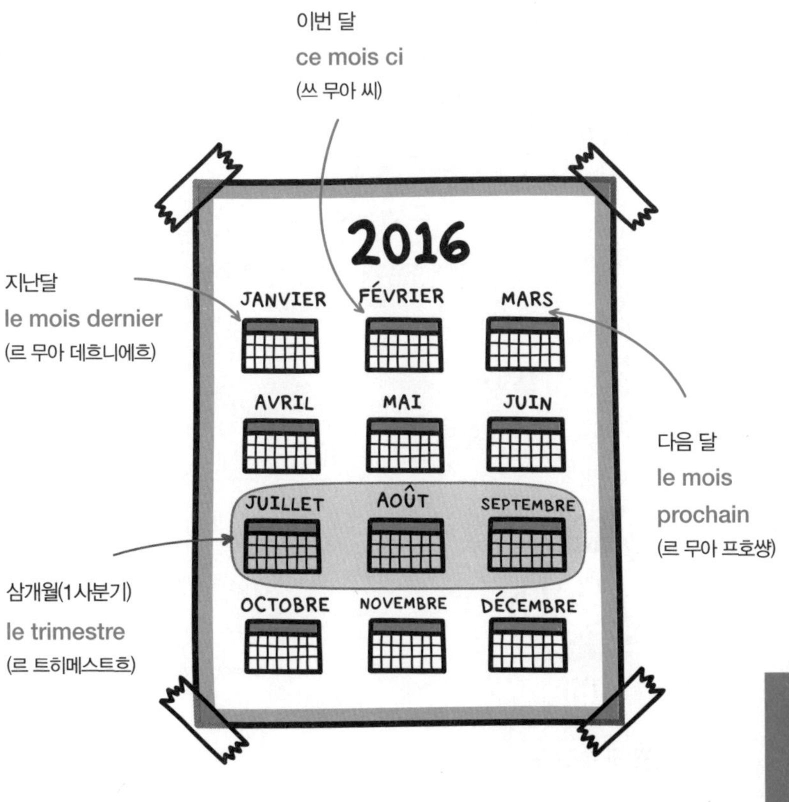

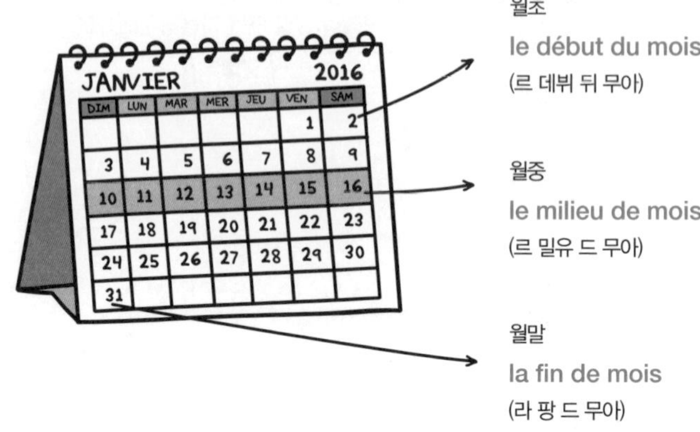

달에 관해 물어보고 답하기

달에 대해 물어보고 싶다면 다음 문장들을 사용할 수 있습니다.

이번 달은 몇 월입니까?

Quel mois sommes nous ?

(켈 무아 쏨 누)

달을 물어보는 질문에 대답할 때는 다음 문장 구조를 이용합니다.

이번 달은 …월이야

Nous sommes + au mois de + 월 이름
(누 쏨) (오 무아 드)

이번 달은 11월이다.
Nous sommes au mois de novembre.
(누 쏨 오 무아 드 노벙브흐)

이번 달은 4월이다.
Nous sommes au mois d'avril.
(누 쏨 오 무아 다브릴)

이 달은 …월이다

C'est le mois de + 월 이름
(쎄 르 무아 드)

이 달은 1월이다.
C'est le mois de janvier.
(쎄 르 무아 드 쟝비에)

이 달은 5월이다.
C'est le mois de mai.
(쎄 르 무아 드 매)

특정한 달에 무슨 일이 일어났는지 말할 때는 au mois de라는 표현을 사용합니다. 예를 들어 보겠습니다.

	au mois de + 월 이름	en + 월 이름
6월에	au mois de juin (오 무아 드 쥔)	en juin (엉 쥔)
7월에	au mois de juillet (오 무아 드 쥐에)	en juillet (엉 쥐에)
8월에	au mois d'août (오 무아 두트)	en août (엉 누트)

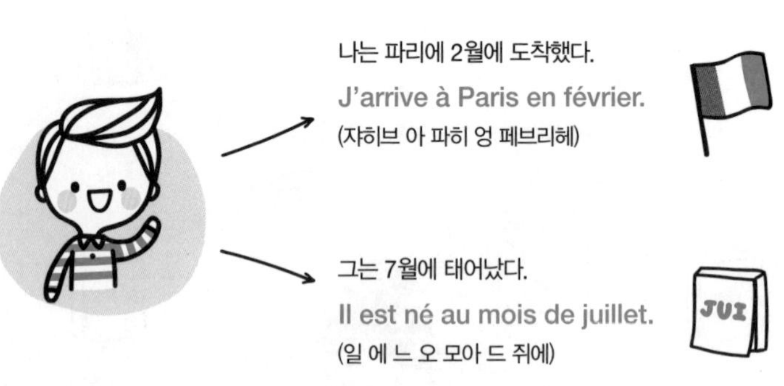

나는 파리에 2월에 도착했다.
J'arrive à Paris en février.
(자히브 아 파히 엉 페브리헤)
그는 7월에 태어났다.
Il est né au mois de juillet.
(일 에 느 오 모아 드 쥐에)
JUI

MP3 10-04

해, 년 l'année/ l'an

프랑스어에서 년도를 나타내는 단어들은 다음과 같습니다.

여러 가지 년도

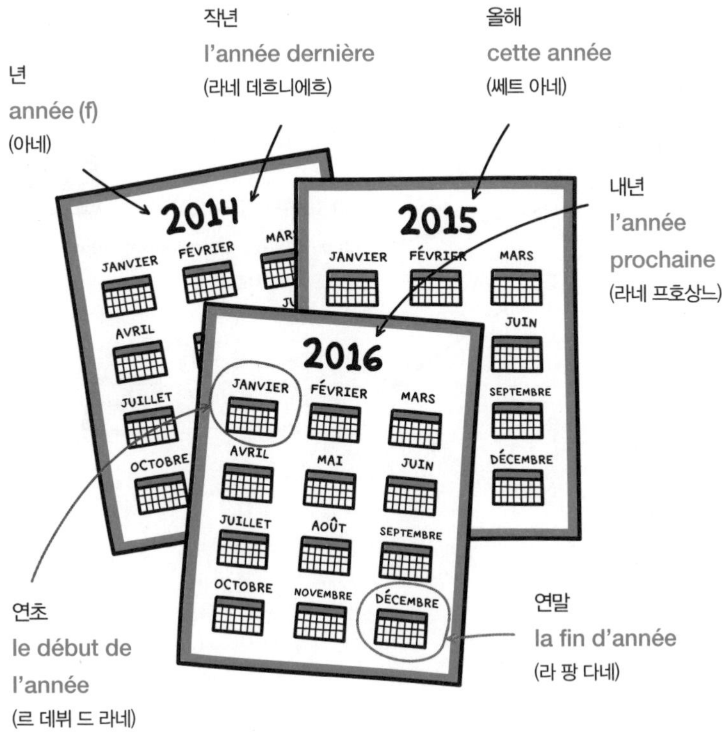

프랑스어로 년도를 읽는 방식은 서력을 씁니다.

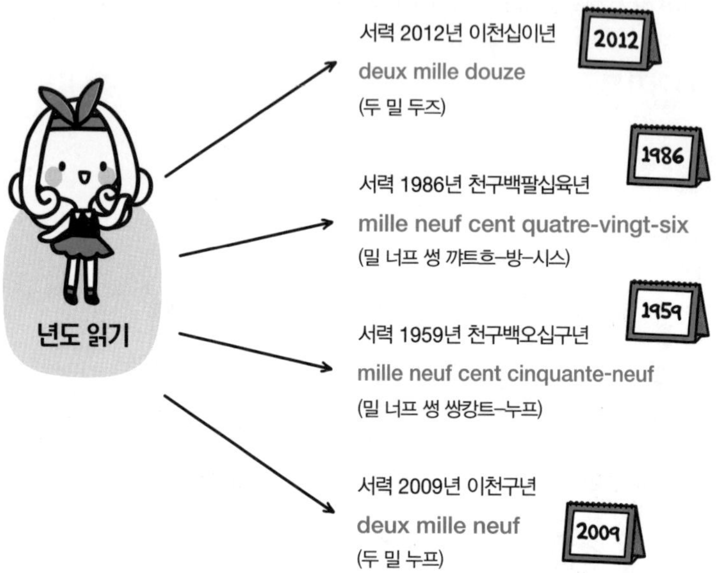
년도 읽기
서력 2012년 이천십이년
2012
deux mille douze
(두 밀 두즈)
1986
서력 1986년 천구백팔십육년
mille neuf cent quatre-vingt-six
(밀 너프 썽 꺄트흐-방-시스)
1959
서력 1959년 천구백오십구년
mille neuf cent cinquante-neuf
(밀 너프 썽 쌍캉트-누프)
서력 2009년 이천구년
deux mille neuf
2009
(두 밀 누프)

날짜 말하기

년, 월, 일을 모두 배워 보았으니 이번에는 온전한 날짜를 말하는 법에 대해서 배워 봅시다. 프랑스어로 날짜를 나타낼 때는 일, 월, 년의 순서로 나열합니다. 그리고 알아 두어야 할 규칙이 두 가지 더 있습니다.

1. 프랑스어로 날짜를 쓸 때는 항상 명사 앞에 관사 le를 붙입니다. 다음과 같은 순서대로 씁니다.

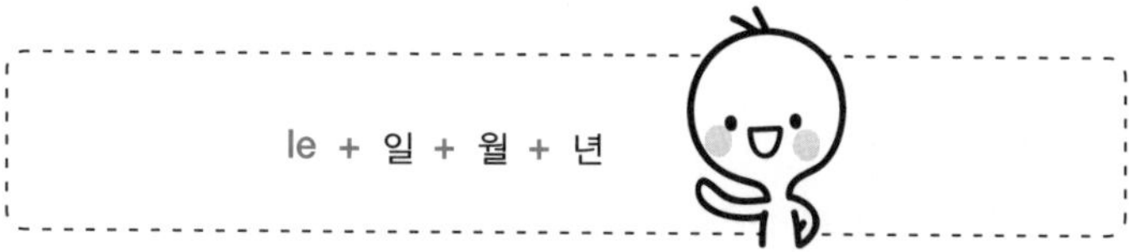

2012년 3월 23일

le 23 mars 2012

(르 방 트와 막스 두 밀 두즈)

1989년 9월 8일

le 8 septembre 1989

(르 윗트 셉텅브흐 밀 누프 썽 까트흐-방-누프)

2. ~일은 항상 월 앞에 옵니다. 또한 서수가 아닌 기수로 씁니다.

2월 5일
le 5 février
(르 쌍크 페브리에)

7월 29일
le 29 juillet
(르 방 누프 쥐에)

매달 1일은 예외입니다. 유일하게 서수로 씁니다.

12월 1일
le 1er décembre
(르 프헤미에 데썽브흐)

날짜를 나타내는 방법은 두 가지가 있습니다.

첫 번째 방법은 Nous sommes …를 써서 나타내는 방법입니다. 직역하면 '우리는 …이다.' 라는 뜻이지만, 실제로는 현재 날짜를 나타내는 데 사용됩니다.

Nous sommes + 날짜
(누 쏨)

2012년 5월 12일

Nous sommes le 12 mai 2012.

(누 쏨 르 두즈 매 두 밀 두즈)

2015년 1월 1일

Nous sommes le 1er janvier 2015.

(누 쏨 르 프헤미에 쟝비에 두 밀 캉즈)

두 번째 방법은 C'est le …를 써서 나타내는 방법입니다. '오늘은 …일이다' 라는 뜻입니다.

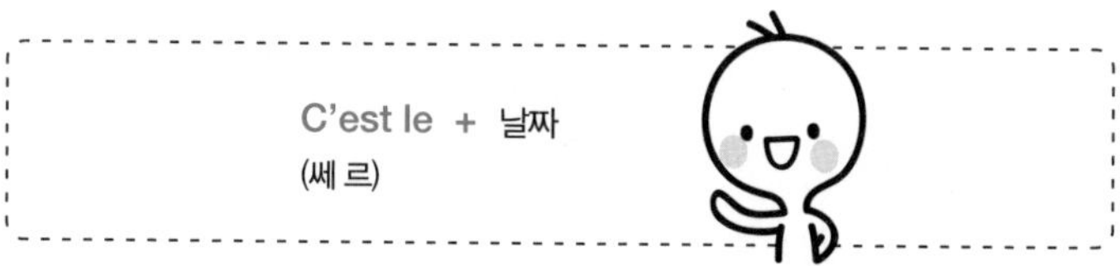

2011년 12월 13일

C'est le 31 décembre 2011.

(쎄 르 트항 테 앙 데썽브흐 두 밀 옹즈)

1990년 10월 24일

C'est le 24 octobre 1990.

(쎄 르 방 캬트흐 옥또브흐 밀 누프 쌍 캬트흐 방 디스)

둘 중에 편한 말을 골라 사용하면 됩니다.

MP3 10-05

월별 별자리 les signes du zodiaque

일반적으로 쓰는 일, 월, 년 외에도 프랑스인들은 사람마다 자신이 태어난 별자리를 부르는 말이 있습니다. 기억해 두었다가 프랑스에서 운세를 볼 때 써먹어 봅시다.

양자리
Bélier
(벨리)

황소자리
Taureau
(토호)

쌍둥이자리
Gémeaux
(제모)

게자리
Cancer
(캉쎄흐)

사자자리
Lion
(리옹)

처녀자리
Vierge
(비에흐쥬)

천칭자리
Balance
(발렁쓰)

전갈자리
Scorpion
(쓰콕피옹)

사수자리
Sagittaire
(싸쥐테흐)

염소자리
Capricorne
(카프히코흐느)

물병자리
Verseau
(베흐쏘)

물고기자리
Poisson
(푸아쏭)

생년월일과 관련된 단어들

누군가의 나이가 궁금할 때 직접적으로 '당신은 몇 살입니까?'하고 물어볼 수도 있겠지만, 이렇게 물어보는 방식은 직접적으로 국적을 물어보는 말과 마찬가지로 무례한 방식이므로 에둘러 물어보는 것이 좋습니다. 예를 들어 태어난 날을 물어본다면 상대방은 우리가 선물을 주려고 한다고 생각할 거예요.

당신은 언제 태어났습니까?
Quand êtes-vous né(e) ?
(컹 에트 부 네)

너는 언제 태어났니?
Quand es-tu né(e) ?
(컹 에 튀 네)

생일 물어보기

대답할 때 쓰는 문장은 다음과 같습니다.

…일에 태어났어

Je suis né(e) + 생년월일
(쥬 쒸 네)

내 생일은 7월 21일이야.

Je suis né(e) le 21 juillet.

(쥬 쒸 네 르 방 테 앙 쥐에)

나는 화요일에 태어났다.

Je suis né(e) le mardi.

(쥬 쒸 네 르 마흐디)

내 별자리는 염소자리야.

Je suis Capricorne.

(쥬 쒸 캬프히코흐느)

나는 1987년에 태어났어.

Je suis né(e) en 1987.

(쥬 쒸 네 엉 밀 누프 쌍 캬트흐-방-셉트)

문장에 쓰인 né(e)(네)는 동사 naître(네트흐)의 변형입니다. 괄호 안의 e는 주어가 여성일 때 씁니다.

남자

나는 화요일에 태어났다.

Je suis né le mardi.

(쥬 쒸 네 르 마흐디)

여자

나는 화요일에 태어났다.

Je suis née le mardi.

(쥬 쒸 네 르 마흐디)

하지만 e가 하나 더 붙을 때나 붙지 않을 때나 동일하게 '네'라는 발음을 가집니다. 문자로 나타낼 때만 성이 구분됩니다. 말로 할 때는 상대방이 여성인지 남성인지 눈으로 보고 구분하면 됩니다. 이게 바로 프랑스어의 진정한 묘미지요.

MP3 10-07

나이에 관해 물어보기

상대방과 충분히 친해진 상황이거나 정말 나이를 물어봐야 하는 상황에서는 어떻게 해야 할까요? 예를 들어 대화 중인 상대의 얼굴이 너무 동안이어서 우리보다 나이가 적은지 많은지 가늠이 되지 않을 때 말입니다. 그럴 때는 다음과 같은 문장을 사용합니다.

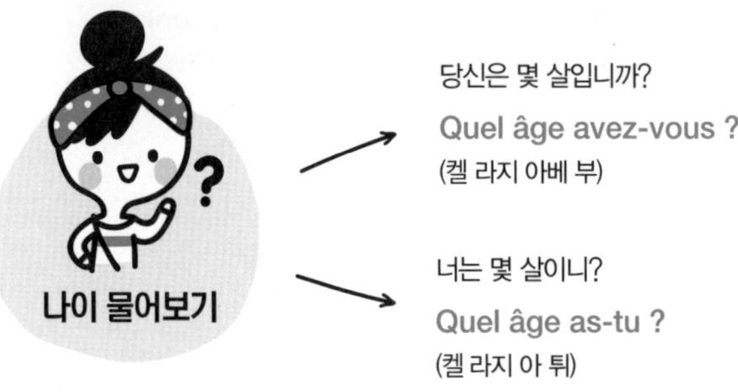
나이 물어보기
당신은 몇 살입니까?
Quel âge avez-vous ?
(켈 라지 아베 부)
너는 몇 살이니?
Quel âge as-tu ?
(켈 라지 아 튀)

나이를 물을 때 쓰는 동사는 '가지다'라는 뜻의 avoir입니다. 대답할 때도 같은 동사를 써서 대답합니다.

…살이다

나는 21살이다.	이 아이는 9살이다.	너는 34세이다.
J'ai vingt et un ans.	Ce garçon a neuf ans.	Elle a trente-quatre ans.
(줴 방 테 아 넝)	(쓰 갸쏭 아 너벙)	(엘 아 트헝트 캬트흐 엉)

단원이 벌써 끝났네요. 다같이 목을 긁어서 r 소리를 내 볼까요? 7개 요일의 이름을 모두 기억하시는 분 있나요? 기억나지 않는 분은 MP3를 틀어 놓고 들으며 따라해 보세요. 기억에 확실히 남을 것입니다.

시간

L'heure

영국, 미국, 일본 외의 다른 여러 나라들에서도 시간 개념은 굉장히 중요합니다. 아주 조금만 늦어도 비난받기 십상이지요. 하지만 시간 개념을 따지기 전에 일단 시간을 읽는 방법부터 배워 봐야겠지요? 시간과 관련된 단어 몇 개와 규칙 조금만 알아도 시간을 말할 수 있습니다.

MP3 11-01

시간 물어보기

시간을 물어보는 법을 배우기 전에, 일단 시간을 나타내는 기본 단어 몇 개를 익혀 보도록 합시다.

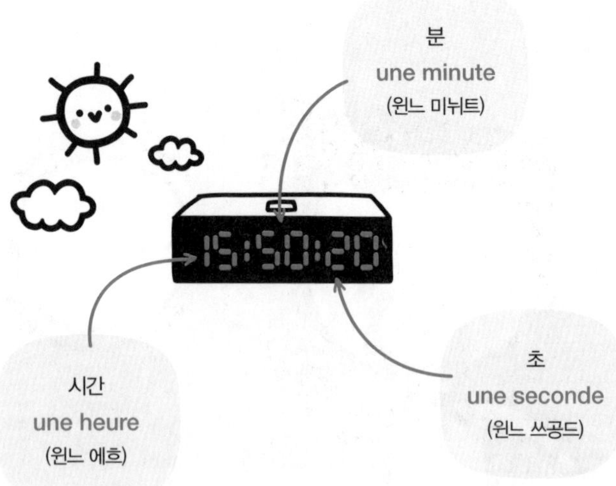

현재 시간이 몇 시인지 알고 싶을 때는 다음과 같이 물어봅니다.

시간 물어보기

몇 시나 됐어?

Quelle heure est-il ?

(켈 레흐 에 틸)

몇 시인지 알려 주실 수 있나요?

Est-ce que vous avez l'heure, s'il vous plaît ?

(에 쓰 크 부 자베 레흐, 씰 부 플레)

몇 시인지 알려 주겠니?

Est-ce que tu as l'heure, s'il te plaît ?

(에 스 크 튀 아 레흐, 씰 트 플레)

Memo

s'il vous plaît는 무언가를 공손하게 부탁하거나 요청할 때 주어로 '당신 Vous'이 오는 문장에 쓰는 말입니다. 문장의 앞과 뒤에 모두 올 수 있습니다. 친한 사람에게 말할 때는 주어로 '너 Tu'를 써서 s'il te plaît라고 나타낼 수 있습니다.

시간 표현하기

프랑스에서는 시간을 문자로 표현할 때는 24시간제를 쓰지만, 일상에서 말할 때는 12시간제를 사용하고 낮과 밤을 구분해서 말해 줍니다. 첫 번째 방식부터 살펴보도록 합시다.

24시간제로 시간 표현하기

먼저 24시간제로 시간 표현하는 방식을 살펴보도록 하겠습니다. '지금 몇 시입니까?' 하고 물어볼 때는 '시간'에 해당하는 단어 heure를 씁니다. 시간으로 오는 숫자가 2 이상일 때는 heures라고 씁니다.

시간을 표현하는 문장은 Il est …로 시작합니다. 여기에 쓰인 대명사 il은 '그 사람'이라는 뜻이 아니라 '그것'을 나타냅니다. est는 동사 etre에서 왔습니다. '~이다, ~에 있다'는 뜻입니다. 이 두 단어가 합쳐져 '지금은 …시 이다'를 나타냅니다.

24시간제로 시간 표현하기

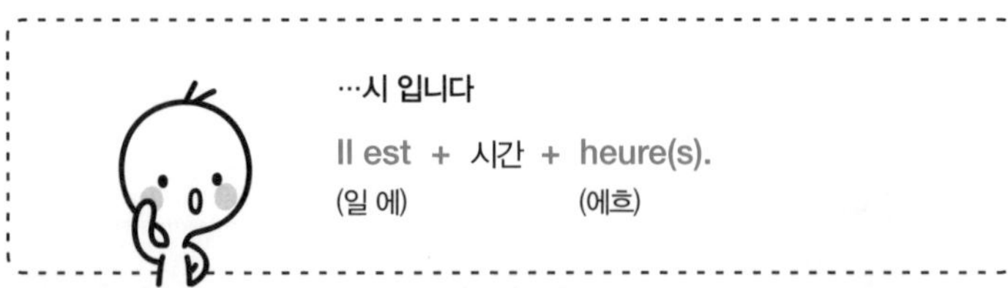

…시 입니다

Il est + 시간 + heure(s).
(일 에) (에흐)

00 : 00시(자정)

Il est minuit.
(일 에 미뉘)

01 : 00시

Il est une heure.
(일 에 윈 네흐)

02 : 00시

Il est deux heures.
(일 에 두 제흐)

03 : 00시

Il est trois heures.

(일 에 트와 제흐)

04 : 00시

Il est quatre heures.

(일 에 캬트흐 에흐)

05 : 00시

Il est cinq heures.

(일 에 상 께흐)

06 : 00시

Il est six heures.

(일 에 시 제흐)

07 : 00시

Il est sept heures.

(일 에 셉 테흐)

08 : 00시

Il est huit heures.

(일 에 윗 테흐)

09 : 00시

Il est neuf heures.

(일 에 눠 베흐)

10 : 00시

Il est dix heures.

(일 에 디 제흐)

11 : 00시

Il est onze heures.

(일 에 옹 제흐)

12 : 00시(정오)

Il est midi.

(일 에 미디)

13 : 00시

Il est treize heures.

(일 에 트헤 제흐)

14 : 00시

Il est quatorze heures.

(일 에 캬토 제흐)

15 : 00시

Il est quinze heures.
(일 에 켕 제흐)

16 : 00시

Il est seize heures.
(일 에 쎄 제흐)

17 : 00시

Il est dix-sept heures.
(일 에 디 셉 테흐)

18 : 00시

Il est dix-huit heures.
(일 에 디스 윗 테흐)

19 : 00시

Il est dix-neuf heures.
(일 에 디즈 누 베흐)

20 : 00시

Il est vingt heures.
(일 에 방 테흐)

21 : 00시

Il est vingt et une heures.
(일 에 방 테 윈 네흐)

22 : 00시

Il est vingt-deux heures.
(일 에 방 두 제흐)

23 : 00시

Il est vingt-trois heures.
(일 에 방 트와 제흐)

vingt et une heure에서 un가 아닌 une를 쓰는 이유는 heure가 여성형이기 때문입니다.

Memo

단어 il의 끝 자음과 est의 첫 모음 사이에 연음으로 발음하는 것을 잊지 마세요.
또한 숫자의 끝 자음과 heure의 앞 모음도 연음으로 발음됩니다.

12시간제로 시간 표현하기

이번에는 12시간제를 보도록 하겠습니다. 프랑스어에는 영어와는 달리 a.m.이나 p.m.이라는 단어가 존재하지 않습니다. 따라서 오전인지 오후인지 정확하게 나타내기 위해서는 시간 뒤에 다음과 같은 단어를 붙여 줍니다.

시간대를 나타내는 단어

아침
(새벽 1시부터 정오까지)
du matin
(뒤 마땅)

오후
(오후 1시부터 6시까지)
de l'après-midi
(드 라프헤 미디)

밤
(오후 7시부터 자정까지)
du soir
(뒤 쑤아)

이 단어들은 정확히 몇 시부터 몇 시까지 구분하는 개념은 아닙니다. 말하는 사람의 느낌에 따라서 다를 수도 있습니다.

12시간제로 시간 표현하기

08 : 00시/오전 8시

Il est huit heures du matin.

(일 에 윗 테흐 뒤 마탕)

10 : 00시/오전 10시

Il est dix heures du matin.

(일 에 디 제흐 뒤 마탕)

13 : 00시/오후 1시

Il est une heure de l'après-midi.

(일 에 윈 네흐 드 라프헤 미디)

17 : 00시/오후 5시

Il est cinq heures de l'après-midi.

(일 에 상 케흐 드 라프헤 미디)

20 : 00시/오후 8시

Il est huit heures du soir.

(일 에 윗 테흐 뒤 쑤아)

22 : 00시/오후 10시

Il est dix heures du soir.

(일 에 디 제흐 뒤 쑤아)

분 표현하기

나머지 분을 나타내는 방식은 두 시간제 모두 동일합니다. 시를 먼저 말하고 그 다음에 분을 말해 주면 됩니다. 분을 나타내는 숫자 뒤에는 minute(s)라는 단어를 붙이거나 생략합니다.

일반적으로 시간의 분은 1부터 60까지의 숫자를 씁니다.

분 표현하기

24시간제	12시간제
20 : 10 Il est vingt heures dix minutes. (일 에 방 테흐 디 미뉘트)	20 : 10 Il est huit heures dix minutes du soir. (일 에 윗 테흐 디 미뉘트 뒤 쑤아)
13 : 20 Il est treize heures vingt minutes. (일 에 트헤 제흐 방 미뉘트)	13 : 20 Il est une heure vingt minutes de l'après-midi. (일 에 윈 네흐 방 미뉘트 드 라프헤 미디)
02 : 50 Il est deux heures cinquante. (일 에 두 제흐 쌍캉트)	02 : 50 Il est deux heures cinquante du matin. (일 에 두 제흐 쌍캉트 뒤 마탕)

15분과 30분

15분과 30분을 가리키는 명칭은 따로 있습니다. 15분은 두 가지로 나타낼 수 있습니다. '십오'를 나타내는 quinze 또는 '4분의 1'이라는 뜻의 et quart입니다.

15분

07 : 15

Il est sept heures et quart.
(일 에 셉 테흐 에 꺄흐)

Il est sept heures quinze minutes.
(일 에 셉 테흐 캥즈 미뉘트)

10 : 15

Il est dix heures et quart.
(일 에 디 제흐 에 꺄흐)

Il est dix heures quinze minutes.
(일 에 디 제흐 캥즈 미뉘트)

30분의 경우에는 일반적으로 '삼십'이란 뜻의 trente를 쓰지만, '절반'이란 뜻의 et demie를 쓸 수도 있습니다.

30분

07 : 30

Il est sept heures et demie.
(일 에 셉 테흐 에 드미)

Il est sept heures trente minutes.
(일 에 셉 테흐 트형트 미뉘트)

11 : 30

Il est onze heures et demie.
(일 에 옹 제흐 에 드미)

Il est onze heures trente minutes.
(일 에 옹 제흐 트형트 미뉘트)

30분 이상의 분 말하기

30분 이상부터는 수학 실력이 조금 필요합니다. 시계 위의 숫자 12, 즉 정각을 기준으로 해서 계산합니다. 이때 쓰는 단어는 '빼다'라는 뜻의 moins입니다. 예를 들어 7 : 35에서 35는 분에 해당합니다. 8 : 00시가 되기 25분 전에 해당하지요. 따라서 '25분 후에 8시'라고 표현합니다.

30분 이상

07 : 35(25분 후면 8시)

Il est huit heures moins vingt-cinq.

(일 에 윗 테흐 무앙 방 상크)

09 : 50(10분 후면 10시)

Il est dix heures moins dix.

(일 에 디 제흐 무앙 디스)

45분은 두 가지로 나타낼 수 있습니다. '15분 뒤 ~시'라고 나타내고 싶을 땐 moins quinze라고 쓰고, '4분의 1시 뒤 ~시'라고 나타내고 싶을 땐 moins le quart라고 쓸 수 있습니다.

45분

10 : 45(15분 후면 11시)

Il est onze heures moins le quart.

(일 에 옹 제흐 무앙 르 꺄흐)

Il est onze heures moins quinze.

(일 에 옹 제흐 무앙 캥즈)

Memo

heure는 h만 남기고 줄여 쓸 수 있습니다. 그 뒤에 ~분을 붙여 주면 됩니다. 예를 들어, '오후 1시'는 Il est 1h00라고 나타낼 수 있습니다. 또한 '아침 8시'라는 말은 Il est 8h00로 쓸 수 있습니다.

MP3 11-03

시간 표현에 사용되는 전치사

사건이 발생한 원인을 밝혀 주기 위해 전치사를 써야 할 때가 있습니다. ~에, ~때에, ~안에 사건이 일어났는지, 언제부터 일어났는지 등의 정보를 알려 주기 위해서입니다. 예문을 보겠습니다.

…에 à

à와 시간 표현을 함께 쓰게 되면 상황이 발생한 때나 특정한 시각을 가리키게 됩니다.

나는 오전 7시에 아침밥을 먹는다.

Je prends mon petit déjeuner à 7 heures.

(쥬 프헝드 몽 프티 데쥬네 아 셉 테흐)

나의 여동생은 오후 8시에 티비를 본다.

Ma sœur regarde la télévision à huit heures du soir.

(마 쐬흐 흐갸흐드 라 텔레비지옹 아 윗 테흐 뒤 쑤아)

…안에 dans

dans는 앞으로의 상황이 지속되는 얼마 간의 기간 내를 말할 때 쓰입니다.

…안에

나는 1시간 안에 여행을 떠난다.

Je vais partir dans une heure.

(쥬 베 파흐티흐 당 쥐 네흐)

그는 20분 안에 숙제를 끝낼 것이다.

Il va finir ses devoirs dans vingt minutes.

(일 바 피니흐 쎄 드부아 당 방 미뉘트)

…전부터 depuis

depuis는 상황의 시작점을 말하거나, 상황이 지속된 시간이 얼마나 오래 되었는지 표현할 때 쓰입니다.

…전부터

나는 너를 2시간 전부터 기다렸어.

Je vous attends depuis deux heures.

(쥬 부 자떵드 드퓌 두 제흐)

우리들은 10분 전부터 걸었다.
Nous marchons depuis dix minutes.
(누 막쏭 드퓌 디 미뉘트)

그는 2000년부터 파리에 살았다.
Il habite à Paris depuis 2000.
(일 아비트 아 파히 드퓌 두 밀)

…동안 pendant

pendant는 상황이 발생한 후 얼마 동안 지속되었는지 나타낼 때 쓰입니다.

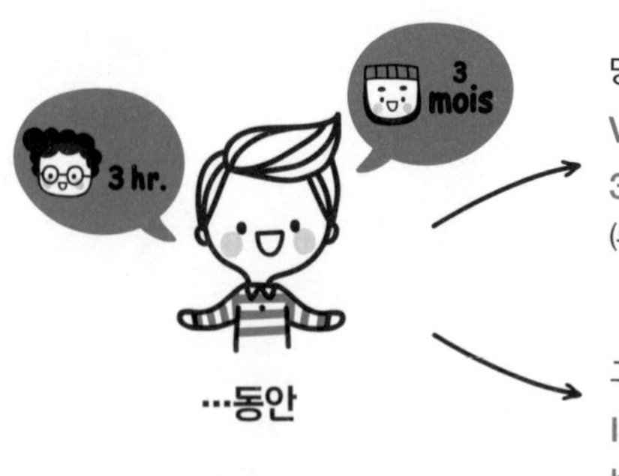

당신은 이곳에 3달 동안 거주할 수 있습니다.
Vous pouvez rester ici pendant 3 mois.
(부 푸베 헤스테 이씨 펑덩 트와 무아)

그는 3시간 동안 박물관을 방문했다.
Il a visité le musée pendant trois heures.
(일 아 비지테 르 뮤제 펑덩 트와 줘흐)

…에 en

en는 계절, 월, 연 등의 앞에서 ...에 또는 …기간에 라는 뜻으로 쓰입니다.

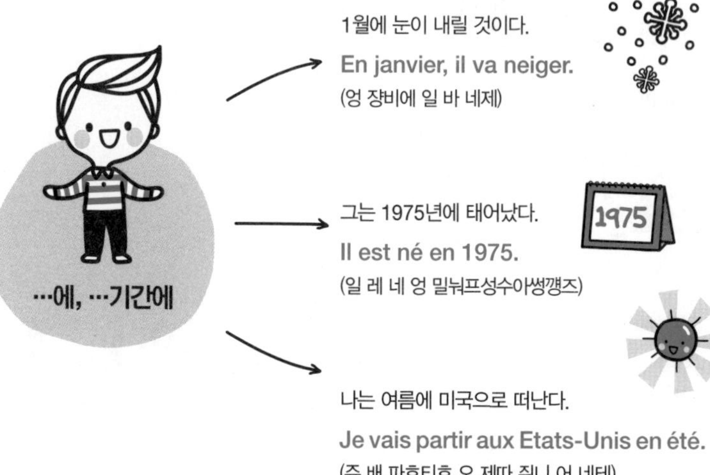

…에, …기간에
1월에 눈이 내릴 것이다.
En janvier, il va neiger.
(엉 쟝비에 일 바 네제)
그는 1975년에 태어났다.
1975
Il est né en 1975.
(일 레 네 엉 밀뉘프성수아썽깽즈)
나는 여름에 미국으로 떠난다.
Je vais partir aux Etats-Unis en été.
(쥬 배 파흐티흐 오 제따 쥐니 어 네테)

…쯤 vers와 environ

vers와 environ은 …쯤, …무렵이라고 해석합니다. 언제인지 확실하지 않은 시간을 말할 때 쓰입니다.

…쯤, …무렵

당신은 몇 시에 출발하시나요?

A quelle heure vous partez ?

(아 껠 러흐 부 파흐테)

10시쯤이요.

Vers dix heures.

(베흐 디 제흐)

Environ dix heures.

(엉비홍 디 제흐)

날씨

Le temps

프랑스는 다양한 날씨가 존재하기 때문에 좋은 여행지입니다. 따뜻함, 더움, 추움, 시원함 등등의 날씨는 각기 지역에 따라 다릅니다. 프랑스에는 봄, 여름, 가을, 겨울 사계절이 존재합니다.

MP3 12-01

계절 les saisons

봄

printemps (m)

(프행텅)

3월 21일 - 6월 21일

여름

été (m)

(에테)

6월 22일 - 9월 22일

가을

automne (m)

(오톤느)

9월 23일 - 12월 21일

겨울

hiver (m)

(이베)

12월 22일 - 3월 20일

지금이 무슨 계절인지 말하고 싶을 때는 다음과 같은 말을 씁니다.

en(엉) 또는 au(오) + 계절

CHAPTER 12

계절 말하기

봄	여름	가을	겨울
au printemps	en été	en automne	en hiver
(오 프랭텅)	(어 네테)	(어 노톤느)	(어 니베)

봄을 제외한 나머지 3계절은 연음 현상이 일어납니다.

완전한 문장으로 지금이 어떤 계절인지 알려 주려면 다음과 같이 말합니다.

지금은 봄이야.

Nous sommes au printemps.

(누 솜스 오 프랭텅)

지금은 가을이야.

Nous sommes en automne.

(누 솜스 어 노톤느)

지금은 여름이야.

Nous sommes en été.

(누 솜스 에 네테)

지금은 겨울이야.

Nous sommes en hiver.

(누 솜스 어 니베)

날씨 le temps

날씨를 나타낼 때는 다음과 같은 단어들을 씁니다

날씨

덥다 chaud (쇼)	춥다 froid (푸아)	시원하다 frais (프해)
좋다 beau (보)	나쁘다 mauvais (모배)	습하다 humide (위미드)
바람이 불다 du vent (뒤 벙)	해가 쨍쨍하다 du soleil (두 솔레이)	안개가 끼다 du brouillard (뒤 부휘야)
구름이 끼다 nuage (뉘아쥐)		폭풍치다 orage (오하쥐)

예외적으로 다음 세 단어는 형용사가 아닌 동사입니다. 바로 쓸 수 있도록 저자가 일부러 변화형을 썼지만, 변화하지 않은 동사 원형의 앞에는 v.를 붙입니다.

비가 내리다	pleut	(플루)	v. pleuvoir	(플루부아흐)
눈이 내리다	neige	(네쥐)	v. neiger	(네제)
서리 내리다	gèle	(젤르)	v. geler	(줄레)

MP3 12-03

날씨 묻고 답하기

일기예보
la météo
(라 메테오)

기온
la température
(라 텅페하튀흐)

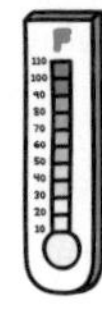

날씨에 대해 묻고 답할 때 쓰는 단어의 대부분은 다음에서 크게 벗어나지 않습니다.

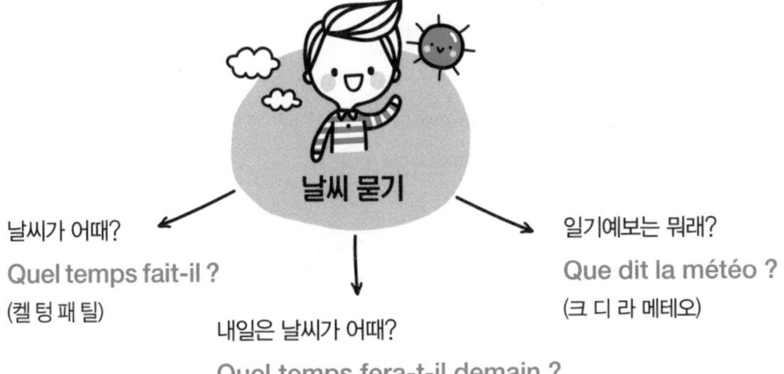

날씨가 어때?
Quel temps fait-il ?
(켈 텅 패 틸)

내일은 날씨가 어때?
Quel temps fera-t-il demain ?
(켈 텅 프하 틸 드망)

일기예보는 뭐래?
Que dit la météo ?
(크 디 라 메테오)

프랑스어의 faire라는 동사는 만들다라는 뜻입니다. 날씨에 쓰이는 3인칭 대명사 Il에 맞춰 변화합니다.

Il(일) + fait(패) + 날씨 상황

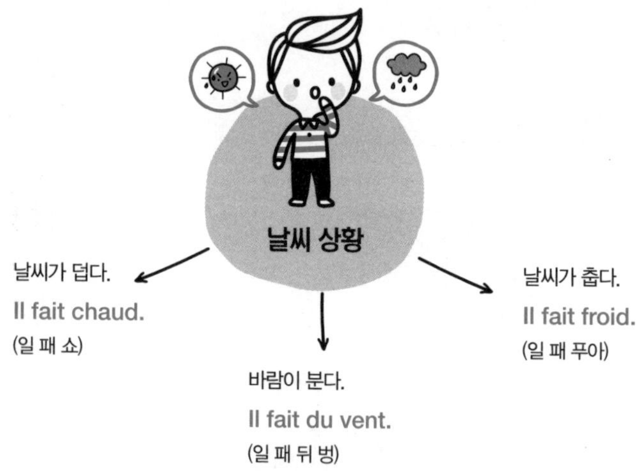
날씨 상황
날씨가 덥다.
Il fait chaud.
(일 패 쇼)
날씨가 춥다.
Il fait froid.
(일 패 푸아)
바람이 분다.
Il fait du vent.
(일 패 뒤 벙)

비가 온다 pleuvoir, 눈이 내린다 neiger, 그리고 서리가 내린다 geler 이 세 가지 동사들은 3인칭 단수대명사 Il에 맞추어 변화합니다.

비가 내린다.	눈이 온다.	서리가 내린다.
Il pleut.	Il neige.	Il gèle.
(일 플루)	(일 네쥐)	(일 젤르)

날씨 상황에 대한 표현은 날씨가 좋을 때와 안 좋을 때 모두를 포함하고 있습니다. 다음과 같이 말해 봅시다.

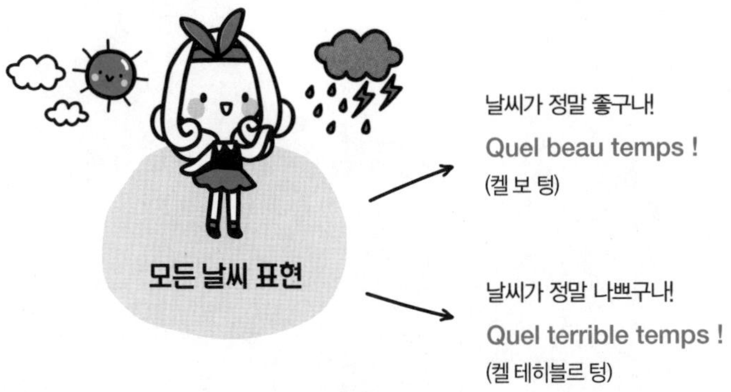
모든 날씨 표현
날씨가 정말 좋구나!
Quel beau temps !
(켈 보 텅)
날씨가 정말 나쁘구나!
Quel terrible temps !
(켈 테히블르 텅)

문장 앞에 붙은 3인칭 Il는 주어가 없거나 사물이 주어일 때 씁니다. Il est …와 Il fait … 두 문장 구조를 기억해 두세요. 자주 쓰게 될 겁니다.

품질형용사

Les adjectifs qualificatifs

이번 단원에서는 특징을 나타내는 품질형용사에 대해서 알아보도록 하겠습니다. 프랑스어에 성별과 단수형 복수형이 있다는 건 알게 되었지요. 따라서 형용사도 여기에 맞춰 변화시켜야 합니다.

남성 여성 형용사 변화에는 규칙이 있습니다. 하지만 이 책을 덮고 난 뒤에도 내용을 써먹을 수 있도록, 일상에서 자주 쓰이는 단어들을 모아 보았습니다. 남성형과 여성형, 그리고 단수형 복수형으로 나누어 구분했습니다.

MP3 13-01

품질형용사

	남성형		여성형	
작다	petit	(프티)	petite	(프티트)
크다	grand	(그헝)	grande	(그헝드)
뚱뚱하다	gros	(그호)	grosse	(그호스)
피로하다	fatigant	(파티겅)	fatigante	(파티겅트)
빌리다	lent	(렁)	lente	(렁트)
단단하다	dur	(뒤흐)	dure	(뒤흐)
부드럽다	doux	(두)	douce	(두스)
두껍다	épais	(에패)	épaisse	(에패스)
가득차다	plein	(플렁)	pleine	(플렌느)

CHAPTER 13

	남성형		여성형	
시끄럽다	bruyant	(브휘양)	bruyante	(브휘엉트)
조용하다	silencieux	(실렁시유)	silencieuse	(실렁시유즈)
무겁다	lourd	(루흐)	lourde	(루흐드)
가볍다	léger	(레제)	légère	(레제흐)
좋다	bon	(봉)	bonne	(본느)
나쁘다	mauvais	(모배)	mauvaise	(모배즈)
낡다	ancien	(엉씨앙)	ancienne	(엉시엔느)
비싸다	cher	(쉐흐)	chère	(쉐흐)
싸다	bon marché	(봉 마흐쉐)	bon marché	(봉 마흐쉐)
행복하다	heureux	(어훼)	heureuse	(어허즈)
귀엽다	joli	(졸리)	jolie	(졸리)
추하다	laid	(래)	laide	(래드)

다음에 보실 단어들은 남성형과 여성형이 똑같은 단어들입니다. 따라서 변화형을 신경쓸 필요가 없습니다.

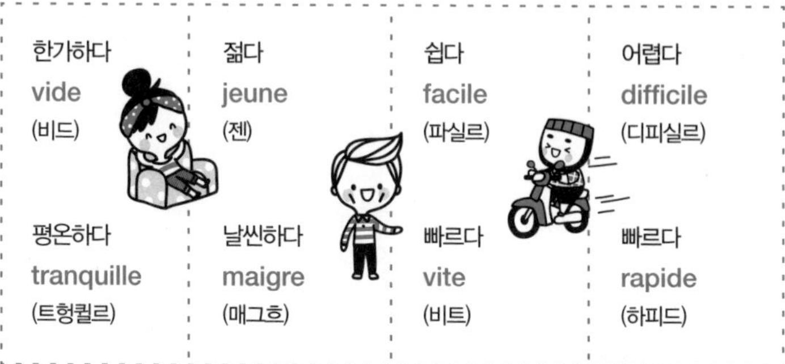

한가하다 vide (비드)	젊다 jeune (젠)	쉽다 facile (파실르)	어렵다 difficile (디피실르)
평온하다 tranquille (트헝퀼르)	날씬하다 maigre (매그흐)	빠르다 vite (비트)	빠르다 rapide (하피드)

예외 단어들

모음이나 h muet로 시작하는 남성형 품질형용사와 쓰였을 때 한 번 더 변화하는 품질형용사들이 있습니다. 자주 쓰이는 단어들을 예시로 들어 보겠습니다.

	남성형		모음이나 h muet로 시작하는 남성형		여성형	
늙었다	vieux	(비유)	vieil	(비에이으)	vieille	(비에이으)
예쁘다	beau	(보)	bel	(벨)	belle	(벨)
부드럽다	mou	(무)	mol	(몰)	molle	(몰)
미치다	fou	(푸)	fol	(폴)	folle	(폴)
새롭다	nouveau	(누보)	nouvel	(누벨)	nouvelle	(누벨)

ⓟ MP3 13-02

품질형용사의 역할

영어에서는 어떤 것의 특징을 나타낼 때 명사 앞에 형용사를 놓지요. 하지만 프랑스어에서는 형용사가 단어의 앞이나 뒤에 모두 위치할 수 있습니다.

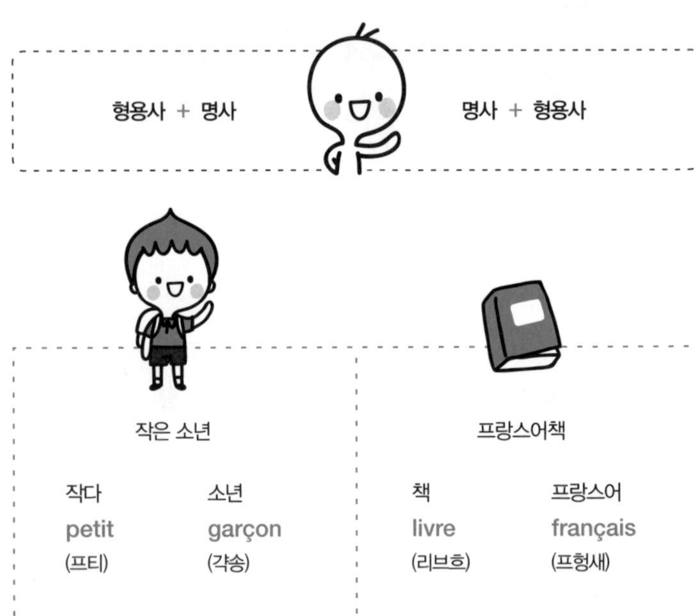

형용사가 명사 앞이나 뒤에 위치하는 것은 우리가 선택할 수 있는 게 아닙니다. 다음과 같은 규칙이 있습니다.

명사 뒤에 오는 형용사

프랑스어 형용사의 대부분은 명사의 뒤에 옵니다. 예를 들어 색깔, 외모, 국적, 종교, 지위, 날씨 등이 여기에 해당됩니다.

초록색 깃발	프랑스어책	뜨거운 물
un drapeau vert	un livre français	l'eau chaude
(엉 드하보 베흐)	(엉 리브흐 프헝새)	(로 쇼드)

형용사의 글자 수가 명사보다 많아지는 경우에도 명사의 뒤로 갑니다.

게으름 피우는 소년	믿을 만한 여자	굉장한 선물
un garçon paresseux	une femme respectueuse	un cadeau magnifique
(엉 갹송 파헤슈)	(윈느 팜므 헤스펙크뜌즈)	(엉 캬도 마니피크)

명사 앞에 오는 형용사

다음 형용사는 예외적으로 명사의 앞에 오게 되는 형용사입니다.

1. 서수를 나타내는 형용사.

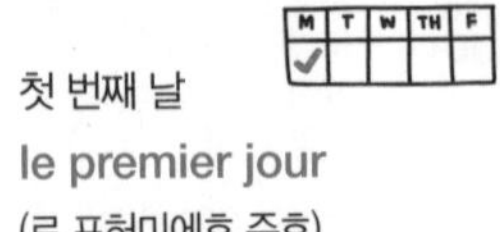

첫 번째 날
le premier jour
(르 프허미에흐 주흐)

마지막 소년
le dernier garçon
(르 데흐니에흐 갹쏭)

2. 소유자를 나타내는 형용사. 예를 들어 나의 mon, 너의 ton, 그의 또는 그녀의 son 등등입니다.

나의 책
mon livre
(몽 리브흐)

너의 삼촌
ton oncle
(토 농끌)

그의/그녀의 과자
son gâteau
(쏭 갸토)

3. 지시형용사. 예를 들어 ce, cet, cette 등입니다.

이 소년
ce garçon
(스 갹송)

이 나무
cet arbre
(세 타흐브흐)

이 집
cette maison
(쎄트 매종)

4. 항상 명사 앞에 오는 형용사. 짝을 이루는 여성형도 마찬가지입니다.

jeune	(젠)	젊은	vieux	(비유)	늙은
nouveau	(누보)	새로운	mauvais	(모배)	안 좋은
gros	(그호)	뚱뚱한	moindre	(무앙드흐)	더 적은
haut	(오)	높은	court	(쿠흐)	짧은
tel	(텔)	이러한	tout	(투)	모든
meilleur	(메이여흐)	더 나은	bon	(봉)	좋은
beau	(보)	아름다운	méchant	(메셩)	못된
joli	(졸리)	귀여운	long	(롱)	긴
ancien	(엉시앙)	오래된			

5. 가끔 앞과 뒤에 모두 올 수 있는 형용사. 하지만 앞뒤로 왔을 때 의미가 각기 다릅니다. 따로 기억해 둬야 합니다.

소중한 공책
un cher cahier
(엉 쉐흐 카이에)

값비싼 공책
un cahier cher
(엉 카이에 쉐흐)

가엾은 소년
un pauvre garçon
(엉 포브흐 갹송)

가난한 소년
un garçon pauvre
(엉 갹송 포브흐)

CHAPTER 13

마지막 해
la dernière année
(라 데흐니에흐 아네)

지난 해
l'année dernière
(라네 데흐니에흐)

나의 집
ma propre maison
(마 프호프흐 매종)

깨끗한 집
ma maison propre
(마 매종 프호프흐)

이런 것들 앞에 항상 붙어 있는 단어들이 보이시나요? 바로 un, une, le, la와 같은 les articles 말이지요. 이것들은 2단원에서 다룬 적 있습니다. 명사를 쓸 때 이것들을 함께 쓰는 걸 잊으시면 안 됩니다.

MP3 13-03

문장에서 형용사 활용하기

앞에서 말한 것들은 형용사의 유형들에 불과합니다. 아직 동사가 없기 때문입니다. 아직은 주요 부분도 없고 문장 끝에 마침표도 없지요. 문장으로 만들고 싶다면 주어와 동사만 찾아 넣으면 됩니다. 이렇게 말입니다.

나는 새 공책을 샀다.
J'achète un nouveau cahier.
(쟈셱트 엉 누보 캬이에)

너는 예쁜 책이 있구나.
Tu as un beau livre.
(튀 아 엉 보 리브흐)

당신은 귀여운 여동생이 있네요.
Vous avez une jolie sœur.
(부 자베 윈느 졸리 쉐흐)

우리들은 훌륭한 숙소가 있다.
Nous avons un bon séjour.
(누 자봉 엉 봉 세주흐)

한 가지 방법이 더 있습니다. 명사 근처에 형용사를 넣지 않고 대신 ~이다, ~에 있다를 나타내는 동사 être와 함께 쓰는 것입니다.

être ~이다, ~에 있다					
Je suis (쥬 쉬)	Tu es (튀 아)	Il/Elle/ On est (일/엘/옹 에)	Nous sommes (누 솜므)	Vous êtes (부 제트)	Ils/Elles sont (일/엘 쏭)
나는 ~이다	너는 ~이다	그는/그녀는 ~이다	우리는 ~이다	당신은 ~이다	그들은/그녀들은 ~이다

CHAPTER 13

작은 소년 한 명	Un garçon (엉 갹송)	est (에)	petit. (프티)
프랑스어로 된 책	Le livre (르 리브흐)	est (에)	français. (프헝새)

인칭대명사 + 동사 être + 형용사

그는 몸집이 작다.	Il (일)	est (에)	petit. (프티)
나는 아직 어리다.	Je (쥬)	suis (쉬)	jeune. (젠)

이런 문장 구조에서도 형용사가 명사의 뜻을 꾸며 주는 역할을 하긴 하지만 붙어 있지 않을 뿐입니다. 대신 동사 être가 둘을 이어 주는 다리와 같은 역할을 하는 셈이지요.

형용사의 성과 수

형용사로 명사의 뜻을 꾸며 줄 때 조심해야 할 것은, 명사의 성과 수에 따라 형용사를 알맞게 변형시켜야 한다는 점입니다.

1. 만약 명사나 대명사가 남성 단수형이라면 형용사도 남성 단수형이어야 합니다.

남성 단수형

성격 좋은 소년 1명
un bon garçon
(엉 봉 갹송)

소년 한 명이 성격이 좋다.
Un garçon est bon.
(엉 갹송 에 봉)

그 소년은 성격이 좋다.
Le garçon est bon.
(르 갹송 에 봉)

그 고양이는 하얗다.
Le chat est blanc.
(르 샤 에 블랑)

고양이 한 마리가 하얗다.
Un chat est blanc.
(엉 샤 에 블랑)

un = 남성 단수형 앞에 옵니다. 특정한 것을 가리키지는 않습니다.

le = 남성 단수형 앞에 옵니다. 특정한 것을 가리킵니다.

2. 만약 명사나 대명사가 여성 단수형이라면 형용사도 여성 단수형이어야 합니다.

여성 단수형

예쁜 소녀 1명
une belle fille
(윈느 벨르 피으)

그 소녀는 예쁘다.
La fille est belle.
(라 피으 에 벨)

그녀는 예쁘다.
Elle est belle.
(엘 레 벨)

커다란 집 1채
une grande maison
(윈느 그헝드 매종)
그 집은 커다랗다.
La maison est grande.
(라 매종 에 그헝드)
커다란 집
Elle est grande.
(엘 레 그헝드)

une = 여성 단수형 앞에 옵니다. 특정한 것을 가리키지는 않습니다.

la = 여성 단수형 앞에 옵니다. 특정한 것을 가리킵니다.

CHAPTER 13

3. 만약 명사나 대명사가 남성 복수형이라면 형용사도 남성 복수형이어야 합니다. 형용사를 복수형으로 만들 때는 대부분 s나 x를 뒤에 붙입니다.

남성 복수형

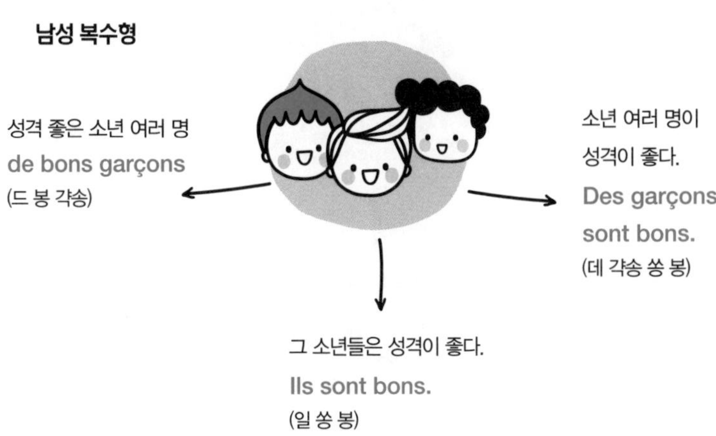
성격 좋은 소년 여러 명
de bons garçons
(드 봉 갹송)
소년 여러 명이 성격이 좋다.
Des garçons sont bons.
(데 갹송 쏭 봉)
그 소년들은 성격이 좋다.
Ils sont bons.
(일 쏭 봉)

그것들은 하얗다.
Ils sont blancs.
(일 쏭 블랑)
여러 마리 고양이가 하얗다.
Des chats sont blancs.
(데 샤 쏭 블랑)

des = 남성 복수형 앞에 옵니다. 특정한 것을 가리키지는 않습니다.

4. 만약 명사나 대명사가 여성 복수형이라면 형용사도 여성 복수형이어야 합니다.

여성 복수형

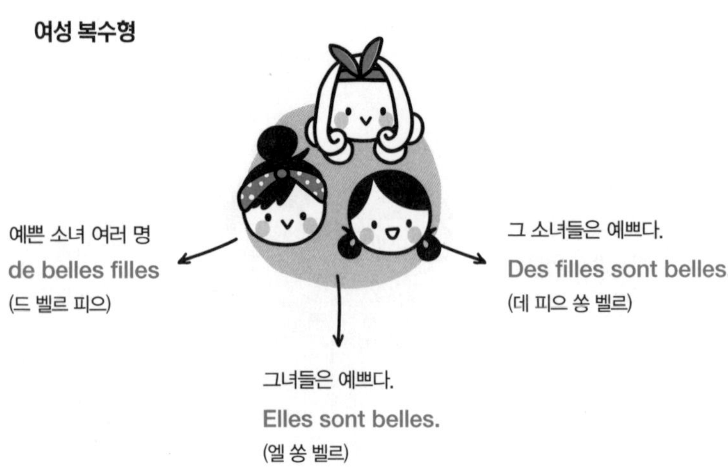
예쁜 소녀 여러 명
de belles filles
(드 벨르 피으)
그 소녀들은 예쁘다.
Des filles sont belles.
(데 피으 쏭 벨르)
그녀들은 예쁘다.
Elles sont belles.
(엘 쏭 벨르)

오래된 자동차 여러 대
d'anciennes voitures
(덩 씨엔느 부아튀흐)

그것들은 오래됐다.
Elles sont anciennes.
(엘 쏭 텅씨엔느)

그 차 여러 대는 오래됐다.
Des voitures sont anciennes.
(데 부아튀흐 쏭 텅씨엔느)

CHAPTER 13

Memo

des와 de

셀 수 있으면서 특정한 것을 지칭하지 않는 명사에 씁니다. 예를 들어 고양이 여러 마리라고 했을 때, 어떤 고양이 무리인지 가리키지 않는다면 관사 des를 씁니다. 하지만 des 뒤에서 형용사로 명사를 꾸며 줄 때에는 des를 de로 바꿔 줘야 합니다.

고양이 한 마리	고양이 여러 마리	하얀 고양이 여러 마리
un chat	des chats	de blancs chats
(엉샤)	(데 샤)	(드 블랑 샤)

5. 만약 문장 속에 양쪽 성과 수의 명사, 대명사가 모두 있다면 남성 복수형 관사를 써야 합니다.

양쪽 성이 있을 때

그 소년과 소녀는 몸이 크다.

Le garçon et la fille sont grands.

(르 갹송 에 라 피으 쏭 그헝)

형용사의 수를 바꾸는 방법

단어의 성에 따라 단수형 형용사를 복수형으로 바꾸는 것은 무척 쉽습니다. 여성형 형용사는 거의 대부분 s를 붙여 주면 됩니다. 남성형 형용사의 경우에는 약간의 규칙이 존재합니다.

1. s를 덧붙인다. 하지만 단어 끝 s의 소리는 발음하지 않습니다.

	남성 단수형	남성 복수형	여성 단수형	여성 복수형
작은	petit (프티)	petits (프티)	petite (프티프)	petites (프티프)
큰	grand (그헝	grands (그헝)	grande (그헝드)	grandes (그헝드)

	남성 단수형	남성 복수형	여성 단수형	여성 복수형
피곤한	fatigant (파티겅)	fatigants (파티겅)	fatigante (파티겅트)	fatigantes (파티겅트)
단단한	dur (뒤흐)	durs (뒤흐)	dure (뒤흐)	dures (뒤흐)
귀여운	joli (졸리)	jolis (졸리)	jolie (졸리)	jolies (졸리)
흉측한	laid (래)	laids (래)	laide (래드)	laides (래드)

내 여동생들은 모두 몸집이 작지만 남동생들은 모두 몸집이 크다.

Mes soeurs sont petites mais mes frères sont grands.

(메 쉐흐 쏭 프티트 매 메 프헤흐 쏭 그헝)

mes soeurs ➡ 여성 복수형 명사이므로 여성 복수형 형용사를 써야 합니다.
(메 쉐흐)

mes frères ➡ 남성 복수형 명사이므로 남성 복수형 형용사를 써야 합니다.
(메 프헤흐)

2. s나 x로 끝나는 형용사는 다음과 같이 s를 덧붙일 필요가 없습니다.

	남성 단수형	남성 복수형	여성 단수형	여성 복수형
뚱뚱한	gros (그호)	gros (그호)	grosse (그호쓰)	grosses (그호쓰)
나쁜, 안좋은	mauvais (모배)	mauvais (모배)	mauvaise (모배즈)	mauvaises (모배즈)
행복한	heureux (어훼)	heureux (어훼)	heureuse (어훼즈)	heureuses (어훼즈)

그 소방관들은 행복하다.

Les pompiers sont heureux.

(레 퐁피에 쏭 터훼)

les pompiers

(레 퐁피에)

남성 복수형이므로 남성 복수형 형용사를 써야 합니다.

그 여가수들은 행복하다.

Les chanteuses sont heureuses.

(레 샹퉤즈 쏭 터훼즈)

les chanteuses

(레 샹퉤즈)

여성 복수형이므로 여성 복수형 형용사를 써야 합니다.

3. 만약 형용사의 끝이 -al로 끝난다면, -al을 -au로 바꿔주고 끝에 x를 붙여 줍니다(남성 형용사가 됩니다).

	남성 단수형	남성 복수형	여성 단수형	여성 복수형
국립의	national (나시오날)	nationaux (나시오노)	nationale (나시오낼르)	nationales (나시오낼르)
왕립의	royal (호아얄르)	royaux (호아요)	royale (호아얄르)	royales (호아얄르)

우리들은 국가 계획이 있다.

Nous avons des projets nationaux.
(누 자봉 데 프호제 나시오노)

des projets
(데 프호제트)

남성 복수형 명사이므로 남성 복수형 형용사를 써야 합니다.

다음 단어들은 예외로 단어의 끝이 –al로 끝나지만 복수형일 때 s를 붙여 줍니다.

	남성 단수형	남성 복수형	여성 단수형	여성 복수형
흔들거리는	bancal (벙칼르)	bancals (벙칼르)	bancale (벙칼르)	bancales (벙칼르)
운명적인	fatal (파탈르)	fatals (파탈르)	fatale (파탈르)	fatales (파탈르)
마지막의	final (피날르)	finals (피날르)	finale (피날르)	finales (피날르)
태어난	natal (나탈르)	natals (나탈르)	natale (나탈르)	natales (나탈르)
선박의	naval (나발르)	navals (나발르)	navale (나발르)	navales (나발르)
진부한	banal (바날르)	banals (바날르)	banale (바날르)	banales (바날르)

Ces films sont banals.

(세 핆 쏭 바날르)

그 영화들은 진부하다.

ces films

(세 핆)

남성 복수형 명사이므로 남성 복수형 형용사를 써 줘야 합니다.

Ce sont les histoires navales.

(스 쏭 레 지스투아흐 나발르)

그것들은 선박/항해에 관련된 역사이다.

les histoires

(레 지스투아흐)

여성 복수형 명사이므로 여성 복수형 형용사를 써야 합니다.

4. 여기에 해당하는 단어군은 규칙 없이 계속해서 형태가 바뀌는 특수 형용사들입니다. 따라서 기억해 두는 수밖에 없습니다. 자주 쓰이는 단어들만 골라 보았습니다.

	남성형			여성형	
	단수형	h muet로 시작하는 단수	복수	단수	복수
늙은	vieux (비유)	vieil (비에이)	vieux (비유)	vieille (비에이으)	vieilles (비에이으)
예쁜	beau (보)	bel (벨)	beaux (보)	belle (벨르)	belles (벨르)
부드러운	mou (무)	mol (몰)	mous (무)	molle (몰르)	molles (몰르)
미친	fou (푸)	fol (폴)	fous (푸)	folle (폴르)	folles (폴르)
새로운	nouveau (누보)	nouvel (누벨)	nouveaux (누보)	nouvelle (누벨르)	nouvelles (누벨르)

주의할 점은 특수한 경우의 형용사, 남성 단수명사, 모음이나 h muet로 시작하는 남성 단수명사 모두 사용된 형용사를 복수형으로 바꿀 때는 같은 단어를 쓴다는 점입니다.

그 나이든 남자들은 프랑스인이다.

Ces vieux hommes sont français.

(세 비유 좀므 쏭 팡세)

그 나이든 아버지들은 집에 있다.

Ces vieux pères sont dans la maison.

(세 비유 베흐 쏭 당 라 매종)

그 나이든 어머니들은 빵을 먹는다.

Ces vieilles mères mangent des pains.

(세 비에이으 메흐 멍쥬 데 팡)

homes는 h muet로 시작하는 남성 복수형이고 pères는 남성 복수형이기 때문에 형용사를 사용할 때는 똑같이 vieux를 씁니다.

mères는 여성 복수형이므로 여성 복수형 형용사인 vielles를 씁니다.

전치사

La préposition

명사의 특성을 밝혀 주는 것 외에도 이에 못지 않게 중요한 것이 있습니다. 바로 어디에 있는지 위치를 나타내는 것이지요. 왼쪽, 오른쪽, 위쪽, 아래쪽 등등 말입니다. 프랑스어에서는 preposition이라는 단어를 씁니다. 바로 전치사라는 뜻입니다.

MP3 14-01

프랑스어의 전치사

프랑스어로 방향과 위치를 나타내는 단어들은 다음과 같은 것들이 있습니다.

왼쪽 à gauche (아 고쉬)	오른쪽 à droite (아 드화트)	앞쪽 devant (드 벙)	뒤쪽 derrière (데히에흐)
옆쪽 à côté de (아 코테 드)	안쪽 dans (덩)	위쪽 sur, dessus (쉬흐, 데쉬)	아래쪽 sous, dessous (수, 데수)
맞은편 en face de (엉 파스 드)	사이 entre (엉트흐)	내부 à l'intérieur de (아 랭테히어흐 드)	외부 à l'extérieur de (아 렉스테히어흐 드)
저 위에 en haut de (어 우 드)	저 아래 en bas de (엉 바 드)	가까이 près de (프레 드)	멀 loin de (루앙 드)

MP3 14-02

위치 말하기

어떤 것이 어디에 위치하고 있는지를 말할 때 쓰는 동사 être는 전치사와 짝을 이루어 앞에 오는 주어에 맞게 동사를 변형시킵니다.

être ~이다, ~에 있다					
Je suis (쥬 쒸)	Tu es (튀 에)	Il/Elle/ On est (일/엘/옹 에)	Nous sommes (누 쏨므)	Vous êtes (부 에트)	Ils/Elles sont (일/엘 쏭)
나는 ~이다	너는 ~이다	그는/그녀는 ~이다	우리는 ~이다	당신은 ~이다	그들은/ 그녀들은 ~이다

위치 말하기

주어 + être + 전치사 + 명사

펜		~에 있다		위		탁자
Le stylo	+	est	+	sur	+	la table.
(르 스틸로)		(에)		(쉬흐)		(라 타블르)

개		~에 있다		앞		집
Le chien	+	est	+	devant	+	la maison.
(르 샹)		(에)		(드벙)		(라 매종)

지우개		~에 있다		안		가방
La gomme	+	est	+	dans	+	la serviette.
(라 곰므)		(에)		(덩)		(라 세흐비에트)

집		~에 있다		멀리		학교
La maison	+	est	+	loin de	+	l'école.
(라 매종)		(에)		(루앙 드)		(레꼴)

아이들		~에 있다		안		홀
Les enfants	+	sont	+	dans	+	la salle.
(레 정펑)		(쏭)		(덩)		(라 살)

우리들		~에 있다		맞은편		우체국
Nous	+	sommes	+	en face de	+	la poste.
(누)		(솜므)		(엉 파스 드)		(라 포스트)

신체

Le corps

프랑스인들은 외모에 신경을 많이 씁니다. 또한 꾸미는 데에 있어 무척 까다롭기도 하지요. 항상 옷과 얼굴, 헤어가 모두 보기 좋아야 합니다. 뿐만 아니라 현대 프랑스인들은 점점 더 건강을 중요하게 여기고 있습니다.

이번 단원에서는 여러 가지 신체기관과 부위를 프랑스어로 뭐라고 부르는지 살펴보도록 하겠습니다.

MP3 15-01

신체 le corps

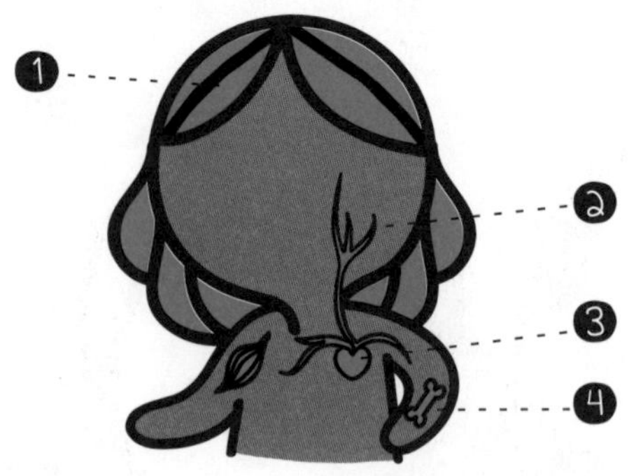

1. 뇌

   le cerveau

   (르 쎄흐보)

2. 피

   le sang

   (르 썽)

3. 심장

   le cœur

   (르 꿰흐)

4. 뼈

   l'os (m), les os

   (로스, 레조스)

5. 머리

la tête

(라 테트)

6. 머리카락

les cheveux

(레 슈부)

7. 얼굴

le visage

(르 비자쥬)

8. 피부

la peau

(라 포)

9. 목

le cou

(르 쿠)

10. 가슴

la poitrine

(라 푸아트린느)

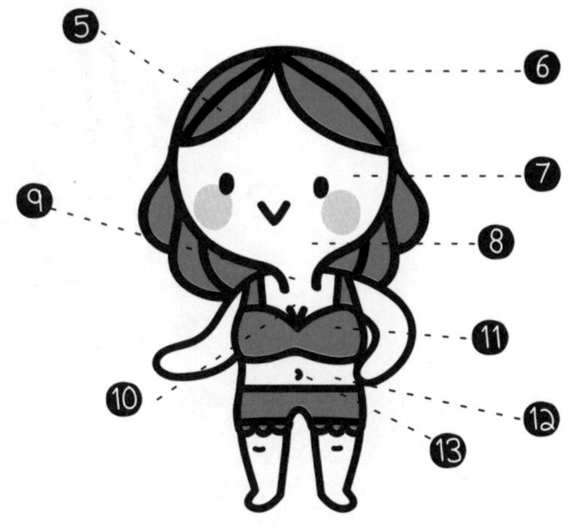

11. 유방

le sein

(르 쌩)

12. 배

le ventre

(르 벙트흐)

13. 배꼽

le nombril

(르 농브힐르)

14. 어깨

l'épaule (f)

(레폴르)

15. 겨드랑이

l'aisselle (f)

(래쎌르)

16. 팔

le bras

(르 브하)

17. 손

la main

(라 망)

18. 허리

la taille

(라 타이으)

19. 등

le dos

(르 도)

20. 볼기

la fesse

(라 페스)

21. 발

le pied

(르 피에)

22. 다리

la jambe

(라 쟝브)

23. 엉덩이

la hanche

(라 엉슈)

MP3 15-02

얼굴 le visage

1.	이마	le front	(르 프홍트)
2.	눈썹	le sourcil	(르 숙씰)
3.	눈	l'oeil (m), les yeux	(로이으, 레 지유)
4.	눈꺼풀	la paupière	(라 포피에흐)
5.	속눈썹	le cil	(르 씰)
6.	뺨	la joue	(라 주)
7.	코	le nez	(르 네)
8.	입	la bouche	(라 부쉬)
9.	입술	la lèvre	(라 레브흐)
10.	혀	la langue	(라 렁그)

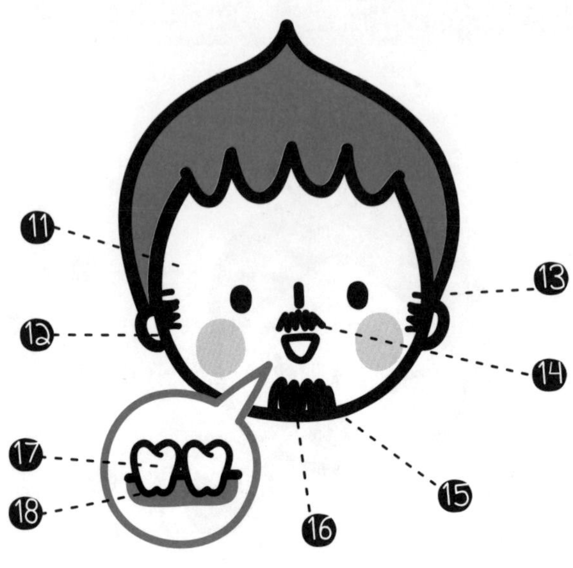

11. 관자놀이	la tempe	(라 텅프)
12. 귀	l'oreille (f)	(로헤이으)
13. 털	le poil	(르 푸알르)
14. 콧수염	la moustache	(라 무스타슈)
15. 턱수염	la barbe	(라 바흐브)
16. 턱	le menton	(르 멍통)
17. 치아	la dent	(라 덩)
18. 잇몸	la gencive	(라 정시브)

팔 le bras

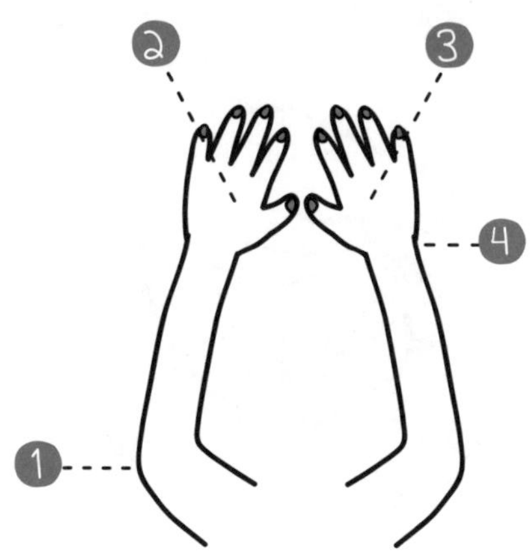

1. 팔꿈치 le coude (르 쿠드)
2. 왼손 la main gauche (라 망 고쉬)
3. 오른손 la main droite (라 망 드롸트)
4. 손목 le poignet (르 푸아녜)

MP3 15-04

손 la main

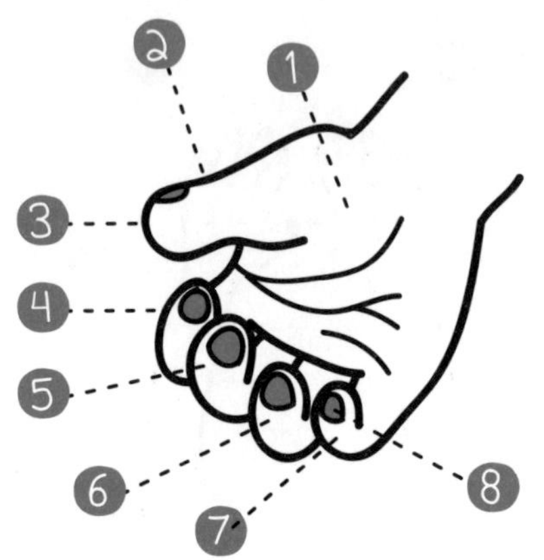

1. 손바닥	la paume	(라 폼므)
2. 손가락	le doigt	(르 두아)
3. 엄지	le pouce	(르 푸스)
4. 검지	l'index (m)	(랑덱스)
5. 중지	le majeur	(르 매져흐)
6. 약지	l'annulaire (m)	(라뉼래흐)
7. 새끼손가락	l'auriculaire (m), le petit doigt	(로히큘레흐, 르 프티 두아)
8. 손톱	l'ongle (m)	(롱글르)

MP3 15-05

다리 la jambre / 발 le pied

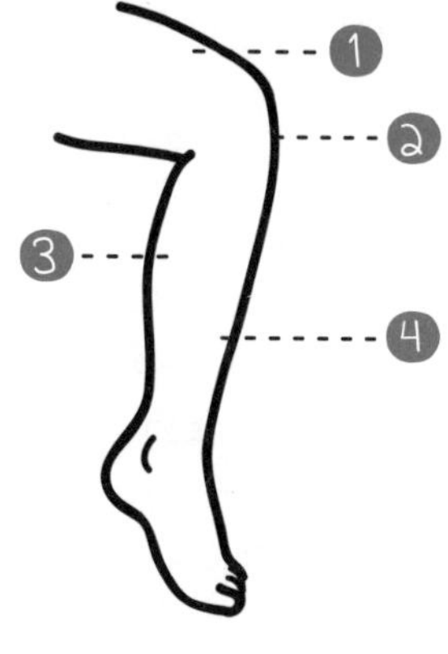

1. 허벅지 la cuisse (라 퀴스)
2. 무릎 le genou (르 쥬누)
3. 종아리 le mollet (르 몰레)
4. 정강이 le tibia (르 티비아)

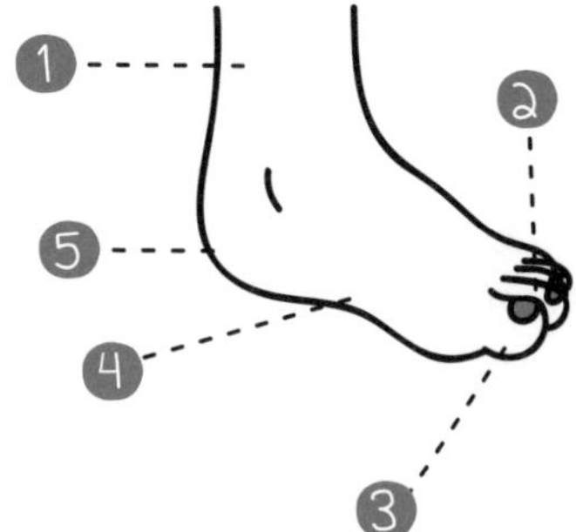

1. 발목 la cheville(라 슈비으)
2. 발가락 l'orteil (m), les doigts de pied(록테이, 레 두아 드 삐에)
3. 엄지발가락 le gros orteil(르 그호스 옥테이)
4. 발바닥 la vôute plantaire(라 부트 플렁테흐)
5. 발뒤꿈치 le talon(르 탈롱)

MP3 15-06

외모

외모를 나타내는 단어들은 두 가지 유형이 있습니다. 첫 번째 유형은 '…이다, …에 있다'라는 뜻의 동사 être를 쓰는 형용사들입니다. 다음과 같은 것들이 있습니다.

	남성형	여성형
젊은	jeune(젠)	jeune(젠)
나이 든	vieux(비유)	vieille(비에이으)
키가 큰, 몸집이 큰	grand(그헝)	grande(그헝드)
키가 작은, 몸집이 작은	petit(프티)	petite(프티트)
뚱뚱한, 덩치가 큰	gros(그호)	grosse(그호쓰)
날씬한	mince(맹스)	mince(맹스)
마른	maigre(매그흐)	maigre(매그흐)
평균의	de taille moyenne (드 타이으 무아옌느)	de taille moyenne (드 타이으 무아옌느)
피부가 흰	blanc(블랑)	blanche(블랑슈)
피부가 까만	noir(누아)	noire(누아흐)
피부가 노란	jaune(존느)	jaune(존느)
귀여운	joli (졸리)	jolie(졸리)
못생긴	laid(래)	laide(래드)
잘생긴, 예쁜	beau(보)	belle(벨)
매력적인	ravissant(하비썽)	ravissante(하비썽트)

두 번째 유형은 '…가 있다'라는 뜻의 동사 avoir를 쓰는 명사들입니다.

달걀형 얼굴
le visage ovale
(르 비자쥬 오발르)

동그란 얼굴
le visage rond
(르 비자쥬 홍)

네모난 얼굴
le visage carré
(르 비자쥬 까헤)

큰 눈
les grands yeux
(레 그헝 지유)

작은 눈
les petits yeux
(레 프티 지유)

작은 코
le petit nez
(르 프티 네)

큰 코
le gros nez
(르 그호 네)

오뚝한 코
le nez proéminent
(르 네 프호에미넝)

외모에 대해 말하기

외모에 대해 말할 때는 '어떻게'의 뜻을 가진 의문사 comment을 씁니다.

그의 얼굴은 어떻게 생겼습니까?
Comment est-il ?
(커멍 에 틸?)

그녀의 얼굴은 어떻게 생겼습니까?
Comment est-elle ?
(커멍 에 텔?)

CHAPTER 15

대답을 보기 좋게 하기 위해서는 그 사람의 특징에 대해 설명하는 명사나 형용사를 가져온 뒤에 알맞은 동사를 고릅니다.

être + 형용사

그는 키가 크다.

Il est grand.

(일 레 그헝)

장은 얼굴이 잘생겼다.

Jean est beau.

(장 에 보)

그녀는 피부가 무척 하얗다.

Elle est très blanche.

(엘 레 트레 블랑슈)

드부아 씨와 드부아 부인은 나이가 많다.

Monsieur et Madame Dubois sont vieux.

(무시유 에 마담 뒤부아 쏭 비유)

avoir + 명사

나는 눈이 크다.

J'ai de grands yeux.

(재 드 그헝 지유)

필립은 코가 오똑하다.

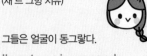

Philippe a un nez proéminent.

(필리쁘 아 엉 네 프호에미넝)

그들은 얼굴이 동그랗다.

Ils ont un visage rond.

(일 종 엉 비자쥬 홍)

그 여자아이는 코가 작다.

La fille a un petit nez.

(라 피으 아 엉 프티 네)

감정과 느낌

Les émotions et les sentiments

프랑스인들은 잘 흥분하기로 유명한 사람들입니다. 하지만 프랑스어를 하는 사람 입장으로서 이건 사실이 아닙니다. 실제로는 그저 자신의 생각을 에둘러 말하지 않고 직접적으로 잘 드러내는 사람들일 뿐입니다. 특히 현대의 프랑스인들은 서로 대화하고 사귀며 친구가 되는 것을 좋아합니다. 프랑스어를 구사하는 것만으로도 프랑스인들은 기분 좋게 느낄 것입니다. 실제로 한번 시도해 보세요.

MP3 16-01

감정과 기분

감정과 기분을 나타내는 어휘들은 단어에 따라 형용사와 명사 모두 존재합니다. 문장 속에서 활용하기 위해서는 '…이다, …에 있다'를 나타내는 동사 être와 '가지고 있다'를 나타내는 동사 avoir 중 적절한 것을 골라 사용해야 합니다.

être와 함께 사용하는 단어

동사 être와 함께 사용되는 어휘들은 깊은 곳에서 생기는, 또는 신체보다는 마음 속에서 느껴지는 감정들을 나타내는 형용사들입니다. 어떤 것들이 있는지 한번 살펴봅시다.

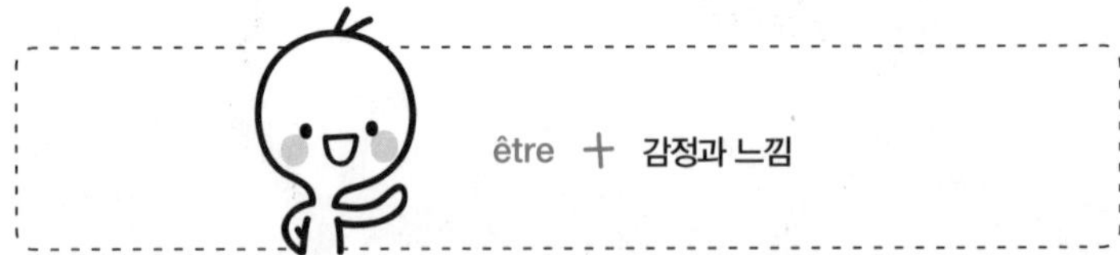

	남성형	여성형		남성형	여성형
기쁘다	content (콩텅)	contente (콩텅트)	겁먹다	effrayé (에프하예)	effrayée (에프하예)
유감스럽다	désolé (데졸레)	désolée (데졸레)	짜증나다	contrarié (콩트하이예)	contrariée (콩트하이예)
슬프다	triste (트히스트)	triste (트히스트)	다급하다	pressé (프헤쎄)	pressée (프헤쎄)
불안하다	inquiet (엥키에)	inquiète (엥키에트)	행복하다	heureux (어훼)	heureuse (어훼즈)
놀라다	surpris (쉬흐프히)	surprise (쉬흐프히즈)	불행하다	malheureux (말러훼)	malheureuse (말러훼즈)
피곤하다	fatigué (파티게)	fatiguée (파티게)	답답하다	gêné (잰네)	gênée (잰네)

	남성형	여성형		남성형	여성형
기진맥진하다	épuisé (에퓌세)	épuisée (에퓌세)	지루하다	ennuyé (어뉘예)	ennuyée (어뉘예)
의기소침하다	découragé (데쿠하줴)	découragée (데쿠하줴)	외롭다	solitaire (쏠리때흐)	solitaire (쏠리때흐)
당황스럽다	embarrassé (엉바하쎄)	embarrassée (엉바하쎄)	화나다	fâché (파쉐)	fâchée (파쉐)
취하다	ivre (이브흐)	ivre (이브흐)	화나다	furieux (퓨하유)	furieuse (퓨하유즈)
실망하다	déçu (데슈)	déçue (데슈)	화나다	en colère (엉 콜레흐)	en colère (엉 콜레흐)

en cloère라는 단어는 관용어로서, 주어의 성이나 수에 따라 변형시킬 필요가 없습니다.

문장 속에서 활용해 보기 전에 아직 être 동사 활용법을 기억하지 못하시는 분들을 위해 아래 표를 준비해 보았습니다.

être …이다, …에 있다					
Je suis (쥬 쉬)	Tu es (튀 에)	Il/Elle/ On est (일/엘/옹 에)	Nous sommes (누 솜므)	Vous êtes (부 제트)	Ils/Elles sont (일/엘 쏭)
나는 …이다	너는 …이다	그는/그녀는 …이다	우리는 …이다	당신은 …이다	그들은/ 그녀들은 …이다

예전에 봤던 것과 같은 내용입니다. 형용사로 명사를 꾸며 줄 때는 주어의 성과 수에 일치시키는 것을 잊지 맙시다.

그는 기쁘다.

Il est content.

(일 레 콩텅)

그녀는 기쁘다.

Elle est contente.

(엘 레 콩텅트)

그들은 기쁘다(남성 복수형).

Ils sont contents.

(일 쏭 콩텅)

그녀들은 기쁘다(여성 복수형).

Elles sont contentes.

(엘 쏭 콩텅트)

감정과 느낌 말하기

나는 피곤하다.

Je suis fatiguée.

(쥬 쉬 파티게)

너는 슬프다.

Tu es désolée.

(튀 에 데졸레)

그는 놀랐다.

Je suis surpris.

(쥬 쉬 쉬흐프히)

우리는 실망했다.

Nous sommes déçus.

(누 솜므 데슈)

avoir를 사용하는 형용사

감정과 느낌을 나타내는 형용사들 중에 avoir 동사를 명사로 사용하는 경우가 있습니다. 마음속 감정이 아니라 몸에서 생기는 느낌이나 현상을 나타내는 경우입니다. 이 경우 주어를 따라 성이나 수를 일치시킬 필요가 없습니다.

avoir + 감정과 기분

두려운 peur (패흐)	배고픈 faim (팡)	목마른 soif (수아프)	
추운 froid (푸아)	졸린 sommeil (소메이)	배부른 bien mangé (비앙 멍제)	더운 Il fait chaud. (일 패 쇼)

덥다는 느낌의 표현은 우리가 자주 쓰는 말이지요. 하지만 프랑스어로 이 문장은 조금 특이합니다. Il fait chaud라는 문장을 쓰기 때문이지요.

Memo

Je suis chaud라고 말할 때는 반드시 주의해야 합니다. 왜냐하면 이 문장은 '나는 덥다'가 아니라 '나는 성적으로 달아올랐다'라는 뜻으로 해석되기 때문입니다.

그럼 이제 문장으로 말해 보도록 합시다. 아직 avoir 동사 활용을 기억하고 계시나요?

avoir 가지고 있다					
J'ai (재)	Tu as (튀 아)	Il/Elle/ On a (일/엘/옹 아)	Nous avons (누 자봉)	Vous avez (부 자베)	Ils/Elles ont (일/엘 종)
나는 가지고 있다.	너는 가지고 있다.	그는/그녀는 가지고 있다.	우리는 가지고 있다.	당신은 가지고 있다.	그들은/ 그녀들은 가지고 있다.

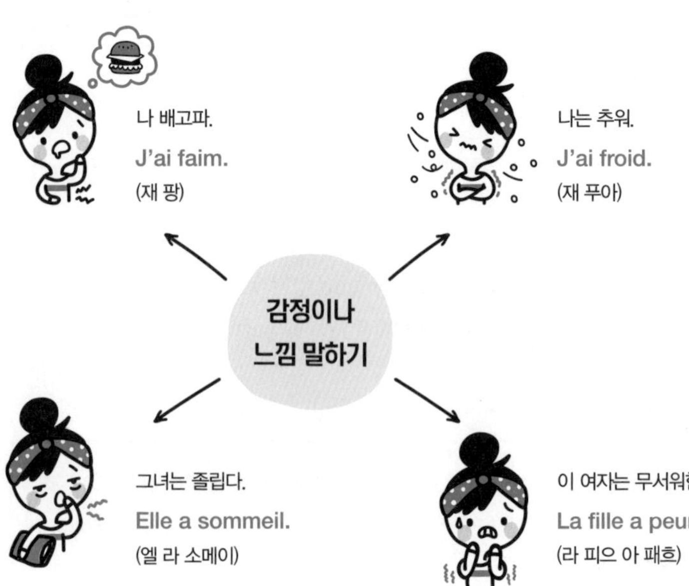
감정이나 느낌 말하기
나 배고파.
J'ai faim.
(재 팡)
나는 추워.
J'ai froid.
(재 푸아)
그녀는 졸립다.
Elle a sommeil.
(엘 라 소메이)
이 여자는 무서워한다.
La fille a peur.
(라 피으 아 패흐)

MP3 16-02

사람의 성격

우리 자신의 감정이나 느낌을 나타내는 단어들 외에도 어떤 사람의 성격을 나타내고 싶을 때가 있지요. 사람의 성격을 나타내는 단어는 être 동사와 함께 씁니다.

남성형	여성형	남성형	여성형
조용한, 차분한		근엄한, 진지한ê	
tranquille (트헝퀼르)	tranquille (트헝퀼르)	sérieux (세히유)	sérieuse (세히유즈)
호의적인		수줍은	
sympathique (쌩파티크)	sympathique (쌩파티크)	timide (티미드)	timide (티미드)
게으른		자신있는	
paresseux (바헤슈)	paresseuse (바헤슈즈)	assuré (아쉬헤)	assurée (아쉬헤)
마음씨가 못된		난폭하다, 공격적이다	
méchant (메셩)	méchante (메셩트)	agressif (아그레시프)	agressive (아그레시브)
마음씨가 착한		유쾌한	
gentil (정티)	gentille (정티으)	amusant (아뮤정)	amusante (아뮤정트)

남성형	여성형
재밌는	
marrant (마헝)	marrante (마헝트)
쾌활한	
gai (개)	gaie (개)
참을성 있는	
patient (파시엉)	patiente (파시엉트)
긍정적인	
optimiste (옵티미스트)	optimiste (옵티미스트)
부정적인ê	
pessimiste (페씨미스트)	pessimiste (페씨미스트)
대담한	
audacieux (오다시유)	audacieuse (오다시유즈)

남성형	여성형
열정적인	
passionné (파시오네)	passionnée (파시오네)
이기적인	
égoïste (에고이스트)	égoïste (에고이스트)
너그러운	
généreux (제네허)	généreuse (제네허즈)
믿음직스러운	
confiant (콩피엉)	confiante (꽁피엉트)
매력 없는ê	
indifférent (엉디페헝)	indifférente (엉디페헝트)

나딘은 재밌는 사람이다.

Nadine est marrante.

(나딘느 에 마헝트)

'재밌는 사람'은 여성형

그는 너그러운 사람이다.

Il est généreux.

(일 레 제네허)

'너그러운 사람'은 남성형

우리들은 수줍은 사람이다.

Nous sommes timides.

(누 솜므 티미드)

'수줍어하는 사람'은 복수형

MP3 16-03

다양한 대상의 특징

꼭 겉으로 보이는 것이 아니더라도 특징을 말해 볼 수가 있습니다. 이 영화의 내용이 재미있다, 이 책은 이해하기 쉽다, 이 수학문제는 복잡하다 등의 표현을 나타낼 때는 다음과 같은 문장 구조를 사용해 볼 수 있습니다.

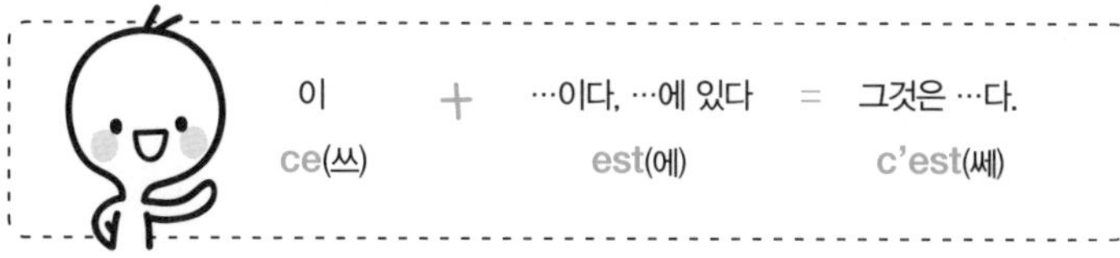

c'est 라는 단어는 모음 e와 e가 만났기 때문에 축약된 형태입니다.

C'est + 특징

그것은 흥미롭다.
C'est intéressant.
(쎄 탕테헤썽)

그것은 어렵다.
C'est difficile.
(쎄 디피실르)

그것은 쉽다.
C'est facile.
(쎄 파실르)

그것은 재밌다.
C'est drôle.
(쎄 드홀)

그것은 가능하다.
C'est possible.
(쎄 포시블르)

그것은 진짜다.
C'est vrai.
(쎄 브해)

그것은 확실하다.
C'est sûr.
(쎄 쉬흐)

그것은 논리적이다.
C'est logique.
(쎄 로지크)

그것은 흉측하다.
C'est moche.
(쎄 머쉬)

그것은 확실하다.
C'est évident.
(쎄 테비덩)

그것은 흥미롭다.
C'est amusant.
(쎄 타뮤정)

그것은 복잡하다.
C'est compliqué.
(쎄 콩플리케)

가족

La famille

프랑스는 가족의 단위가 작습니다. 결혼하고 나면 분가해서 자신의 가정을 꾸립니다. 뿐만 아니라 프랑스에서는 이혼율이 높습니다. 아버지나 어머니 한 명이 혼자서 아이를 기르는 것을 한부모가정 une famille monoparentale이라고 부릅니다. 가족 구성원을 부르는 단어들을 모두 알아봅시다.

MP3 17-01

가족 구성원 les membres de la famille

우리 가족

증조 할아버지, 증조부

un arrière-grand-père

(어 나히에흐 그헝 페흐)

증조 할머니, 증조모

une arrière-grand-mère

(위 나히에흐 그헝 메흐)

할아버지, 조부

un grand-père

(엉 그헝 페흐)

할머니, 조모

une grand-mère

(윈느 그헝 메흐)

조부모

des grand-parents

(데 그헝 파헝)

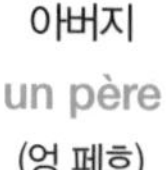

아버지
un père
(엉 페흐)

어머니
une mère
(윈 메흐)

부모
des parents
(데 파헝)

이모, 고모
une tante
(윈느 텅트)

삼촌
un oncle
(어 농클)

형제자매

언니, 누나
une sœur aînée
(윈느 쉐흐 애네)

여동생
une petite sœur
(윈느 프티프 쉐흐)

여자 형제
une sœur
(윈느 쉐흐)

남자 형제
un frère
(엉 프헤흐)

오빠, 형
un frère aîné
(엉 프헤흐 애네)

남동생
un petit frère
(엉 프티 프헤흐)

사촌
un cousin,
une cousine
(엉 쿠장,
윈느 쿠진느)

결혼으로 생긴 가족

남편
un mari
(엉 마히)

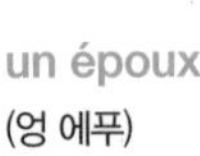

un époux
(엉 에푸)

아내
une femme
(윈 팡)

une épouse
(윈느 에푸즈)

장인
un beau-père
(엉 보 페흐)

장모
une belle-mère
(윈느 벨 메흐)

형수, 제수, 올케
une belle-sœur
(윈느 벨 쉐흐)

형부, 제부, 매형, 매제
un beau-frère
(엉 보 프헤흐)

며느리
une belle-fille
(윈느 벨 피으)

사위
un gendre
(엉 정드흐)

남자 조카
un neveu
(엉 느부)

여자 조카
une nièce
(윈느 니에스)

손자
un petit-fils
(엉 프티 피스)

손녀
une petite-fille
(윈느 프티트 피으)

자녀

자녀들 les enfants (레 정펑)	아들 un fils (엉 피스)	딸 une fille (윈느 피으)
손주들(자녀의 자녀) les petits enfants (레 프티 정펑)	여자 쌍둥이 jumelle (쥬멜르)	남자 쌍둥이 jumeaux (쥬모)
입양아 un enfant adoptif (어 넝펑 아돕티프)	양자 un fils adoptif (엉 피 사돕티프)	양녀 une fille adoptive (윈느 피으 아돕티브)
첫째 아들 un cadet, le dernier fils (엉 캬데, 르 데흐니에 피스)	첫째 딸 une cadette, la dernière fille (윈느 캬데트, 라 데흐니에흐 피으)	

남자친구	여자친구	친구	동료
un petit-ami	une petite-amie	un ami, une amie	un collègue, une collègue
(엉 프티 타미)	(윈느 프티 타미)	(어 나미, 위 나미)	(엉 콜레그, 윈느 콜레그)

MP3 17-02

결혼 상태 statut

다른 사람에게 결혼 여부를 묻거나 내 상황에 대해 말해 주고 싶을 때 쓰는 표현들입니다. 이 단어들은 형용사이기 때문에 명사에 맞춰 수와 성을 일치시켜야 합니다. 어떤 단어들은 여성형이 따로 써져 있지 않습니다. 이 경우 두 가지 성에 모두 쓸 수 있는 단어입니다.

여러 가지 결혼 상태

독신인	약혼한		결혼한	
célibataire	fiancé	fiancée	marié	mariée
(셀리바태흐)	(피엉쎄)	(피엉쎄)	(마히에)	(마히에)

별거 중인 séparé (세파헤)	séparée (세파헤)	이혼한 divorcé (디보흐세)	divorcée (디보흐세)	사별한 veuf (붸프)	veuve (붸브)

결혼 상태 말하기

결혼 상태를 말할 때는 …이다, …에 있다의 뜻을 가진 동사 être를 주어와 결혼 상태를 나타내는 단어에 맞게 변형해 씁니다.

être …이다, …에 있다					
Je suis (쥬 쉬)	Tu es (튀 에)	Il/Elle/On est (일/엘/옹 에)	Nous sommes (누 솜므)	Vous êtes (부 제트)	Ils/Elles sont (일/엘 쏭)
나는 …이다	너는 …이다	그는/그녀는 …이다	우리는 …이다	당신은 …이다	그들은/그녀들은 …이다

나는 결혼했다.

Je suis mariée.

(쥬 쉬 마히에)

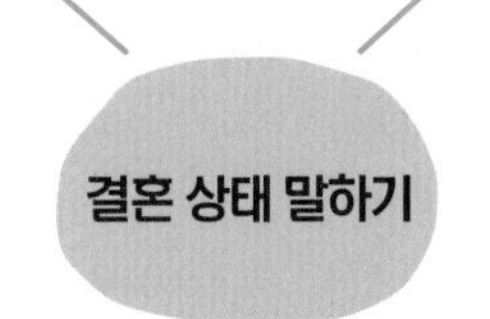

그녀는 싱글이다.

Elle est célibataire.

(엘 레 셀리바태흐)

그는 싱글이다.

Il est célibataire.

(일 레 셀리바태흐)

우리는 이혼했다.

Nous sommes divorcés.

(누 솜므 디보흐세)

MP3 17-03

가족에 관해 물어보기

가족에 관해 물어볼 때 가장 핫한 질문으로는 가족이 몇 명인지, 누구누구가 있는지일 것입니다. 프랑스어로 수를 물어볼 때는 '얼마나'라는 뜻의 단어 combien을 씁니다.

가족 인원 수 물어보기

너의 집에는 몇 명이 있니?

Combien êtes-vous dans votre famille ?

(꽁비앙 에테 부 덩 보트흐 파미으)

누가 있는지를 물어볼 때는 Il y a …라는 말로 문장을 시작합니다.

가족 구성원의 수 말하기

나의 가족은 7명이다.

Dans ma famille, il y a 7 personnes.

(덩 마 파미으. 일 리 야 세트 페흐손느)

아빠, 엄마, 언니 2명, 오빠 2명과 내가 있다.

Il y a mes parents, deux sœurs aînées, deux frères aînés et moi.

(일 리 야 메 파헝, 두 쉐흐 재네, 두 프헤흐 재네 에 무아)

아빠, 엄마, 여동생 1명 그리고 남동생 1명이 있다.

Il y a mes parents, ma petite sœur et mon petit frère.

(일 리야 메 파헝, 마 프티프 쉐흐 에 몽 프티 프헤흐)

아빠, 엄마, 나 이렇게 셋이다.

3 personnes, il y a mes parents et moi.

(트와 페흐손느, 일 리야 메 파헝 에 무아)

나는 혼자 산다.

Je suis seule.

(쥬 쉬 설르)

저는 혼자 삽니다.

Je suis seul.

(쥬 쉬 설르)

모두 6명이 있습니다.

On a 6 personnes.

(오나 씨 페흐손느)

앞 페이지에서 수량을 물어보는 문장을 만들 때 '얼마나'라는 뜻의 combien을 썼지요? 만약 네, 아니오로만 대답하는 질문문을 만들고 싶다면 두 가지 방식이 있습니다. 하나는 주어 앞에 동사가 오는 방식이고, 다른 하나는 문장 끝을 올려 말하는 방식입니다.

형제가 있나요?

동사 앞으로 빼는 방식

Avez-vous des frères ou des sœurs ?

(아베 부 데 프헤흐 우 데 쉐흐)

문장 끝을 올리는 방식

Vous avez des frères ou des sœurs ?

(부 자베 데 프헤흐 우 데 쉐흐)

대답할 때는 '네 oui' 또는 '아니오 non'를 먼저 대답해 준 뒤 길게 설명을 덧붙일 수 있습니다.

형제가 있는지 대답하기

맞아요. 저는 누나가 1명, 남동생이 1명 있어요.

Oui, j'ai une sœur aînée et un petit frère.

(위, 재 윈느 쉐흐 애네 에 엉 프티 프헤흐)

맞아요. 저는 형이 1명 있어요.

Oui, j'ai un frère.

(위, 재 엉 프헤흐)

맞아요. 저는 여동생이 2명 있어요.

Oui, j'ai deux petites sœurs.

(위, 재 두 프티프 쉐흐)

없어요. 저는 외동딸이에요.

Non, je suis une fille unique.

(농, 쥬 쉬 윈느 피으 유니크)

없어요. 저는 외동아들이에요.

Non, je suis un fils unique.

(농, 쥬 쉬 정 피 쉬니크)

자녀/손주가 있는지 물어보기

당신들은 자녀가 있나요?
Avez-vous des enfants ?
(아베-부 데 정펑?)

당신들은 손주가 있나요?
Avez-vous des petits enfants ?
(아베-부 데 프티 정펑)

자녀가 몇 명 있나요?
Combien d'enfants avez-vous ?
(꽁비엉 덤펑 아베-부)

자녀/손주가 있다고 대답하기

아들이 1명 있습니다.
Oui, j'ai un fils.
(위, 재 엉 피스)

아들 2명과 딸 1명이 있습니다.
J'ai deux fils et une fille.
(재 두 피스 에 윈느 피으)

딸이 1명 있습니다.
Oui, j'ai une fille.
(위, 재 윈느 피으)

여자 조카 3명이 있습니다.
J'ai trois nièces.
(재 트와 니에스)

CHAPTER 17

나의 집

La maison

프랑스인의 집은 서로 비슷한 양식을 갖추고 있습니다. 주차장이 딸려 있고 대부분의 집에 식품을 저장해 두는 지하실이 있습니다. 음료도 저장할 수 있는데, 가장 인기 있는 건 역시 와인입니다. 또한 프랑스의 집들은 방이 여러 개입니다. 하지만 각기 방의 크기는 작은 편입니다. 손님을 위한 침실과 화장실을 따로 두는 경향이 있으며, 각자의 화장실, 놀이방, 주방, 기타 용도의 방 등 아주 다양한 방이 있습니다.

MP3 18-01

집 la maison

1. 울타리	la clôture	(라 클로뛰흐)
2. 현관문 구멍	le judas	(르 쥐다)
	l'oeil de boeuf (m)	(뤠이 드 버프)
3. 열쇠	la clé	(라 클레)
4. 발코니	le balcon	(르 발콩)
5. 주차장	le garage	(르 갸하쥬)
6. 굴뚝	la cheminée	(라 슈미네)
7. 지붕	le toit	(르 투아)
8. 다락방	le grenier	(르 그허니예)
9. 위층	en haut (adv.)	(어 우)
10. 아래층	en bas (adv.)	(엉 바)
	le rez de-chaussée	(르 헤 드 소쎄)
11. 지하 방	la cave	(라 캬브)
12. 겉창	le volet	(르 볼레)
13. 방	la salle	(라 쌀)
14. 문	la porte	(라 포흐트)
15. 벽	le mur	(르 뮈흐)
16. 통로	le couloir	(르 클루아흐)
17. 대문	l'entrée (f)	(렁 트헤)

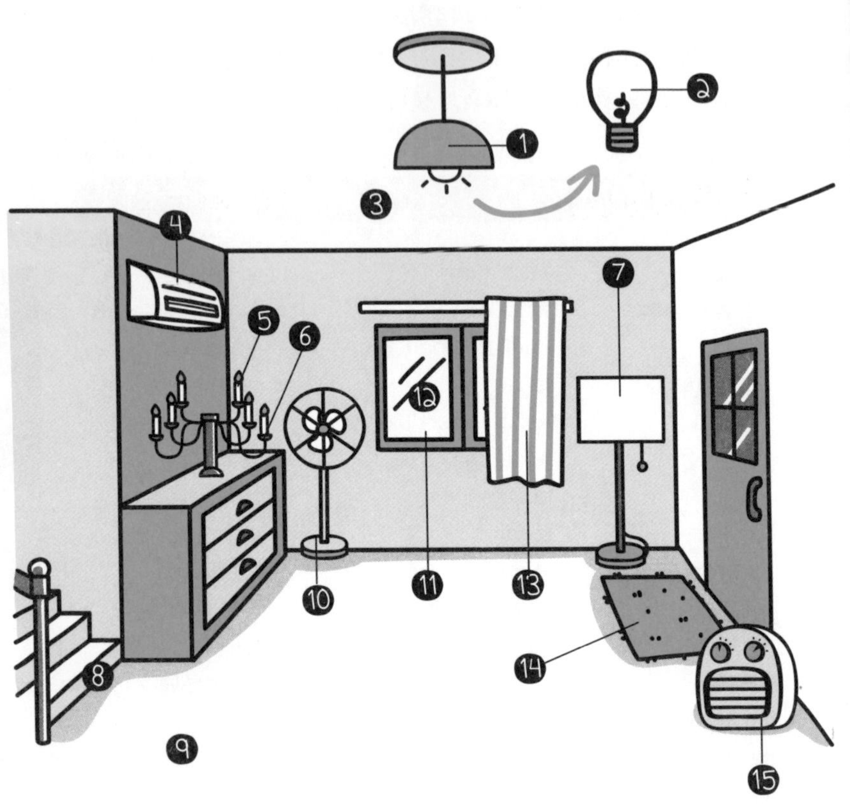
1
2
3
4
5
6
7
8
9
10
11
12
13
14
15

MP3 18-02

집 내부 à l'intérieur

1. 전등	la lampe	(라 럼프)
2. 전구	l'ampoule (f)	(렁 풀르)
3. 천장	le plafond	(르 플라퐁)
4. 에어컨	le climatiseur	(르 클리마티줴흐)
5. 양초	la bougie	(라 부지)
6. 촛대	le chandelier	(르 샹들리예)
7. 스탠드 램프	le lampadaire	(르 렁파대흐)
8. 계단	l'escalier (m)	(레스칼리에)
9. 바닥	le sol	(르 쏠)
10. 선풍기	le ventilateur	(르 벙틸라퉤흐)
11. 창문	la fenêtre	(라 프네트흐)
12. 창문유리	la vitre	(라 비트흐)
13. 커튼	le rideau	(르 히도)
	les rideaux	(레 히도)
14. 현관 러그	le paillasson	(르 파이아쏭)
15. 난방기	le radiateur	(르 하디아퉤흐)

CHAPTER 18

1
2
3
4
5
6
7
8
9
10
11

MP3 18-03

정원 le jardin

1. 잔디 깎는 기계 la tondeuse à gazon (라 통두즈 아 개종)
2. 도구 수납하는 곳 la remise à outils (라 허미즈 아 우티)
3. 삽 la pelle (라 펠르)
4. 가래 la bêche (라 베쉬)
5. 분수 la fontaine (라 퐁텐느)
6. 잔디밭 la pelouse (라 플루즈)
7. 호스 le tuyau d'arrosage (르 튀이오 다호사쥬)
8. 정원용 가위 les cisailles (레 씨자이으)
9. 갈퀴 le râteau (르 하토)
10. 물뿌리개 l'arrosoir (m) (라호수아흐)
11. 화분 le pot (르 포)

1
2
3
4
5
6
7
8
9
10
11
12
13
14
15
16
17
18
19
20
21

MP3 18-04

응접실 la salon

1. 샹들리에	le lustre	(르 뤼스트흐)
2. 벽시계	la pendule	(라 펑뒬르)
3. TV	la télévision	(라 텔레비지용)
4. 액자	le cadre	(르 캬드흐)
5. 책장	la bibliothèque	(라 비블리오테크)
6. 벽장식 그림	le tableau	(르 타블로)
7. 조각상	la sculpture	(라 스퀼튀흐)
8. 책상 스탠드	la lampe	(라 럼프)
9. 전화기	le téléphone	(르 텔레폰느)
10. 물건 놓는 선반	l'étagère (f)	(레타줴흐)
11. 쿠션	le coussin	(르 쿠쌍)
12. 소파	le sofa	(르 쏘파)
	le canapé	(르 카나페)
13. 라디오	la radio	(라 하디오)
14. 재떨이	le cendrier	(르 썽드히예)
15. 잡지	le magazine	(르 마갸진느)
16. 테이블	la table basse	(라 타블르 바쓰)
17. 리모컨	la télécommande	(라 텔레 코멍드)
18. 카페트	le tapis	(르 타피)
19. 테이블	la table	(라 타블르)
20. 꽃병	le vase	(르 바스)
21. 바닥 카페트	la moquette	(라 모케트)

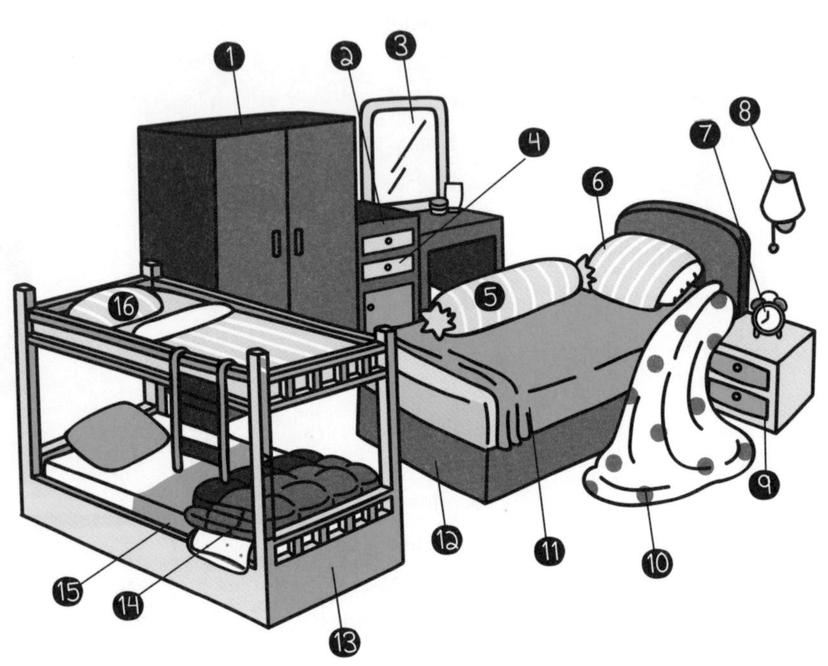
1
2
3
4
5
6
7
8
9
10
11
12
13
14
15
16

MP3 18-05

침실 la chambre

1. 옷장	l'armoire (f)	(라흐무아흐)
2. 서랍장	la commode	(라 코모드)
3. 화장대	la coiffeuse	(라 쿠아퓨즈)
4. 서랍	le tiroir	(르 티후아흐)
5. 긴 베개	le traversin	(르 트하베흐썽)
6. 베갯잇	la taie d'oreiller	(라 태 도헤이에)
7. 자명종	le réveil	(르 헤베이)
8. 머리맡 램프	la lampe de chevet	(라 렁프 드 슈베)
9. 머리맡 탁자	la table de nuit	(라 타블르 드 뉘)
10. 침대보	le dessus de lit	(르 드쉬 드 리)
	le couvre lit	(르 쿠브흐 리)
11. 침대 시트	le drap	(르 드하)
12. 침대	le lit	(르 리)
13. 이층 침대	les lits superposés (m)	(레 리 슈뻬흐뽀세)
14. 이불	la couverture	(라 쿠베흐튀흐)
15. 매트리스	le matelas	(르 마틀라)
16. 베개	l'oreiller (m)	(로헤이에)

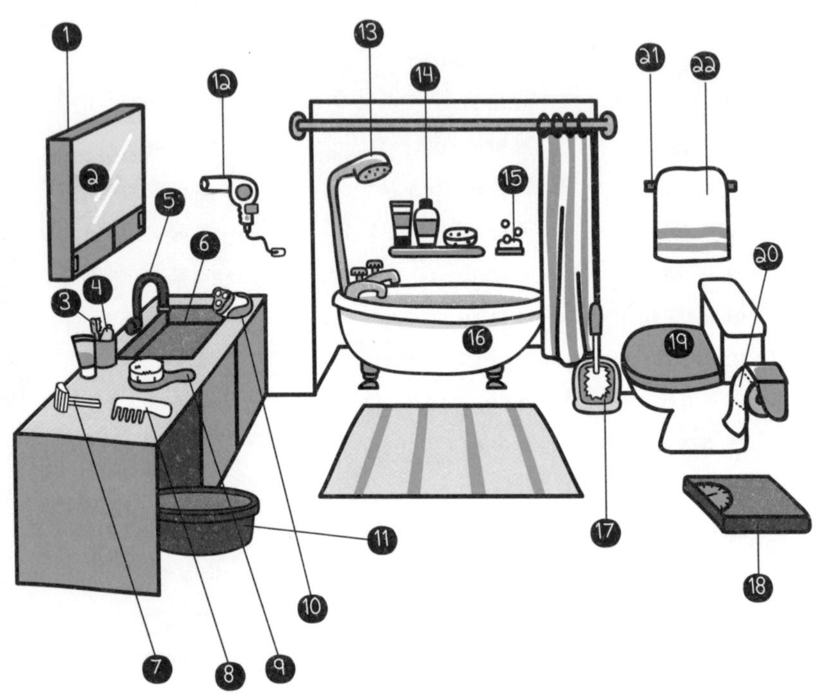
1
2
3
4
5
6
7
8
9
10
11
12
13
14
15
16
17
18
19
20
21
22

MP3 18-06

욕실 la salle de bain

1. 화장실 선반	l'armoire de toilette	(라흐무아흐 드 투알레트)
2. 거울	le miroir	(르 미후아흐)
3. 칫솔	la brosse à dents	(라 브호 싸 덩)
4. 치약	le dentifrice	(르 덩티프히스)
5. 수도꼭지	le robinet	(르 호비네)
6. 세면대	le lavabo	(르 라바보)
7. 면도칼	le rasoir	(르 하주아흐)
8. 도끼빗	le peigne	(르 뻬느)
9. 빗	la brosse à cheveux	(라 브호 싸 슈부)
10. 전기 면도기	le rasoir électrique	(르 하주아 헬렉트히크)
11. 대야	la bassine	(라 바씬느)
12. 헤어 드라이어	le sèche-cheveux	(르 세슈 슈부)
13. 샤워꼭지	la pomme de douche	(라 폼 드 두쉬)
	le pommeau de douche	(르 포모 드 두쉬)
14. 샴푸	le shampoing	(르 셩푸앙)
15. 비누	le savon	(르 사봉)
16. 욕조	la baignoire	(라 배뉴아흐)
17. 화장실 청소솔	la brosse des toilettes	(라 브호쓰 데 투알레트)
18. 체중계	la balance	(라 발렁스)
19. 변기	les toilettes	(레 투알레트)
20. 휴지	le papier de toilette	(르 파피에 드 투알레트)
21. 수건걸이	le porte-serviettes	(르 포흐트 쎄흐비에트)
22. 수건	la serviette	(라 쎄흐비에트)

1. 냉장고 le frigo, le réfrigérateur (르 프히고, 르 헤프리제하퉤흐)
2. 찬장, 그릇 선반 le placard (르 플라카흐)
3. 주전자 la bouillotte (라 부이오트)

MP3 18-07

주방 la cuisine

4. 토스트기	le grille-pain	(르 그히으 팡)
5. 전자레인지	le micro-onde	(르 미크호 옹드)
	le four à micro-ondes	(르 푸 하 미크호 옹드)
6. 냄비	la casserole	(라 캬스홀르)
7. 후라이팬	la poêle	(라 푸알르)
8. 국자	la louche	(라 루슈)
9. 커피 주전자	la cafetière	(라 꺄프티에흐)
10. 믹서기	le mixer	(르 믹쎄)
11. 칼	le couteau	(르 쿠토)
12. 도마	la planche à découper	(라 플렁쉬 아 데쿠페)
13. 싱크대	l'évier (m)	(레비에)
14. 스폰지	l'éponge (f)	(레퐁쥬)
15. 앞치마	le tablier	(르 타블리에)
16. 주방용 세제	le liquide vaisselle	(르 리키드 배쎌르)
17. 식기세척기	le lave vaisselle	(르 라브 배쎌르)
18. 전기 오븐	la cuisinière électrique	(라 퀴지니에흐 엘렉트히크)
19. 찬장, 식료품 보관 장소	le garde-manger	(르 갸흐드 멍줴)
20. 반죽기	le batteur (électrique)	(르 바퉈흐(엘렉트히크))
21. 타이머	le minuteur	(르 미뉘퉈흐)
22. 거품기	le fouet	(르 푸에)
23. 저장용 병	le bocal	(르 보캴르)
24. 물주전자	la bouilloire	(라 부이유아흐)
25. 밀대	le rouleau à pâtisserie	(르 후로 아 파티쎄히)

1
2
3
4
5
6
7
8
9
10
11
12
13
14
15
16
17
18
19
20
21
22
23

식사공간 la salle à manger

1. 식탁보	la nappe	(라 나프)
2. 포크	la fourchette	(라 푸흐쉐트)
3. 냅킨	la serviette	(라 쎄흐비에트)
4. 와인 오프너	le tire-bouchon	(르 티흐 부숑)
5. 병	la bouteille	(라 부테이으)
6. 와인잔	le verre à vin	(르 베흐 아 방)
7. 얼음	le glaçon	(르 글라쏭)
8. 물병	la carafe	(라 캬하프)
9. 빨대	la paille	(라 파이으)
10. 물	l'eau (f)	(로)
11. 대접	le bol	(르 볼르)
12. 의자	la chaise	(라 쉐즈)
13. 소금통	la salière	(라 살리에흐)
14. 집게	les pinces (f)	(레 펑스)
15. 커피잔	la tasse	(라 타스)
16. 컵받침	la soucoupe	(라 수쿠프)
17. 병따개	le décapsuleur	(르 데캽술뤄흐)
18. 젓가락	les baguettes	(레 바게트)
19. 물잔	le verre	(르 베흐)
20. 접시	l'assiette (f)	(라씨에트)
21. 나이프	le couteau	(르 쿠토)
22. 숟가락	la cuillère	(라 퀴이에흐)
23. 식탁	la table	(라 타블르)

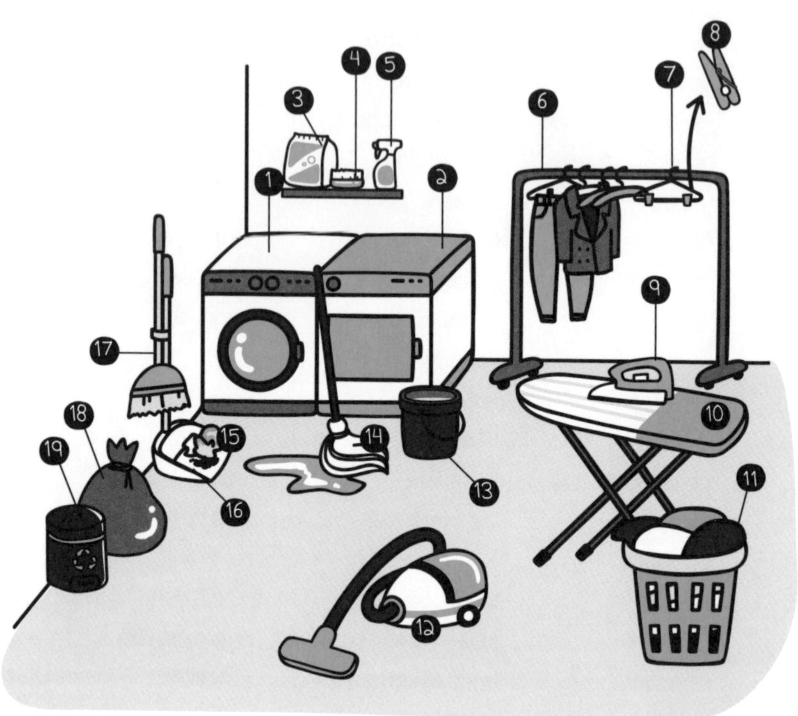
1
2
3
4
5
6
7
8
9
10
11
12
13
14
15
16
17
18
19

MP3 18-09

세탁실 la buanderie

1. 세탁기	la machine à laver	(라 마쉬 나 라베)
2. 세탁 건조기	le sèche linge	(르 세슈 랭쥬)
3. 가루 세제	la lessive	(라 레씨브)
4. 세탁 솔	la brosse	(라 브호쓰)
5. 분무기	le vaporisateur	(르 바포히자퉈흐)
6. 행거	la corde à linge	(라 코흐 다 랭쥬)
7. 옷걸이	le cintre	(르 썽트흐)
8. 빨래집게	la pince à linge	(라 펑스 아 렁쥬)
9. 다리미	le fer à repasser	(르 페 하 흐파쎄)
10. 다리미판	la table à repasser	(라 타블르 아 흐파쎄)
	la planche à repasser	(라 플렁쉬 아 흐파쎄)
11. 빨래 바구니	le panier à linge	(르 파니에 아 렁쥬)
12. 청소기	l'aspirateur (m)	(라스피하퉈흐)
13. 양동이	le seau	(르 쏘)
14. 대걸레	le balai à franges	(르 발래 아 프헝쥐)
15. 쓰레기	les ordures	(레 조흐뒤흐)
16. 쓰레받이	la pelle	(라 펠르)
17. 빗자루	le balai	(르 발래)
18. 쓰레기봉투	le sac poubelle	(르 싹 푸벨르)
19. 쓰레기통	la poubelle	(라 푸벨르)

집안일 les tâches domestiques(레 따슈 도메스띠끄)

빨래나 설거지, 요리 외에도 '하다'라는 뜻의 동사 faire를 써서 다양한 집안일 하는 것을 나타낼 수 있습니다.

장보다

faire des achats
(패흐 데 자샤)

faire le marché
(패흐 르 막쉐)

faire des courses
(패흐 데 쿡스)

집안일하다

faire le ménage
(패흐 르 메나쥐)

요리하다

faire la cuisine
(패흐 라 퀴진)

침대를 정돈하다

faire le lit
(패흐 르 리)

청소기를 돌리다

passer l'aspirateur
(파쎄 라스피하퉈흐)

빨래하다

faire la lessive
(패흐 라 레씨브)

설거지하다

faire la vaisselle
(패흐 라 배쎌르)

작은 일을 손보다

faire du bricolage
(패흐 뒤 브히콜라쥬)

종교, 혈통 그리고 국적

La religion, et la nationalité

프랑스인의 혈통은 켈트족에서 시작되었습니다. 그러다 북유럽을 지배하던 게르만족 혈통인 프랑크족의 통치 아래 놓이게 되었습니다. 이때 라틴어로 '프랑크 영토'라는 뜻의 Francia라는 단어가 생겼고, 이 단어가 변해 프랑스의 나라 이름인 La France, 풀네임으로는 La République Française가 되었습니다.
이 외에도 프랑스인들은 프랑스를 '육각형'이란 뜻의 l'hexagone이라고 부르는데 프랑스 영토의 지형적 모양이 육각형으로 되어 있기 때문입니다.

MP3 19-01

종교 la religion

종교에 있어 대부분의 프랑스인들은 로마카톨릭교를 믿습니다. 일부는 프로테스탄트교(위그노)를 믿습니다. 또한 일부 종교를 믿지 않는 프랑스인들도 있습니다.

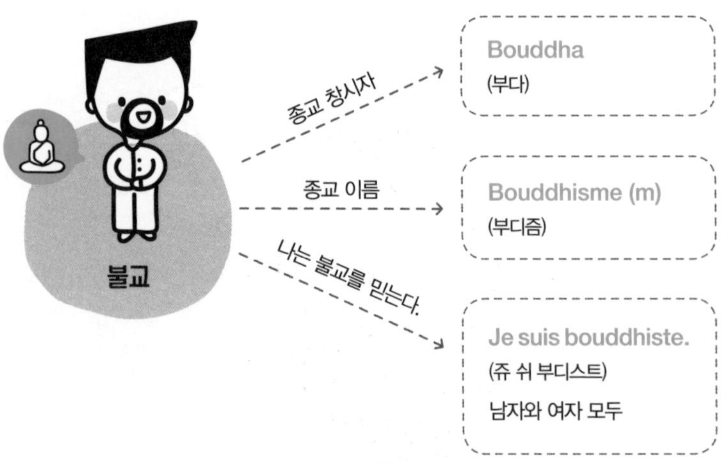

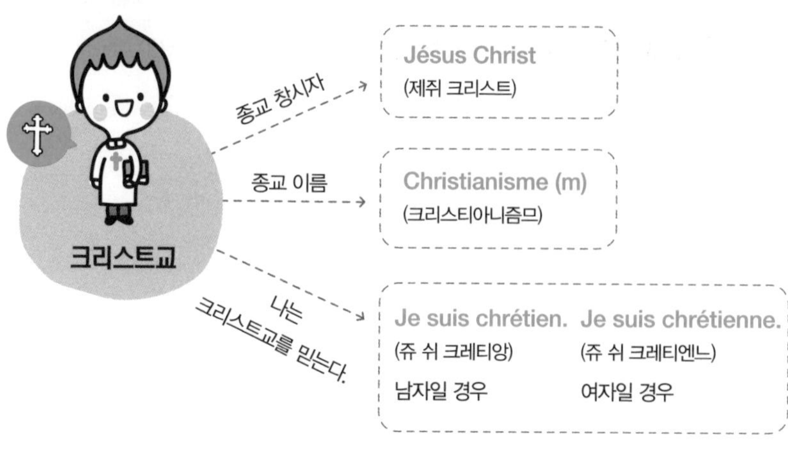
크리스트교
종교 창시자
Jésus Christ
(제쥐 크리스트)
종교 이름
Christianisme (m)
(크리스티아니즘므)
나는 크리스트교를 믿는다.
Je suis chrétien.
(쥬 쉬 크레티앙)
남자일 경우
Je suis chrétienne.
(쥬 쉬 크레티엔느)
여자일 경우

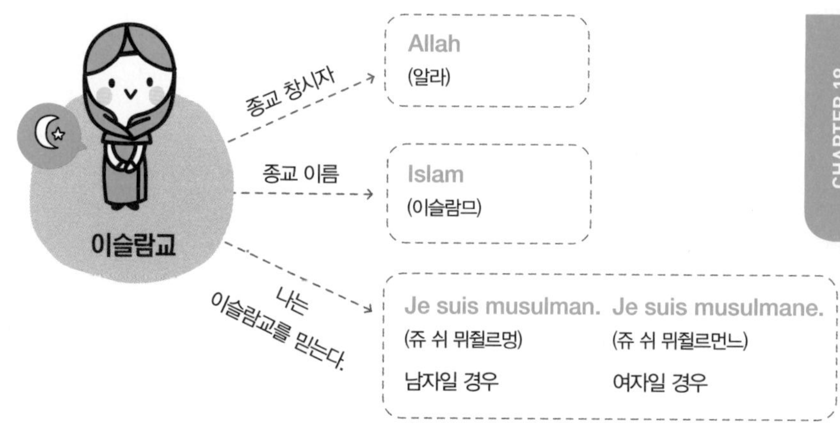
이슬람교
종교 창시자
Allah
(알라)
종교 이름
Islam
(이슬람므)
나는 이슬람교를 믿는다.
Je suis musulman.
(쥬 쉬 뮈쥘르멍)
남자일 경우
Je suis musulmane.
(쥬 쉬 뮈쥘르먼느)
여자일 경우

MP3 19-02

혈통과 국적 la nationalité

이번에는 각종 나라들에 대해, 그리고 어떤 사람의 국적과 혈통에 대해 알아보도록 합시다. 어떤 단어들은 국가와 국적을 나타내는 단어의 끝에 글자를 추가해 여성형을 만듭니다. 어떤 단어들은 발음이 변하지만 어떤 단어들은 원래의 발음에서 변하지 않습니다. 아래의 표에 국적과 혈통을 나타내는 단어들을 적어 놓았습니다. 위에 오는 단어는 남성형, 아래 단어는 여성형입니다. 발음을 연습해 보도록 합시다.

	국가 le pays(르 뻬이)	혈통, 국적 la nationalité(라 나시오날리테)
오스트레일리아	l'Australie (로스트할리)	Australien(오스트할리엉), Australienne(오스트할리엔느)
중국	la Chine (라 쉰느)	Chinois(쉬누아), Chinoise(쉬누아즈)
프랑스	la France (라 프헝스)	Français(프헝세), Française(프헝세즈)
독일	l'Allemagne (랄르마뉴)	Allemand(알르멍), Allemande(알르멍드)
인도	l'Inde (렁드)	Indien(엉디앙), Indienne(엉디엔느)

	국가 **le pays**(르 뻬이)	혈통, 국적 **la nationalité**(라 나시오날리테)
이탈리아	l'Italie (리탈리)	Italien(이탈리앙), Italienne(이탈리엔느)
일본	le Japon (르 쟈퐁)	Japonais(쟈포내), Japonaise(쨔포내즈)
러시아	la Russie(라 휘씨)	Russe(휘스)
태국	la Thaïlande (라 타일렁드)	Thaïlandais(타일렁대), Thaïlandaise(타일렁대즈)
스페인	l'Espagne (레스판느)	Espagnol(에스파뇰), Espagnole(에스파뇰르)
미국	les Etats-unis (레 제타쥐니)	Américain(아메히캉), Américaine(아메히캔느)

국적 물어보기

누군가의 국적이 알고싶을 때 우리는 '당신은 어느 나라에서 왔습니까?'라고 물어봅니다. 이 질문을 할 때 쓰는 동사는 '…에서 오다'라는 뜻을 가진 venir(브니흐)입니다. 문장 속에서 사용할 때에는 주어에 따라 동사를 변형시켜야만 합니다. 동사의 변형 기억하고 계시나요? 아직 기억 못하신 분을 위해서 표를 준비했습니다. 아래를 봅시다.

venir …에서 오다					
Je viens (쥬 비앙)	Tu viens (튀 비앙)	Il/Elle/On vient (일/엘/옹 비앙)	Nous venons (누 브농)	Vous venez (부 브네)	Ils/Elles viennent (일/엘 비엔느)
나는 …에서 왔다.	너는 …에서 왔다.	그는/그녀는 …에서 왔다.	우리는 …에서 왔다.	당신은 …에서 왔다.	그들은/그녀들은 …에서 왔다.

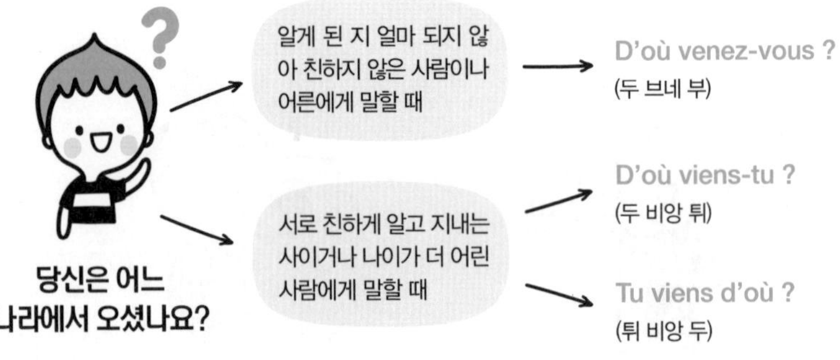
당신은 어느 나라에서 오셨나요?
알게 된 지 얼마 되지 않아 친하지 않은 사람이나 어른에게 말할 때
D'où venez-vous ?
(두 브네 부)
서로 친하게 알고 지내는 사이거나 나이가 더 어린 사람에게 말할 때
D'où viens-tu ?
(두 비앙 튀)
Tu viens d'où ?
(튀 비앙 두)

어떤 나라에서 왔다고 말할 때는 동사 뒤에 de를 붙여 줘야 합니다.

… 나라에서 오다

주어 + venir (브니흐) + de (드) + 나라

나는 태국에서 왔다.

Je viens de Thaïlande.

(쥬 비앙 드 타일렁드)

그녀는 일본에서 왔다.

Elle vient du Japon.

(엘 비앙 드 쟈퐁)

드부아 씨와 드부아 부인은 프랑스에서 왔다.

Monsieur et Madame Dubois viennent de France.

(무시유 에 마담 뒤부아 비엔느 드 프헝스)

앞에 있는 사람의 국적을 물어보는 방법이 하나 더 있습니다. 바로 직접적으로 국적이 뭔지 물어보는 것입니다.

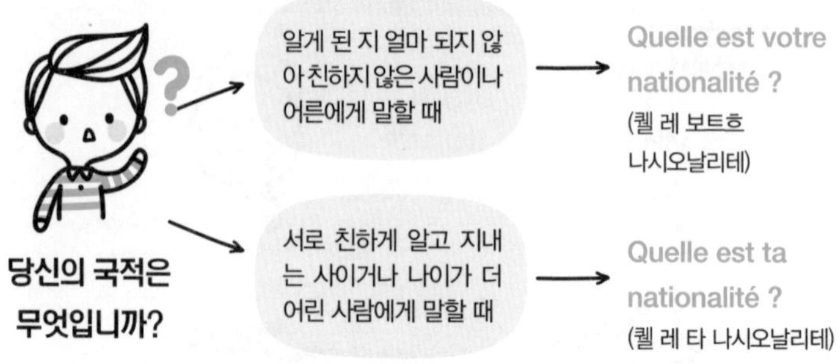

알게 된 지 얼마 되지 않아 친하지 않은 사람이나 어른에게 말할 때
Quelle est votre nationalité ?
(켈 레 보트흐 나시오날리테)
당신의 국적은 무엇입니까?
서로 친하게 알고 지내는 사이거나 나이가 더 어린 사람에게 말할 때
Quelle est ta nationalité ?
(켈 레 타 나시오날리테)

대답하는 문장을 만들 때 주의 깊게 볼 것은 주어입니다. 앞에서 배운 대로 주어와 동사 être를 일치시켜야 합니다. 주어의 성에도 일치시켜야 한다는 것을 잊지 마세요.

être …이다, …에 있다					
Je suis (쥬 쉬)	Tu es (튀 에)	Il/Elle/On est (일/엘/옹 에)	Nous sommes (누 솜므)	Vous êtes (부 제트)	Ils/Elles sont (일/엘 쏭)
나는 …이다	너는 …이다	그는/그녀는 …이다	우리는 …이다	당신은 …이다	그들은/그녀들은 …이다

국적 말하기

주어 + être (에트흐) + 나라 이름

저는 태국인입니다.

Je suis thaïlandais.

(쥬 쉬 타일렁대)

그녀는 프랑스인이다.

Elle est française.

(엘 레 프헝세즈)

그들은 일본인들이다.

Ils sont japonais.

(일 쏭 쟈포내)

CHAPTER 19

직업

La profession

프랑스는 직업과 일에 있어서 분쟁이 많은 나라입니다. 프랑스의 노동자와 직원들은 무척 좋은 복지를 제공받습니다. 또한 고용주에게 맞서 목소리를 내기 위한 노동조합이 있습니다.

이번 단원에서는 여러 가지 직업에 관련된 프랑스어 단어들을 배워보도록 합시다.

MP3 20-01

직업 la profession

	남성형	여성형
학생	l'élève (렐레브)	l'élève (렐레브)
대학생	l'étudiant (레튀디엉)	l'étudiante (레튀디엉트)
선생님, 교수님	le professeur (르 프호페쉐흐)	la professeur (라 프호풰쉐흐)
공무원	le fonctionnaire (르 퐁시오내흐)	la fonctionnaire (라 퐁시오내흐)
군인	le soldat (르 쏠다)	la femme soldat (라 팜 솔다)
경찰	le policier (르 폴리씨에)	la policière (라 폴리씨에흐)
농부	l'agriculteur (라그리퀼터흐)	l'agricultrice (라그히퀼트히스)

	남성형	여성형
제빵사	le boulanger (르 블랑줴)	la boulangère (라 블랑줴흐)
정육점 주인	le boucher (르 부쉐)	la bouchère (라 부쉐흐)
노동자	l'ouvrier (루브히예)	l'ouvrière (루브히예흐)
배우	l'acteur (락퉤흐)	l'actrice (락트리스)
가수	le chanteur (르 샹퉤흐)	la chanteuse (라 샹퉤즈)
화가	le peintre (르 펑트흐)	la peintre (라 펑트흐)
작가	l'écrivain (레크히방)	l'écrivain (레크히방)
회계사	le comptable (르 콤타블르)	la comptable (라 콤타블르)
번역가	le traducteur (르 트라뒥뛰흐)	la traductrice (라 트하뒥트리스)
상인	le vendeur (르 벙풰흐)	la vendeuse (라 벙풰즈)

	남성형	여성형
의사	le médecin (르 메디쌍) le docteur (르 독퉤흐)	la médecin (라 메디쌍) la docteur (라 독퉤흐)
치과 의사	le dentiste (르 덩티스트)	la dentiste (라 덩티스트)
간호사	l'infirmier (렁페흐미에)	l'infirmière (렁 페흐미에흐)
약사	le pharmacien (르 파흐마시앙)	la pharmacienne (라 파흐마시엔느)
기자	le journaliste (르 주흐날리스트)	la journaliste (라 주흐날리스트)
운동선수	le sportif (르 스포흐티프)	la sportive (라 스포흐티브)
고용인	l'employé (렁플루이예) le salarié (르 살라히에)	l'employée (렁플루이예) la salariée (라 살라히에)
고용주	l'employeur (렁 플루아여흐)	l'employeuse (렁플루아여즈)

	남성형	여성형
변호사	l'avocat (라보캬)	l'avocate (라보캬트)
가이드	le guide (르 기드)	la guide (라 기드)
엔지니어	l'ingénieur (렁제니여흐)	la femme ingénieur (라 팜 엉제니여흐)
파일럿	le pilote (르 필로트)	la pilote (라 필로트)
외교관	le diplomate (르 디플로마트)	la diplomate (라 디플로마트)
가정부	-	la femme de ménage (라 팜 드 메나쥐)
건축가	l'architecte (라흐쉬테크트)	l'architecte (라흐쉐테크트)
비서	le secrétaire (르 스크헤때흐)	la secrétaire (라 스크헤때흐)
형사	le détective (르 데테크티브)	la détective (라 데테크티브)
재단사	le couturier (르 쿠튀히예)	la couturière (라 쿠튀히예흐)

	남성형	여성형
미용사	le coiffeur (르 쿠아패흐)	la coiffeuse (라 쿠아풰즈)
전기 기사	l'électricien (릴렉트리시앙)	l'électricienne (릴렉트리시엔느)
목수	le charpentier (르 샤흐펑티에)	le charpentier (르 샤흐펑티에)
소방관	le pompier (르 퐁피에)	la pompière (라 퐁피에흐)
(택시)운전기사	le chauffeur (de taxi) (르 쇼패흐(드 택시))	la chauffeur (de taxi) (라 쇼패흐(드 택시))
서빙 종업원	le serveur (르 세흐붸흐)	la serveuse (라 세흐붸즈)
건물 관리인	le concierge (르 콩씨에흐쥐)	la concierge (라 콩시에흐쥐)
사진사	le photographe (르 포토그하프)	la photographe (라 포토그하프)

직업을 나타내는 단어들은 남성형–여성형이 명확하게 구분되는 편입니다. 하지만 어떤 직업들은 남성형과 여성형 모두 될 수 있기 때문에 앞에 붙는 관사만(le/la pilote) 바꿔 주고 단어는 동일하게 사용합니다. 일부 직업들은 관사도 변하지 않는데(le charpentier) 그 이유는 해당 단어가 오직 남성형으로만 쓰이기 때문입니다(하지만 여성에게도 쓸 수 있습니다). 따라서 사용할 때 주의해야 합니다.

직업에 관해 물어보기

직업에 관해 물어봅시다. 친하지 않거나 윗사람에게는 '당신, 당신들'이라는 뜻의 vous를 씁니다. 만약 원래 알고 지내던 친한 사이거나 나이가 더 적은 사람에게는 '너, 자네'라는 뜻의 tu를 사용합니다.

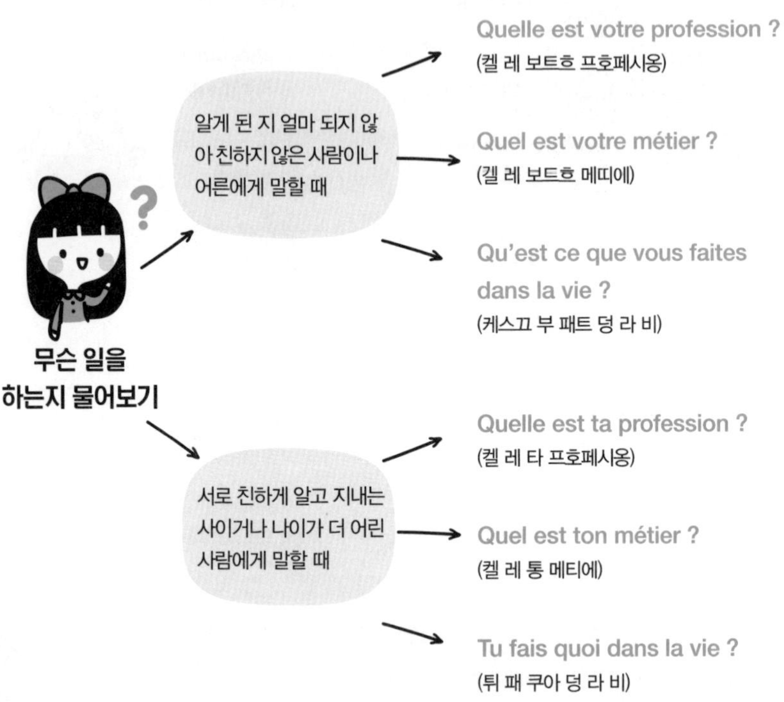

무슨 일을 하는지 물어보기
알게 된 지 얼마 되지 않아 친하지 않은 사람이나 어른에게 말할 때
Quelle est votre profession ?
(켈 레 보트흐 프호페시옹)
Quel est votre métier ?
(겔 레 보트흐 메띠에)
Qu'est ce que vous faites dans la vie ?
(케스끄 부 패트 덩 라 비)
서로 친하게 알고 지내는 사이거나 나이가 더 어린 사람에게 말할 때
Quelle est ta profession ?
(켈 레 타 프호페시옹)
Quel est ton métier ?
(켈 레 통 메티에)
Tu fais quoi dans la vie ?
(튀 패 쿠아 덩 라 비)

무슨 일을 하는지 대답할 때는 직업 앞에 아무런 관사(le/la/les/un/une/des)도 붙이지 않습니다.

무슨 일을 하는지 대답하기

나는 선생님이다.

다음과 같이 쓴다.

Je suis professeur.
(쥬 쉬 프호페쉐흐)

다음 표현은 쓰지 않는다.

Je suis ~~le~~ professeur.
(쥬 쉬 ~~르~~ 프호페쉐흐)

그는 엔지니어다.

Il est ingénieur.
(일 레 엉제니여흐)

나는 대학생이다(남자).

Je suis étudiant.
(쥬 쉬 제튀디엉)

나는 대학생이다(여자).

Je suis étudiante.

(쥬 쉬 제튀디엉트)

그녀는 재단사이다.

Elle est couturière.

(엘 레 쿠튀히예흐)

그는 소방관이다.

Il est pompier.

(일 레 퐁피에)

취미, 스포츠, 음악

Les loisirs, les sports et les musiques

이번 단원에서는 여가 생활, 스포츠, 음악과 관련된 프랑스어를 배워 보도록 하겠습니다. 스포츠는 프랑스에서 중요한 여가 생활 중 하나입니다. 프랑스인들에게 가장 인기 있는 스포츠는 축구, 유도, 테니스, 농구, 럭비, 배 경주 등입니다.

세계적으로 알려지고 인기 있는 스포츠로는 자전거 경주입니다. Tour de France 라는 프로그램은 프랑스 전국을 아우르는 자전거 경주 시합으로, 세계에서 가장 오래되고 가장 유명합니다.

프랑스인들의 취미 생활은 굉장히 다양합니다. 예를 들어 알프스 산맥에서 즐기는 스키 뿐만 아니라 독서, 음악 감상, 댄스 등이 있습니다. 이 외에도 재즈 축제, 연간 오페라 축제, 음악 축제, 연극 축제, 만화 축제 등등 여가를 즐기기 위한 다양한 축제들을 벌이고 즐깁니다.

MP3 21-01

여가 활동 les loisirs

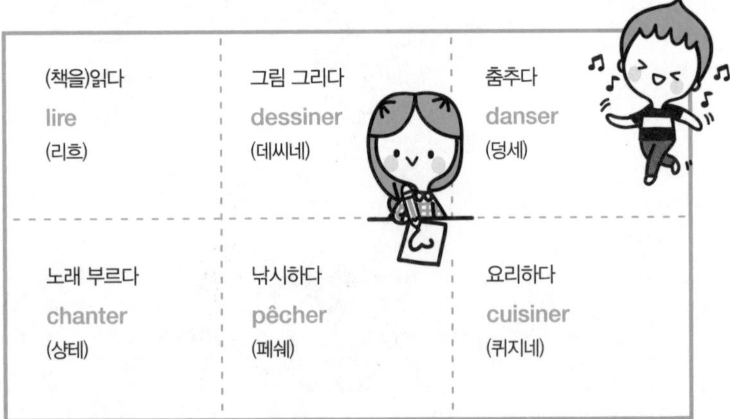

(책을)읽다 lire (리흐)	그림 그리다 dessiner (데씨네)	춤추다 danser (덩세)
노래 부르다 chanter (샹테)	낚시하다 pêcher (페쉐)	요리하다 cuisiner (퀴지네)

음악 듣다
écouter de la musique
(에쿠테 드 라 뮤지끄)

영화 보다
regarder un film
(허갸흐데 엉 필)

게임하다
jouer un jeu
(주에 엉 주)

사진 찍다
prendre une photo
(프헝드흐 윈느 포또)

요리하다
faire la cuisine
(패흐 라 퀴진)

쇼핑하다
faire du shopping
(패흐 뒤 쇼핑)

체스 두다
jouer aux échecs
(주에 오 제섹크)

악기를 연주하다
jouer de la musique
(주에 드 라 뮤지크)

TV 보다
regarder la télévision
(허갸흐데 라 텔레비지옹)

카드놀이 하다
jouer aux cartes
(주에 오 캬흐트)

놀다 jouer의 사용

jouer라는 단어는 '가지고 놀다, 하다'라는 뜻입니다. 스포츠를 하다, 또는 악기를 연주하다 같이 사용할 수 있습니다. 하지만 활용 방법은 다릅니다. 스포츠의 경우에는 jouer à를 쓰지만 악기 연주의 경우에는 jouer de를 씁니다.

jouer 가지고 놀다					
Je joue (쥬 주)	Tu joues (튀 주)	Il/Elle/ On joue (일/엘/옹 주)	Nous jouons (누 주옹)	Vous jouez (부 주에)	Ils/Elles jouent (일/엘 주)
나는 …를 가지고 논다.	너는 …를 가지고 논다.	그는/그녀는 …를 가지고 논다.	우리는 …를 가지고 논다.	당신은 …를 가지고 논다.	그들은/ 그녀들은 …를 가지고 논다.

jouer à를 쓰는 스포츠

jouer à는 농구, 테니스, 럭비, 카드놀이 등과 같이 스포츠나 팀으로 하는 게임, 또는 기구를 가지고 하는 놀이 등에 씁니다.

jouer à를 사용하는 스포츠

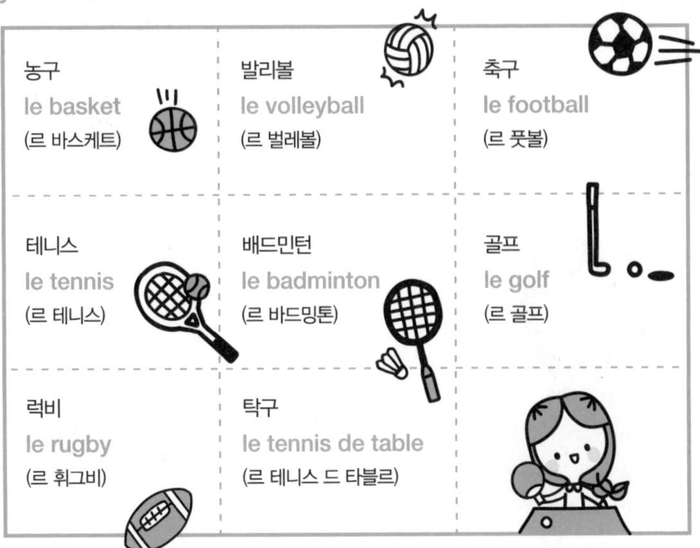

농구 le basket (르 바스케트)	발리볼 le volleyball (르 벌레볼)	축구 le football (르 풋볼)
테니스 le tennis (르 테니스)	배드민턴 le badminton (르 바드밍톤)	골프 le golf (르 골프)
럭비 le rugby (르 휘그비)	탁구 le tennis de table (르 테니스 드 타블르)	

jouer à의 전치사 à는 주의해서 사용해야 합니다. 그 이유는 관사 le, la, les에 따라 변화하기 때문입니다.

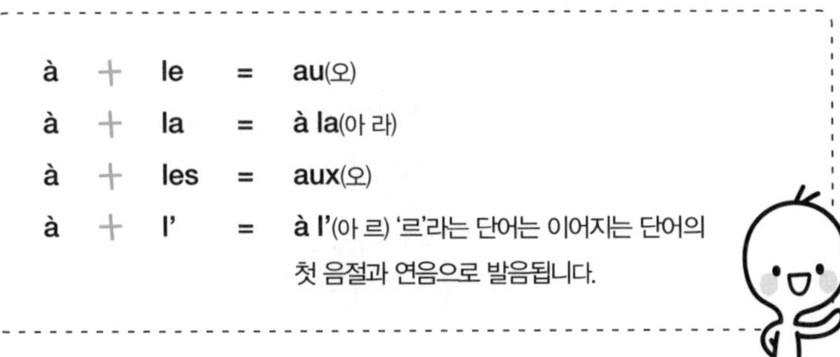

à	+	**le**	=	**au**(오)
à	+	**la**	=	**à la**(아 라)
à	+	**les**	=	**aux**(오)
à	+	**l'**	=	**à l'**(아 르) '르'라는 단어는 이어지는 단어의 첫 음절과 연음으로 발음됩니다.

(à + le)
Je joue au golf.
(쥬 주 오 골프)
나는 골프를 친다.

(à + le)
Il joue au football.
(일 주 오 풋볼)
그는 축구를 한다.

(à + les)
Phillippe et François jouent aux échecs.
(필리프 에 프라수아 주 오 제섹크)
필립과 프랑수아는 체스 놀이를 한다.

jouer de로 악기 연주 나타내기

jouer de로 악기 연주 나타내기	기타 la guitare (라 기타흐)	트럼펫 la trompette (라 트홍페트)
피아노 le piano (르 피아노)		바이올린 le violon (르 비올롱)
하프 la harpe (라 아흐프)	첼로 le violoncelle (르 비올롱셀르)	오케스트라 l'orchestre (로흐케스트흐)
색소폰 le saxophone (르 싹소폰)	플루트 la flûte (라 플뤼스트)	탬버린 le tambourin (르 텅부흐엉)

여기에서도 마찬가지로 de의 사용에 주의해야 합니다. 관사 le, la, les에 따라 변하니까요.

de	+	**le**	=	**du**(뒤)
de	+	**la**	=	**de la**(드 라)
de	+	**les**	=	**des**(데)
de	+	**l'**	=	**de l'**(드 르) '르'라는 단어는 이어지는 단어의 첫 음절과 연음으로 발음됩니다.

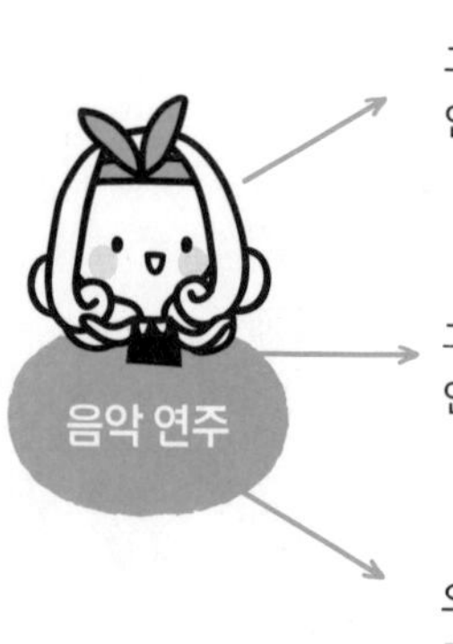

그는 피아노를 연주한다.

(de + le)
Il joue du piano.
(일 주 뒤 피아노)

그는 바이올린을 연주한다.

(de + le)
Elle joue du violon.
(엘 주 뒤 비올롱)

오데와 줄리는 플루트를 분다.

Audrey et Julie jouent de la flûte.
(de + la)
(오드헤 에 줄리 주 드라 플뤼트)

faire de로 스포츠 나타내기

jouer à 말고도 스포츠를 즐기는 것을 나타내는 표현으로 '하다'라는 뜻의 faire de 가 있습니다. 혼자 즐기는 스포츠와 게임에 씁니다.

faire …를 하다					
Je fais (쥬 패)	Tu fais (튀 패)	Il/Elle/ On fait (일/엘./옹 패)	Nous faisons (누 프종)	Vous faites (부 패트)	Ils/Elles font (일/엘 퐁)
나는 …를 한다	너는 …를 한다	그는/그녀는 …를 한다	우리는 …를 한다	당신은 …를 한다	그들은/ 그녀들은 …를 한다

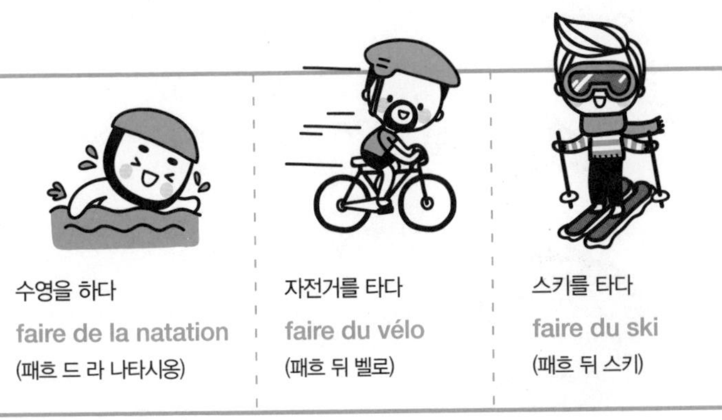

수영을 하다
faire de la natation
(패흐 드 라 나타시옹)

자전거를 타다
faire du vélo
(패흐 뒤 벨로)

스키를 타다
faire du ski
(패흐 뒤 스키)

조깅하다 faire du jogging (패흐 뒤 조깅)	승마하다 faire de l'équitation (패흐 드 레퀴타시옹)	스케이트 타다 faire du patinage (패흐 뒤 파티나쥬)
에어로빅 댄스를 추다 faire de l'aérobique (패흐 드 라에호비크)	등산하다 faire de la randonnée (패흐 드 라 형도네)	요트 항해하다 faire de la voile (패흐 드 라 부알르)
	헬스 운동 하다 faire de la musculation (패흐 드 라 뮈스퀼라시옹)	카누를 타다 faire du canoë (패흐 뒤 카누에)

그녀들은 수영을 한다.
Elles font de la natation.
(엘 퐁 드 라 나타시옹)

그는 스키를 탄다.
Il fait du ski.
(일 패 뒤 스키)

나는 에어로빅 댄스를 춘다.
Je fais de l'aérobique.
(쥬 패 드 라에호비크)

MP3 21-02

여가 생활에 관해 물어보기

'여가 생활'을 나타내는 프랑스어 단어는 les loisirs 또는 passe–temps입니다. 두 가지 단어 모두 질문할 때는 '무엇'이라는 뜻의 Que를 쓰거나 '어떤 것'이라는 뜻의 Quelle와 함께 사용합니다.

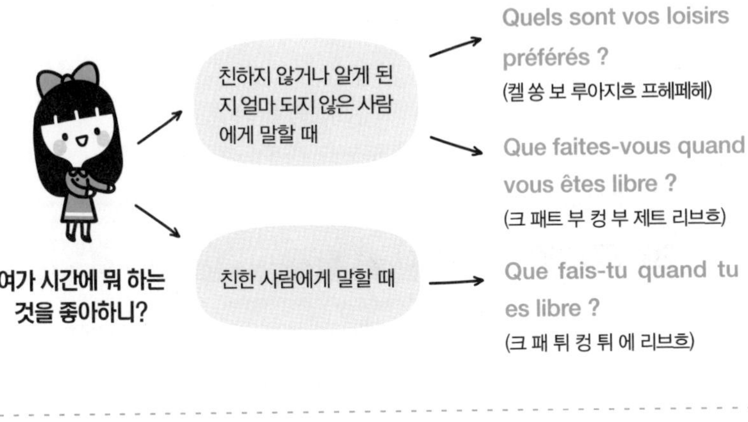

여가 시간에 뭐 하는 것을 좋아하니?
친하지 않거나 알게 된 지 얼마 되지 않은 사람에게 말할 때
친한 사람에게 말할 때

Quels sont vos loisirs préférés ?
(켈 쏭 보 루아지흐 프헤페헤)

Que faites-vous quand vous êtes libre ?
(크 패트 부 컹 부 제트 리브흐)

Que fais-tu quand tu es libre ?
(크 패 튀 컹 튀 에 리브흐)

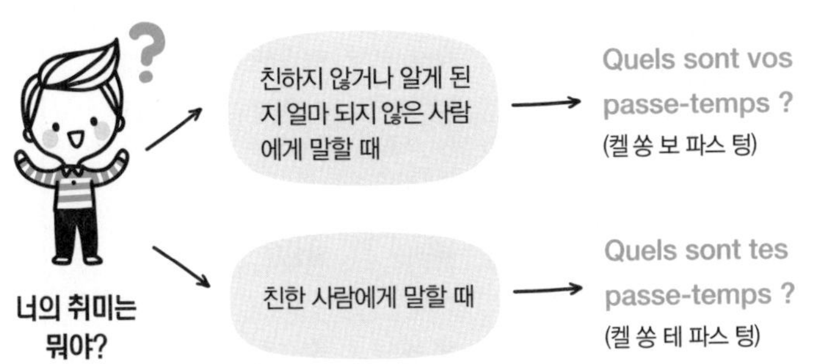

너의 취미는 뭐야?
친하지 않거나 알게 된 지 얼마 되지 않은 사람에게 말할 때
친한 사람에게 말할 때

Quels sont vos passe-temps ?
(켈 쏭 보 파스 텅)

Quels sont tes passe-temps ?
(켈 쏭 테 파스 텅)

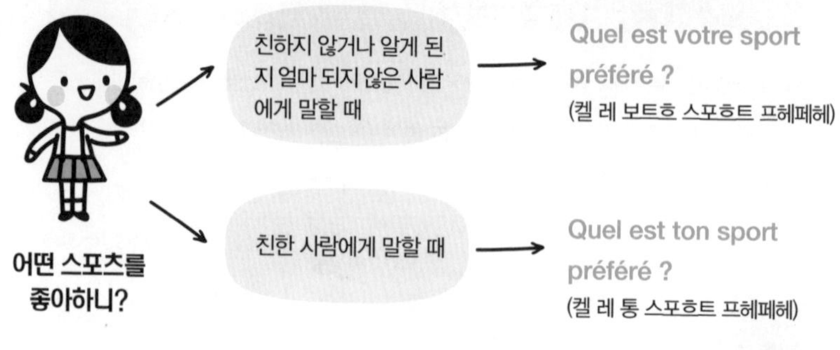

어떤 스포츠를 좋아하니?
친하지 않거나 알게 된 지 얼마 되지 않은 사람에게 말할 때
Quel est votre sport préféré ?
(켈 레 보트흐 스포흐트 프헤페헤)
친한 사람에게 말할 때
Quel est ton sport préféré ?
(켈 레 통 스포흐트 프헤페헤)

MP3 21-03

좋아한다, 좋아하지 않는다 대답하기

자신이 무엇을 좋아하는지 대답할 때 쓸 수 있는 동사는 aimer입니다. '좋아한다' 또는 '사랑한다'는 뜻을 가진 동사로서, 이 뒤에 자신이 좋아하는 활동을 말해 주면 됩니다.

aimer 좋아하다					
J'aime (잼므)	Tu aimes (튀 앰므)	Il/Elle/On aime (일/엘/옹 앰므)	Nous aimons (누 재몽)	Vous aimez (부 재메)	Ils/Elles aiment (일/엘 잼므)
나는 …를 좋아한다.	너는 …를 좋아한다.	그는/그녀는 …를 좋아한다.	우리는 …를 좋아한다.	당신은 …를 좋아한다.	그들은/그녀들은 …를 좋아한다.

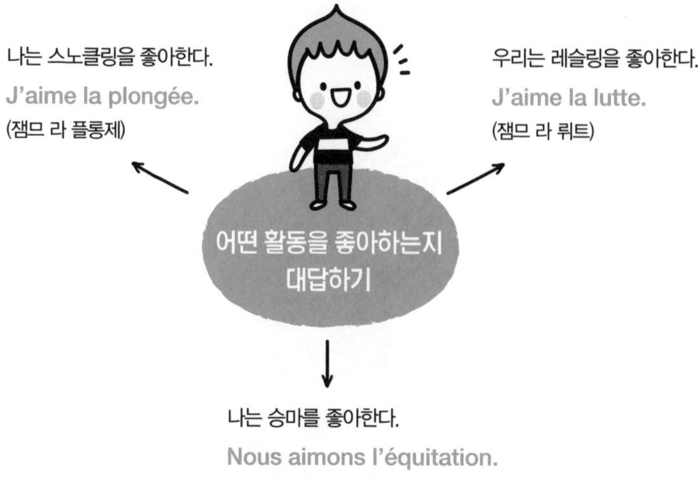

나는 스노클링을 좋아한다.
J'aime la plongée.
(잼므 라 플롱제)
우리는 레슬링을 좋아한다.
J'aime la lutte.
(잼므 라 뤼트)
어떤 활동을 좋아하는지 대답하기
나는 승마를 좋아한다.
Nous aimons l'équitation.
(누 재몽 레퀴타시옹)

하지만 어떤 활동을 좋아하지 않을 때는 **détester**를 씁니다. '좋아하지 않는다' 또는 '싫어한다'는 뜻을 가진 동사로서, 이 뒤에 자신이 좋아하지 않는 활동을 말해 주면 됩니다.

détester 좋아하지 않는다					
Je déteste (쥬 데테스트)	Tu détestes (튀 데테스트)	Il/Elle/On déteste (일/엘/옹 데테스트)	Nous détestons (누 데테스똥)	Vous détestez (부 데테스테)	Ils/Elles détestent (일/엘 데테스트)
나는 …를 좋아하지 않는다.	너는 …를 좋아하지 않는다.	그는/그녀는 …를 좋아하지 않는다.	우리는 …를 좋아하지 않는다.	당신은 …를 좋아하지 않는다.	그들은/그녀들은 …를 좋아하지 않는다.

나는 스케이트 타는 것을 좋아하지 않는다.

Je déteste le patinage.

(쥬 데테스트 르 파티나쥬)

쟝은 낚시를 좋아하지 않는다.

Jean déteste la pêche.

(장 데테스트 라 페쉬)

드부아씨와 드부아 부인은 등산을 좋아하지 않는다.

Monsieur et Madame Dubois détestent la randonnée.

(무시유 에 마담 뒤부아 데테스트 라 헝도네)

동물

Les animaux

이번 단원에서는 동물에 관한 단어들을 배워 보고자 합니다. 우리가 동물원에 놀러 갈 때, 아니면 프랑스인 친구를 데리고 갔을 때 이 단어들을 가지고 즐겁게 얘기해 볼 수 있을 거에요.

프랑스에서 가장 큰 동물원인 Zoo de Vincennes는 파리에서 문을 열어 아직까지도 국민 동물원으로 자리잡고 있습니다. 프랑스 혁명 이후로 처음 개방하였으며, 이곳에는 무려 1,200여 종의 동물들이 있습니다.

MP3 22-01

동물의 종류

수컷
le mâle
(르 말르)

암컷
la femelle
(라 프멜르)

육지 동물
les animaux terrestres
(르 자니모 테헤스트흐)

수중 동물
les animaux aquatiques
(레 자니모 아쿠아티크)

갑각류
les crustacés
(레 크휘스타쎄)

파충류
les reptiles
(레 헤프틸르)

양서류
les amphibiens
(레 정피비앙)

가금류
les volailles
(레 볼라이으)

가축
les animaux domestiques
(레 자니모 도메스티크)

조류
les oiseaux
(레 주아조)

곤충류
les insectes
(레 정섹크트)

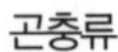

조개류
les coquillages
(레 코키아쥬)

육지 동물 les animaux terrestres(레 자니모 테헤스트흐)

동물을 나타내는 일부 단어들은 남성형과 여성형이 나뉘어져 있습니다. 한편 어떤 단어들은 그 동물의 새끼를 나타낼 때만 성이 나뉩니다. 어떤 동물은 두 성을 모두 하나의 단어로 나타내기도 합니다.

동물	수컷	암컷	새끼
개	le chien (르 샹)	la chienne (라 쉬엔느)	le chiot (르 씨오)
고양이	le chat (르 샤)	la chatte (라 샤트)	le chaton (르 샤통)
소	le taureau (르 토호)	la vache (라 바슈)	le veau (르 보)
돼지	le porc, cochon (르 포흐, 코숑)	la truie (라 트휘)	le porcelet (르 포흐쓸레)
양	le bélier (르 벨리에)	la brebis (라 브헤비)	l'agneau (라니오)
염소	le bouc (르 북)	la chèvre (라 쉐브흐)	le chevreau (르 슈브호)

동물	수컷	암컷	새끼
당나귀	l'âne (란느)	l'ânesse (라네스)	l'anon (라농)
말	le cheval (르 슈발)	la jument (라 쥬멍)	le poulain (르 풀랑)
낙타	le chameau (르 샤모)	la chamelle (라 샤멜)	le chamelon (르 샤멜롱)
기린	la girafe (라 지하프)	la girafe (라 지하프)	le girafeau (르 지하포)
사자	le lion (르 리옹)	la lionne (라 리온느)	le lionceau (르 리옹쏘)
늑대	le loup (르 루)	la louve (라 루브)	le louveteau (르 루브토)
곰	l'ours (루흐쓰)	l'ourse (루흐쓰)	l'ourson (루흐쏭)
코끼리	l'éléphant (렐레펑)	l'éléphante (렐레펑트)	l'éléphanteau (렐레펑토)

동물	수컷	암컷	새끼
토끼	le lapin (르 라팡)	la lapine (라 라핀느)	le lapereau (르 라페호)
산토끼	le lièvre (르 리에브흐)	la hase (라 아즈)	le levraut (르 르프호)
멧돼지	le sanglier (르 썽글리에)	la laie (라 레)	le marcassin (르 마흐카쌍)
여우	le renard (르 흐나흐)	la renarde (라 흐나흐드)	le renardeau (르 흐나흐도)
생쥐	la souris (라 쑤히)	la souris (라 쑤히)	le souriceau (르 쑤히쏘)
큰 쥐	le rat (르 하)	la rate (라 하트)	le raton (르 하통)
코뿔소	le rhinocéros (르 히노쎄호스)	le rhinocéros (르 히노쎄호스)	
고슴도치	l'hérisson (레히쏭)	l'hérissonne (레히쏜느)	

동물	수컷	암컷	새끼
원숭이	le singe (르 쌍쥬)	la guenon (라 궤농)	
호랑이	le tigre (르 티그흐)	la tigresse (라 티그헤쓰)	
얼룩말	le zèbre (르 제브흐)	le zèbre (르 제브흐)	

조류 les oiseaux(레 오아죠)

동물	수컷	암컷	새끼
독수리	l'aigle (레글르)	l'aigle (레글르)	l'aiglon (레글롱)
종달새	l'alouette (랄루에트)	l'alouette (랄루에트)	
참새	le moineau (르 모아노)	la moinelle (라 모아넬)	le moinet (르 모아네)
공작새	le paon (르 퐁)	la paonne (라 판느)	le paonneau (르 파노)
박쥐	la chauve-souris (라 쇼브 쑤히)	la chauve-souris (라 쇼브 쑤히)	
올빼미	la chouette (라 슈에트)	la chouette (라 슈에트)	
까마귀	le corbeau (르 코흐보)	le corbeau (르 코흐보)	le corbillat (르 코흐비야)

CHAPTER 22

동물	수컷	암컷	새끼
부엉이	le hibou (르 이부)	le hibou (르 이부)	
제비	l'hirondelle (리홍델르)	l'hirondelle (리홍델르)	l'hirondeau (리홍도)
티티새	le merle (르 메흘르)	la merlette (라 메흘레트)	le merleau (르 메흘로)
앵무새	le perroquet (르 페호케)	le perroquet (르 페호케)	
비둘기	le pigeon (르 피죵)	la pigeonne (라 피죤느)	le pigeonneau (르 피죤노)
꾀꼬리	le rossignol (르 호씨뇰)	le rossignol (르 호씨뇰)	

가금류 les volailles(레 볼라이)

동물	수컷	암컷	새끼
오리	le canard (르 캬나흐)	la cane (라 캰느)	le caneton (르 꺄통)
닭	le coq (르 코크)	la poule (라 풀)	le poussin (르 푸쌩)
칠면조	le dindon (르 당동)	la dinde (라 단드)	le dindonneau (르 당동노)
꿩	le faisan (르 페장)	la faisane (라 페잔느)	le faisandeau (르 페장도)
백조	le cygne (르 씬뉴)	le cygne (르 씬뉴)	le cygneau (르 씬노)
거위	le jars (르 쟈흐)	l'oie (루아)	l'oison (루아종)

곤충류 les insects(레 앙쎅트)

남성형

바퀴벌레	귀뚜라미	모기	날벌레
le cafard (르 캬파흐)	le croquet (르 크호케)	le moustique (르 무스티크)	le moucheron (르 무슈홍)
말벌	나비	전갈	
le frelon (르 프헤롱)	le papillon (르 파피용)	le scorpion (르 쓰고흐피옹)	

여성형

꿀벌	거미	무당벌레	개미
l'abeille (라베이으)	l'araignée (라헤녜)	la coccinelle (라 콕씨넬르)	la fourmi (라 푸흐미)
잠자리	벼룩	파리	
la libellule (라 리벨뤼르)	la pouce (라 퓨쓰)	la mouche (라 무슈)	

파충류 les reptiles(레 헵틸르)와 양서류 les amphibiens(레 장피비앙)

남성형

카멜레온	두꺼비	악어
le caméléon	le crapaud	le crocodile
(르 카멜레옹)	(르 크하포)	(르 크호코딜)
도마뱀	회색도마뱀	뱀
le lézard	le margouillat	le serpent
(르 레자흐)	(르 마흐구이야)	(르 쎄흐퐁)

여성형

개구리	지네	게코도마뱀	거북이
la grenouille	la scolopendre	la tarente	la tortue
(라 그헤누이으)	(라 쓰클로펑드흐)	(라 따헝트)	(라 토흐튀)

CHAPTER 22

수중 동물 les animaux aquatiques(레 자니모 아쿠아티크)

남성형

산호	돌고래	해마	투구게
le corail (르 코하일)	le dauphin (르 도핀)	l'hippocampe (리포캄프)	le limule (르 리뮬르)
상어	연어	참치	고등어
le requin (르 흐캰)	le saumon (르 쏘몽)	le thon (르 통)	le maquereau (르 마크호)

여성형

해파리	고래	불가사리
la méduse (라 메듀즈)	la baleine (라 발렌느)	l'étoile de mer (레투아일 드 메흐)
정어리	도미	송어
la sardine (라 싸흐딘)	la dorade (라 도하드)	la truite (라 트휘트)

갑각류 les crustaces(레 크휘쓰타쓰)

남성형

게	바닷가재	오징어
le crabe	le homard	le calamar
(르 크하브)	(르 오마흐)	(르 칼라마흐)

여성형

대하	새우	문어
la langouste	la crevette	le poulpe
(라 렁구스트)	(라 크헤베트)	(르 풀프)

조개류 les coquillages(레 꼬퀴아쥬)

남성형

달팽이	고동
l'escargot	le bigorneau
(레쓰캬흐고)	(르 비고흐노)

여성형

굴	무명조개	가리비
l'huitre	l'écrevisse	la coquille Saint Jacques
(뤼트흐)	(라 클로비쓰)	(라 코퀴 썽 쟈크)

MP3 22-02

동물의 새끼

동물의 자식은 '작다'는 뜻의 le petit을 사용해 나타냅니다.

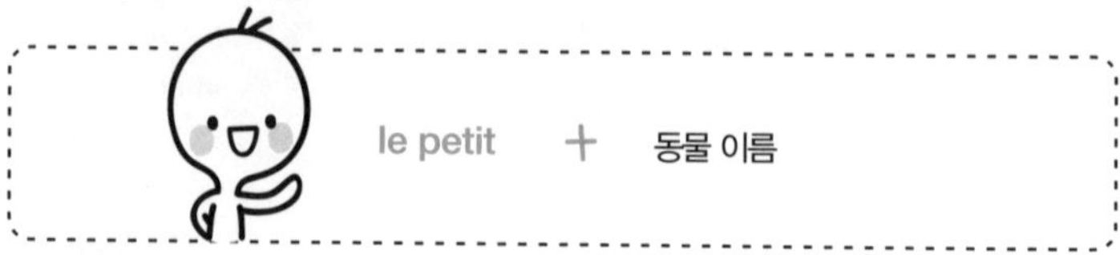

새끼 얼룩말
le petit zèbre
(르 프티 제브흐)

새끼 부엉이
le petit hibou
(르 프티 이보)

새끼 호랑이
le petit tigre
(르 프티 티그흐)

동물의 수컷과 암컷을 알고 싶을 때는 뒤에 오는 명사를 보면 됩니다. 성 구분이 되어 있지 않은 동물은 어떤 성으로든 쓸 수 있습니다.

le petit de la + 여성형 동물 이름

새끼 올빼미
le petit de la chouette
(르 프티 드 라 슈에트)

새끼 호랑이 암컷
le petit de la tigresse
(르 프티 드 라 티그헤쓰)

새끼 원숭이 암컷

le petit de la guenon

(르 프티 드 라 궤농)

새끼 고슴도치 암컷

le petit de l'hérissonne

(르 프티 드 레히쏜느)

le petit du + 남성형 동물 이름

새끼 얼룩말

le petit du zèbre

(르 프티 뒤 제브흐)

새끼 부엉이

le petit du hibou

(르 프티 뒤 이보)

새끼 호랑이 수컷

le petit du tigre

(르 프티 뒤 티그흐)

새끼 원숭이 수컷

le petit du singe

(르 프티 뒤 쌍쥬)

또는 '갓난아이'라는 뜻의 le bebe(르 베베)라는 단어를 쓸 수도 있습니다.

le bébé + 아무 성별의 동물 이름

새끼 얼룩말

le bébé zèbre

(르 베베 제브흐)

새끼 앵무새

le bébé perroquet

(르 베베 페흐케)

새끼 원숭이 암컷

le bébé guenon

(르 베베 궤농)

새끼 원숭이 수컷

le bébé singe

(르 베베 쌍쥬)

PART 02

일상 속에서 필요한 회화

인사
Saluer

아시아인들은 프랑스식 인사법에 익숙하지 않을 것입니다. 왜냐하면 한 번도 본 적 없는 사람들끼리도 손을 맞잡고, 친한 사람들끼리는 서로의 볼을 맞대고 왼쪽과 오른쪽 뺨에 각기 입을 맞추기 때문입니다(대부분은 입으로 뽀뽀하는 소리만 냅니다). 이를 가리켜 faire la bise라고 합니다.

만약 친한 친구 사이라면 볼에 세 번씩 입을 맞추는 게 관례지만 때에 따라 다를 수 있습니다. 프랑스어 인사는 예의를 갖추려 하는 정도와 시간대도 상관 있습니다. 이번 단원에서는 이에 대해 배워 보도록 하겠습니다.

MP3 23-01

일반적인/기본 인사

일반적으로 인사는 만났을 때 서로 손을 잡는 것입니다. Bonjour와 Bonsoir 두 가지 인사로 나뉩니다. Bonjour는 해가 떴을 때부터 해가 질 때까지 모든 상황에서 쓸 수 있는 말입니다.

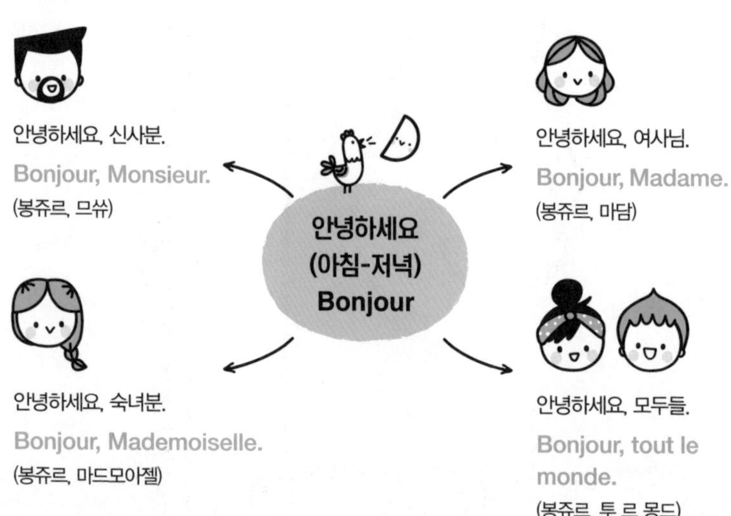
안녕하세요, 신사분.
Bonjour, Monsieur.
(봉쥬르, 므쓔)
안녕하세요, 여사님.
Bonjour, Madame.
(봉쥬르, 마담)
안녕하세요
(아침-저녁)
Bonjour
안녕하세요, 숙녀분.
Bonjour, Mademoiselle.
(봉쥬르, 마드모아젤)
안녕하세요, 모두들.
Bonjour, tout le monde.
(봉쥬르, 투 르 몽드)

다른 말로는 Bonsoir 가 있습니다. 이 말은 저녁 6시쯤부터 밤 시간대까지 씁니다.

안녕하세요, 신사분.

Bonsoir, Monsieur.

(붕수아, 므쓔)

안녕하세요, 여사님.

Bonsoir, Madame.

(봉수아, 마담)

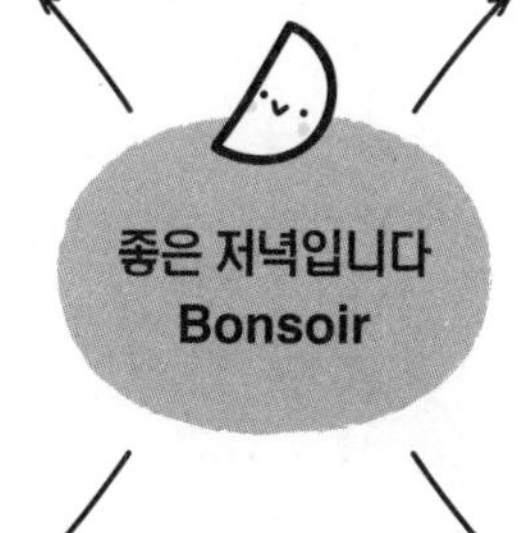

안녕하세요, 숙녀분.

Bonsoir, Mademoiselle.

(봉수아, 마드모아젤)

안녕하세요, 모두들.

Bonsoir, tout le monde.

(봉수아, 투 르 몽드)

MP3 23-02

친한 사이에서의 인사

친한 사이에서 인사할 때는 salut과 coucou라는 말을 씁니다.

salut은 만났을 때와 헤어질 때 모두 쓸 수 있는 말입니다. 보통 친한 사이거나 자주 보는 사이끼리 쓰는 말로, 교수님이라던가 알게된 지 얼마 안 된 사람에게는 쓰지 않는 것이 좋습니다.

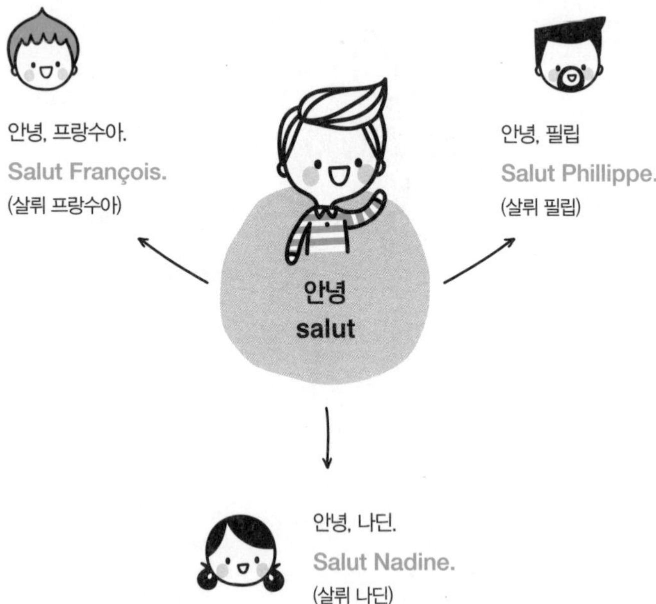

안녕, 프랑수아.
Salut François.
(살뤼 프랑수아)
안녕, 필립
Salut Phillippe.
(살뤼 필립)
안녕
salut
안녕, 나딘.
Salut Nadine.
(살뤼 나딘)

친한 사이에서 쓸 수 있는 또 다른 말은 coucou입니다. '어떻게 지내?', '잘 지내?' 정도에 해당합니다. 친한 사이에서나 어른이 아이에게 쓰는 말입니다.

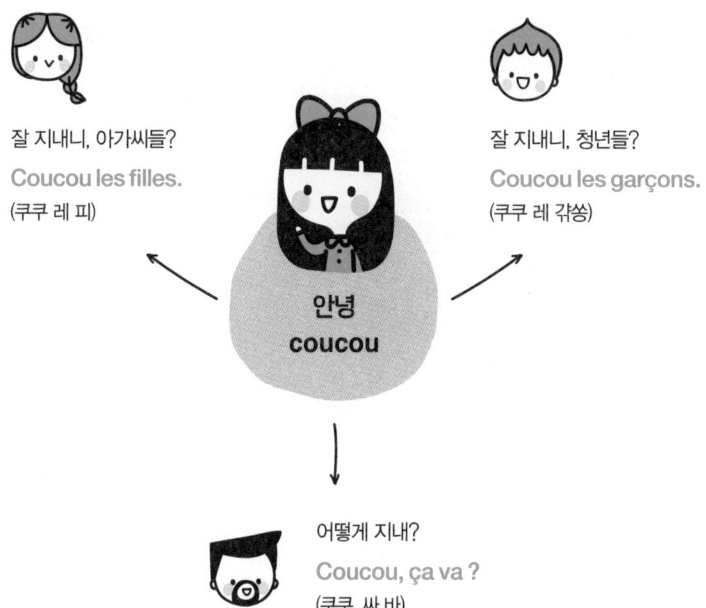
잘 지내니, 아가씨들?
Coucou les filles.
(쿠쿠 레 피)
잘 지내니, 청년들?
Coucou les garçons.
(쿠쿠 레 갹쏭)
안녕
coucou
어떻게 지내?
Coucou, ça va ?
(쿠쿠, 싸 바)

CHAPTER 23

MP3 23-03

안부 물어보기

기본적인 표현

어떻게 지내세요, 잘 지내나요(예의바르게)?

Comment allez-vous ?

(코멍 탈레 부)

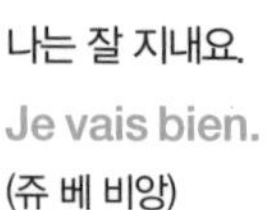

나는 잘 지내요.

Je vais bien.

(쥬 베 비앙)

나는 아주 잘 지내요.

Je vais très bien.

(쥬 베 트헤 비앙)

안녕, 잘 지내세요?

Bonjour, monsieur. Comment allez-vous ?

(봉쥬르 므쓔, 코멍 탈레 부)

나는 잘 지내요. 고마워요. 당신은요?

Je vais bien, merci. Et vous ?

(쥬 베 비앙, 멕씨. 에 부)

아주 잘 지내요. 고마워요.

Très bien, merci.

(트헤 비앙, 멕씨)

친한 사이에서

친한 사이에서

잘 지내고 있어?

Comment ça va ?

(꼬멍 싸 바)

잘 지내.

Ça va.

(싸 바)

아주 잘 지내.

Ça va bien.

(싸 바 비앙)

아주 잘 지내요.

Ça va très bien.

(싸 바 트헤 비앙)

그다지 잘 지내지 않아요.

Ça ne va pas.

(싸 느 바 파)

Pas bien.

(파 비앙)

안녕, 피에르. 잘 지내?

Salut, Pierre. Ça va ?

(쌀뤼, 피에르. 싸 바)

잘 지내. 고마워. 너는?

Ça va, merci. Et toi ?

(싸 바, 멕씨. 에 또아)

그다지 잘 못 지내. 고마워.

Pas bien, merci.

(파 비앙, 멕씨)

MP3 23-04

만나서 반갑습니다

처음 알게 된 사람에게 만나서 반갑다는 표현을 할 때에는 손을 맞잡고 인사하며 Enchanté라는 말을 씁니다. 이 말은 프랑스의 관용어입니다. 프랑스 젊은이들은 자주 쓰지 않는 표현이지만 나이가 조금 있으신 어른들에게 이 표현을 쓰면 좋은 인상을 줄 수 있습니다.

만나서 반갑습니다.

Enchanté.

(엉샹테)

만나서 반가워요.

Enchanté.

(엉샹테)

무슨 새로운 소식이 있는지 말해 줄래?

어느 정도 친한 사이라면 서로 이렇게 묻습니다. '새로운 소식 있어? 말해봐!'

새로운 소식 있어?
나에게 들려 줘!

Quoi de neuf ?
Raconte-moi !

(쿠이 드 느푸 하콩트 모아)

별 일 없었어.

Rien de neuf.

(히앙 드 느푸)

많은 일들은 없었어.

Pas grande chose.

(파 그항드 쇼즈)

만약 새로 직장을 구했다거나 결혼, 이사 등등 새로운 소식이 있다면 친구에게 이 소식을 들려 줄 수 있겠지요.

오랜만에 만났을 때의 인사

Il y a longtemps que nous ne nous sommes pas vus.
(일 이 아 롱텅 크 누 느 누 쏨 파 뷔)

Il y a longtemps que l'on ne s'est pas vus.
(일 이 아 롱텅 크 롱 느 쎄 파 뷔)

오랜만이야

자기소개 하기

Se présenter

인사를 마쳤으니 이번에는 다른 사람에게 자신을 소개해 볼 시간입니다. 프랑스어로 자신을 소개하는 데에는 두 가지 방식이 있습니다. 예의를 갖춘 방식과 친근한 방식입니다. 인사를 받는 사람에 따라 알맞게 골라 쓰도록 합시다.

MP3 24-01

자기소개에서 쓰이는 어휘

자기소개를 할 때 알아 두어야 할 어휘들은 다음과 같습니다.

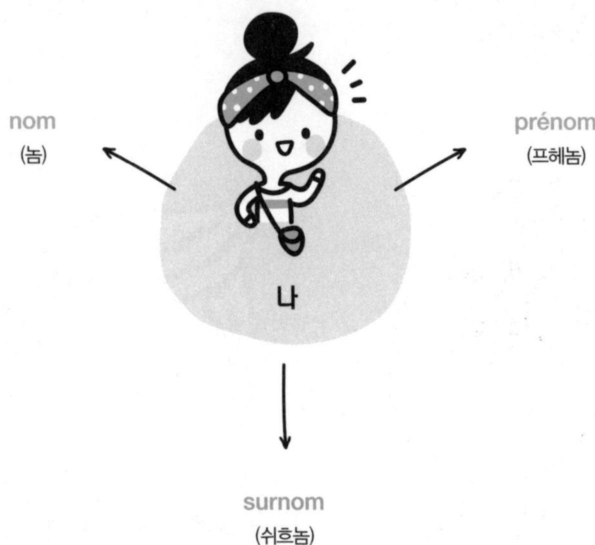

예의 바르게 자기소개 하기

서로 처음 만난 자리라면 이름을 물어보겠지요.

이름 물어보기

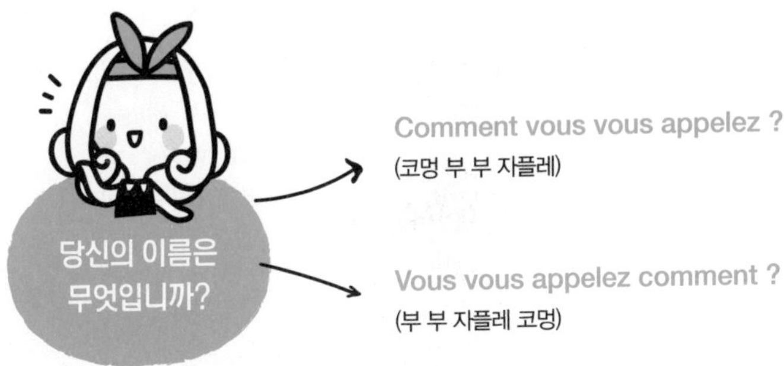
당신의 이름은 무엇입니까?
Comment vous vous appelez ?
(코멍 부 부 자플레)
Vous vous appelez comment ?
(부 부 자플레 코멍)

이름이 무엇인지 대답하기

이름을 대답할 때는 쉬운 문장 구조를 사용합니다. 먼저 주어를 쓰고 다음에 '…라는 이름이 있다'라는 뜻의 동사 s'appeler를 써 줍니다. 그 뒤에 자신의 이름을 말합니다.

주어 + s'appeler + 이름
(싸플레)

내 이름은 …이다.

Je m'appelle …

(쥬 마펠)

너의 이름은 …이다.

Tu t'appelles …

(튀 타펠)

그의/그녀의 이름은 …이다.

Il/Elle s'appelle …

(일/엘 싸펠)

우리의 이름은 …이다.

Nous nous appelons …

(누 누 자펠롱)

그들의/그녀들의 이름은 …이다.

Ils/Elles s'appellent …

(일/엘 싸펠)

나의 이름은 어드리다.

Je m'appelle Audrey.

(쥬 마펠 어드리)

그녀의 이름은 줄리다.

Elle s'appelle Julie.

(엘 싸펠 줄리)

당신의 이름은 피에르다.

Vous vous appelez Pierre.

(부 부 자플레 피에르)

너의 이름은 프랑수아이다.

Tu t'appelles François.

(튀 타펠 프랑수아)

우리의 이름은 장과 자크다.

Nous nous appelons Jean et Jacques.

(누 누 자펠롱 장 에 자크)

혹은 자신의 이름을 말할 때 다음과 같은 쉬운 문장을 사용할 수도 있습니다.

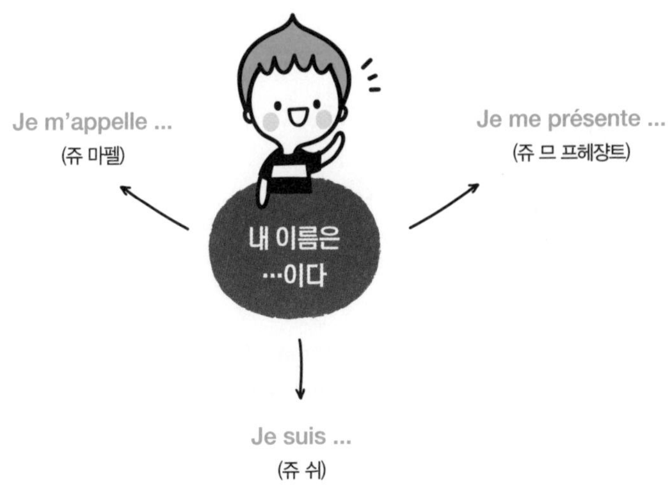
Je m'appelle ...
(쥬 마펠)
Je me présente ...
(쥬 므 프헤장트)
내 이름은
…이다
Je suis ...
(쥬 쉬)

내 이름은 줄리다.

Je m'appelle Julie.

(쥬 마펠 줄리)

내 이름은 필립이다.

Je me présente Phillippe.

(쥬 므 프헤장트 필립)

내 이름은 나딘이다.

Je suis Nadine.

(쥬 쒸 나딘)

MP3 24-02

먼저 제 소개부터 하겠습니다

만약 우리가 먼저 소개를 시작하는 입장이라면 상대방이 이름을 물어보는 걸 기다릴 필요 없이 자기소개하는 문장을 시작할 수 있습니다.

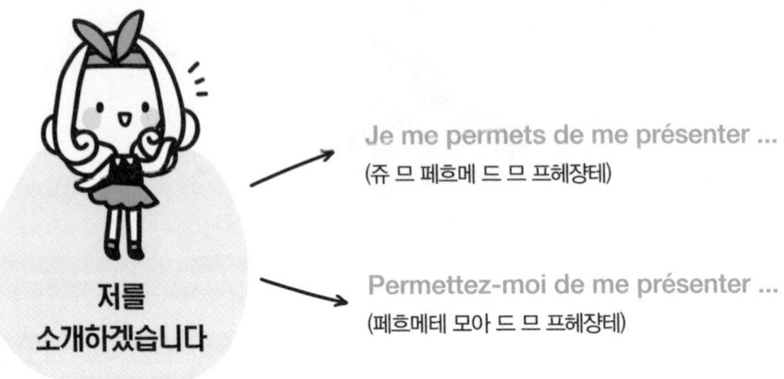
저를
소개하겠습니다
Je me permets de me présenter ...
(쥬 므 페흐메 드 므 프헤장테)
Permettez-moi de me présenter ...
(페흐메테 모아 드 므 프헤장테)

그리고 나서 다음과 같이 자신의 이름이 무엇인지 말할 수 있습니다.

저를 소개하겠습니다. 제 이름은 나딘입니다.
Je me permets de me présenter,
je m'appelle Nadine.
(쥬 므 페흐메 드 므 프헤장테, 쥬 마펠 나딘)

저를 소개하겠습니다. 제 이름은 프랑수아입니다.
Permettez-moi de me présenter,
je m'appelle François.
(페흐메테 모아 드 므 프헤장테, 쥬 마펠 프랑수아)

MP3 24-03

격식을 차리지 않은 자기소개 방식

Comment tu t'appelles ?
(코멍 튀 타벨)
Quel est ton nom ?
(켈 에 똥 놈)
너의 이름은 뭐니?
C'est quoi ton prénom ?
(쎄 꾸아 통 프헤놈)
Quel est votre nom ?
(켈 에 보트흐 놈)

이름을 물어보는 사람이 있을 때 '나'라는 뜻을 가진 인칭대명사 moi를 써서 '내 이름은 …다'를 표현해 보도록 합시다.

내 이름은 오드리야.
Moi, c'est Audrey.
(모아, 쎄 오드리)

내 이름은 필립이야.
Moi, c'est Phillippe.
(모아, 쎄 필립)

내 이름은 나딘이야.
Moi, c'est Nadine.
(모아, 쎄 나딘)

내 이름은 프랑수아야.
Moi, c'est François.
(모아, 쎄 프랑수아)

MP3 24-04

자신의 신상정보 말하기

자기 자신에 대해 이름, 나이, 직업, 국적, 취미 등의 기본적인 신상을 말할 때 쓸 수 있는 문장 형식은 다음과 같은 것들이 있습니다.

자신의 신상정보 말하기

내 이름은 …이다.
Je m'appelle ...
(쥬 마펠)

내 이름은 오드리다.
Je m'appelle Audrey.
(쥬 마펠 오드리)

나는 …나라에서 왔다.
Je viens de ...
(쥬 비앙 드)

나는 프랑스에서 왔다.
Je viens de France.
(쥬 비앙 드 프랑스)

나의 나이는 …살이다.
J'ai ... ans
(줴 앙)

나는 20살이다.
J'ai vingt ans.
(줴 방 땅)

나는 …나라 + 사람이다.
Je suis ...
(쥬 쒸)

나는 프랑스인이다(화자가 여성).
Je suis française.
(쥬 쒸 프랑쎄)

français는 adjective입니다. 따라서 주어에 따라 변형해야 합니다. 이 문장은 주어가 여성형이기 때문에 française에 e가 붙어 있습니다. 주어가 남성형일 때는 français를 씁니다.

나는 …이다 + 직업

Je suis ...

(쥬 쒸)

나는 대학생이다.

Je suis étudiante.

(쥬 쒸 에투디앙트)

나는 …를 좋아한다 + 취미, 좋아하는 것

J'aime ...

(젬)

나는 여행을 좋아한다.

J'aime voyager.

(젬 보아졔)

MP3 24-05

다른 사람 소개하기

우리가 알고 있는 사람을 제3자에게 소개해야 할 때가 있습니다. 예를 들어서 친구를 부모님이나 직장 상사, 또는 기타 다른 사람에게 소개해야 하는 상황 등입니다. 다른 사람을 소개하는 방법에 대해 알아보겠습니다.

다른 사람에 관한 단어

나의 친구

mon ami(e)

(모 나미)

나의 아내

ma femme

(마 팜)

나의 선생님

mon professeur

(몽 프호페쎄흐)

나의 형/남동생

mon frère

(몽 프헤)

나의 누나/여동생

ma sœur

(마 쐐흐)

예의 바르게 소개하기

제가 …를 소개해 드리겠습니다.

Je vous présente ...

(쥬 부 프헤장트)

저의 여동생을 소개해 드리겠습니다.

Je vous présente ma sœur.

(쥬 부 프헤장트 마 쐬흐)

저의 교수님이신 장 교수님을 소개해 드리겠습니다.

Je vous présente Monsieur Jean, mon professeur.

(쥬 부 프헤장트 므슈 장, 몽 프호페쐐흐)

친근한 사이에서 소개하기

너에게 …를 소개해 줄게.

Je te présente

(쥬 트 트헤졍트)

너에게 나의 아들을 소개할게.

Je te présente mon fils.

(쥬 트 프헤졍트 몽 피스)

내 친구 줄리를 소개할게.

Je te présente mon amie, Julie.

(쥬 트 프헤졍트 모 나미, 줄리)

친근한 사이에서 소개하기

C'est + 우리가 아는 사람의 이름
또는 상대방이 누구인지 설명하는 명사

얘는 장이야.
C'est Jean.
(쎄 쟝)

얘는 나의 여동생이야.
C'est ma sœur.
(쎄 마 쒜흐)

Voilà + 우리가 아는 사람의 이름
또는 상대방이 누구인지 설명하는 명사

얘는 나딘이야. 나의 친구야.
Voilà Nadine,
mon amie.
(부알라 나딘, 모 나미)

얘는 프랑수아야. 나의 형이야.
Voilà François,
mon frère.
(부알라 프랑수아, 몽 프헤)

MP3 24-06

알지 못하는 다른 사람에 대해 물어보기

자신이 알고 싶은(하지만 아직 소개받은 적 없는) 다른 인물에 대해서 물어볼 때는 예의를 잃지 않도록 합시다.

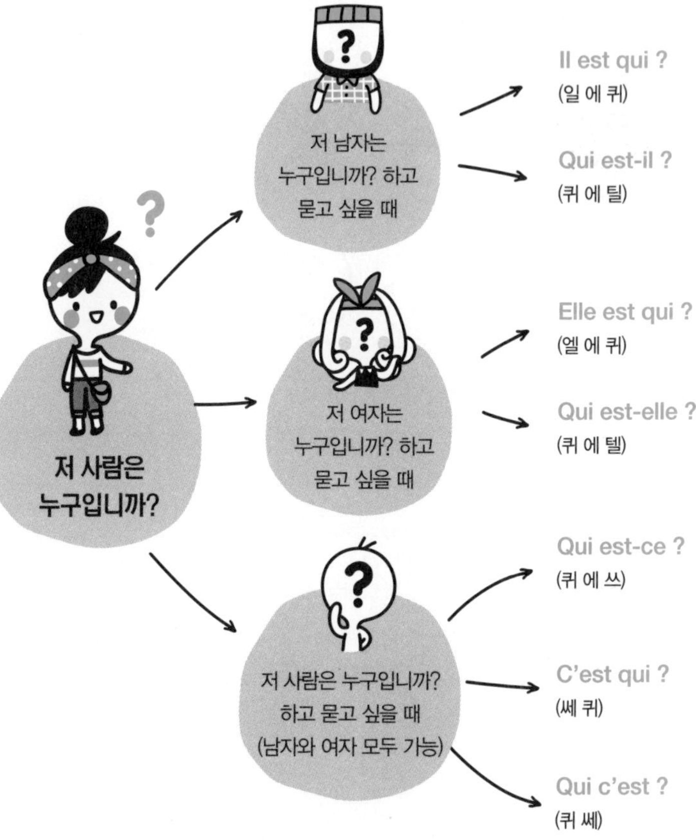
저 사람은
누구입니까?
저 남자는
누구입니까? 하고
묻고 싶을 때
Il est qui ?
(일 에 퀴)
Qui est-il ?
(퀴 에 틸)
저 여자는
누구입니까? 하고
묻고 싶을 때
Elle est qui ?
(엘 에 퀴)
Qui est-elle ?
(퀴 에 텔)
저 사람은 누구입니까?
하고 묻고 싶을 때
(남자와 여자 모두 가능)
Qui est-ce ?
(퀴 에 쓰)
C'est qui ?
(쎄 퀴)
Qui c'est ?
(퀴 쎄)

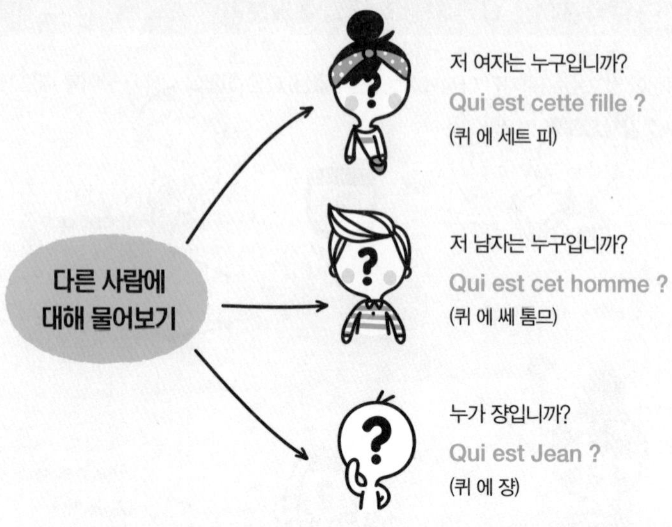

다른 사람에
대해 물어보기
저 여자는 누구입니까?
Qui est cette fille ?
(퀴 에 세트 피)
저 남자는 누구입니까?
Qui est cet homme ?
(퀴 에 쎄 톰므)
누가 쟝입니까?
Qui est Jean ?
(퀴 에 쟝)

대답하는 문장도 무척 쉽습니다. 질문을 그대로 받아 주면 됩니다. 만약 '이 사람은 누구입니까?'하고 물어보는 사람이 있다면, '이 사람은 …입니다'라고 대답하면 됩니다.

그 사람은 누구입니까?

그 사람은(남자) …입니다. Il est ...
그 사람은(여자) …입니다. Elle est ...

그녀는 그의 아내입니다.

Elle est sa femme.

(엘 에 싸 팜)

그는 나의 아들입니다.

Il est mon fils.

(일 에 몽 피스)

그는 나의 친구입니다.

Il est mon ami.

(일 에 모 나미)

그녀는 나의 여자친구입니다.

Elle est ma petite amie.

(엘 에 마 프티트 아미)

하지만 만약 우리가 그 사람에 대해 알지 못하면 미안하지만 그 사람을 모른다고 대답합니다. '알다'라는 뜻의 동사 connaître를 씁니다.

미안하지만 모르겠어요(그 사람이 남자일 때).

Je suis désolé, je ne connais pas.

(쥬 쒸 데졸레, 쥬 느 코네 파)

미안하지만 알지 못합니다

미안하지만 모르겠어요(그 사람이 여자일 때).

Je suis désolée, je ne connais pas.

(쥬 쒸 데졸레, 쥬 느 코네 파)

소개를 받았을 때의 대답

누군가 자신을 소개했다면 적절한 반응을 보이거나 알게 되어 반갑다는 표현을 해 줘야겠지요.

만나서 반갑습니다

화자가 남성일 때 대답	화자가 여성일 때 대답
Je suis heureux de faire votre connaissance. (쥬 쒸 쉐흐에 드 페흐 보트흐 코네쌍쓰)	Je suis heureuse de faire votre connaissance. (쥬 쒸 제흐에즈 드 페흐 보트흐 꼬네쌍쓰)
Je suis content de vous connaître. (쥬 쒸 콩텅 드 부 코네트흐)	Je suis contente de vous connaître. (쥬 쒸 콩텅트 드 부 코네트흐)
Je suis très content de faire votre connaissance. (쥬 쒸 트헤 콩텅 드 페흐 보트흐 꼬네쌍쓰)	Je suis très contente de faire votre connaissance. (쥬 쒸 트헤 콩텅트 드 페흐 보트흐 꼬네쌍쓰)
Ravi de faire votre connaissance. (하비 드 페흐 보트흐 꼬네쌍쓰)	Ravie de faire votre connaissance. (하비 드 페흐 보트흐 꼬네쌍쓰)
Enchanté. (엉샹테)	Enchantée. (엉샹테)

MP3 24-08

소개를 받았을 때 쓰는 다른 문장들

누군가를 소개받았을 때 쓸 수 있는 다른 문장들입니다.

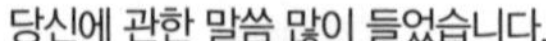

당신에 관한 말씀 많이 들었습니다.

J'ai entendu parler de votre histoire plusieurs fois.

(줴 엉텅뒤 파흘레 드 보트흐 이스투아흐 플뤼스제흐 푸아)

마치 전에 본 적이 있는 사람 같네요.

On s'est déjà vu quelque part.

(옹 쎄 데자 뷔 퀼크 파흐)

마치 전부터 알고 지내던 사이 같아요.

Nous nous sommes vus avant.

(누 누 쏨 뷔 아방)

마치 전에 본 적이 있는 사람 같아요.

Nous nous sommes vues avant.

(누 누 쏨 뷔 아방)

명함 요구하기/명함 전달하기

서로에 대한 소개가 끝났다면 후에도 연락을 지속할 수 있도록 명함을 주고받을 차례입니다. 다음과 같은 말들을 쓸 수 있습니다.

명함
la carte de visite professionnelle
(라 캬흐트 드 비지트 프호페씨오넬르)

명함 좀 받아 볼 수 있을까요?
Est-ce que je pourrais avoir votre carte de visite professionnelle, s'il vous plaît ?
(에 쓰 끄 쥬 푸헤 자부아 보트흐 까흐트 드 비지트 프호페씨오넬르, 씰 부 플레)

여기 제 명함입니다.
Voici ma carte.
(부아씨 마 캬흐트)

CHAPTER 24

작별 인사

Au revoir

만남이 있으면 헤어짐도 있기 마련이지요. 누군가와 서로 알게 되었다면 잘 가라는 인사도 할 줄 알아야 합니다. 잘 가라고 인사하는 것은 어느 나라에서나 예의이기 때문입니다. 프랑스의 작별 인사는 어떤 것들이 있을까요? 한번 살펴봅시다.

MP3 25-01

격식 있는 작별 인사

일단 가장 먼저 배워 볼 작별 인사는 격식을 갖춘 표현입니다. 어른이나 존경하는 상대, 알게 된 지 얼마 되지 않아 아직 친하지 않은 상대에게 쓸 수 있습니다. 아마도 이 말은 식당이나 비행기에서 자주 들어 보았을 말입니다. 직원들이 손님을 맞이하거나 손님에게 잘 가시라는 말을 할 때 주로 쓰는 말이기 때문입니다.

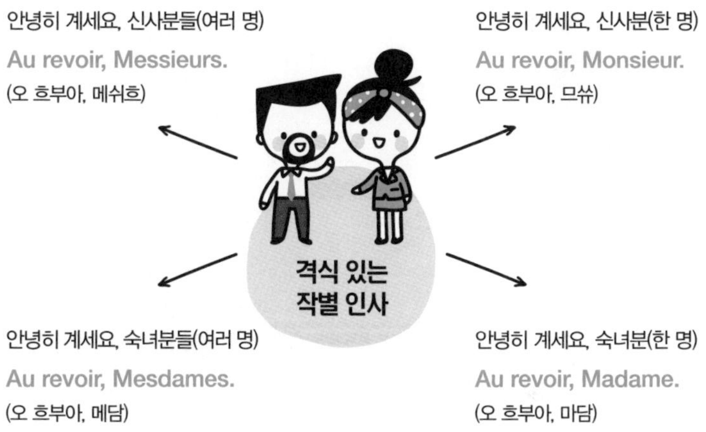
안녕히 계세요, 신사분들(여러 명)
Au revoir, Messieurs.
(오 흐부아, 메쉬흐)
안녕히 계세요, 신사분(한 명)
Au revoir, Monsieur.
(오 흐부아, 므쓔)
격식 있는
작별 인사
안녕히 계세요, 숙녀분들(여러 명)
Au revoir, Mesdames.
(오 흐부아, 메담)
안녕히 계세요, 숙녀분(한 명)
Au revoir, Madame.
(오 흐부아, 마담)

madame와 mesdames는 일반적으로 여성을 부르는 말로, 결혼한 여성과 미혼 여성 모두를 아우르는 말입니다

Au revoir (오 흐부아)라는 말은 직역하면 다시 보자는 말입니다. 원래는 (오 흐부아)로 발음되어야 하지만, 실제로 프랑스인들은 re(흐)를 떼고 (오 흐부아)라고 읽습니다.

일반적인 작별 인사

일반적인 작별 인사는 친한 사람이나 알게 된 지 얼마 되지 않은 사람에게 모두 쓸 수 있는 작별 인사입니다.

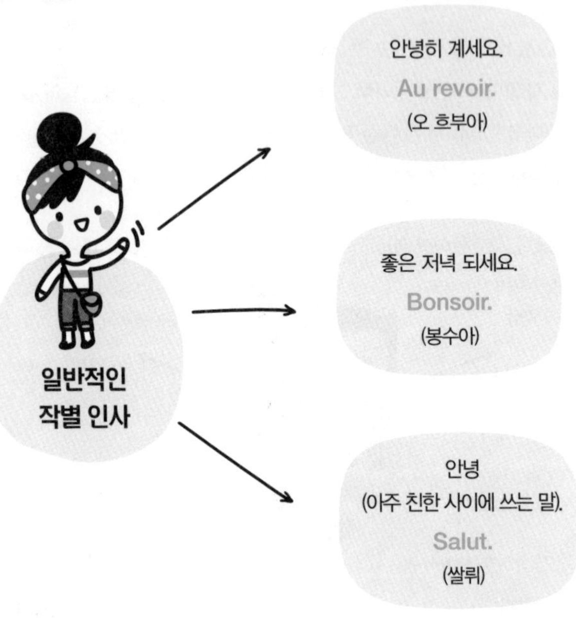

일반적인
작별 인사
안녕히 계세요.
Au revoir.
(오 흐부아)
좋은 저녁 되세요.
Bonsoir.
(봉수아)
안녕
(아주 친한 사이에 쓰는 말).
Salut.
(쌀뤼)

그럼 또 만나

잠시 뒤에 보자(2–3분 뒤).

À tout de suite.

(아 투트 드 쒸트)

이따 보자(당일 내에).

À tout à l'heure.

(아 투 타 레흐)

À plus tard.

(아 플뤼스 타흐드)

또 보자(2–3일 뒤에).

À bientôt.

(아 비앙투)

내일 보자.

À demain.

(아 드망)

월요일에 보자.

À lundi.

(아 렁디)

다음 주에 봐.

À la semaine prochaine.

(아 라 스멘 프호샨느)

다음에 보자.

(특정일을 지정하지 않음)

À la prochaine.

(아 라 프호쏀느)

CHAPTER 25

작별 인사 하기 전 덕담

좋은 하루 되세요.

Bonne journée.

(본 쥬흐네)

좋은 밤 되세요.

Bonne soirée.

(본 쑤아헤)

잘 자요.

Bonne nuit.

(본 뉘)

좋은 꿈 꾸세요.

Fais de beaux rêves.

(페 드 보 헤브)

여러분 좋은 꿈 꾸세요.

Faites de beaux rêves.

(페트 드 보 헤브)

여행 잘 하세요.

Bon voyage.

(봉 보야지)

좋은 주말 보내세요.

Bon week-end.

(봉 위 껑드)

휴가 잘 보내세요.

Bonnes vacances.

(본 바캉쓰)

푹 쉬세요.

Bon séjour.

(봉 쎄쥬흐)

감사합니다

Merci

프랑스어로 감사함을 표현하는 말은 사용하기에 따라 상대방이 받아들이는 존중감과 부드러움에 차이가 있을 수 있습니다. 이번에는 일상 생활 속에서 프랑스어로 감사하다는 말을 하는 법에 대해서 알아보도록 하겠습니다.

MP3 26-01

여러 가지 감사함의 표현

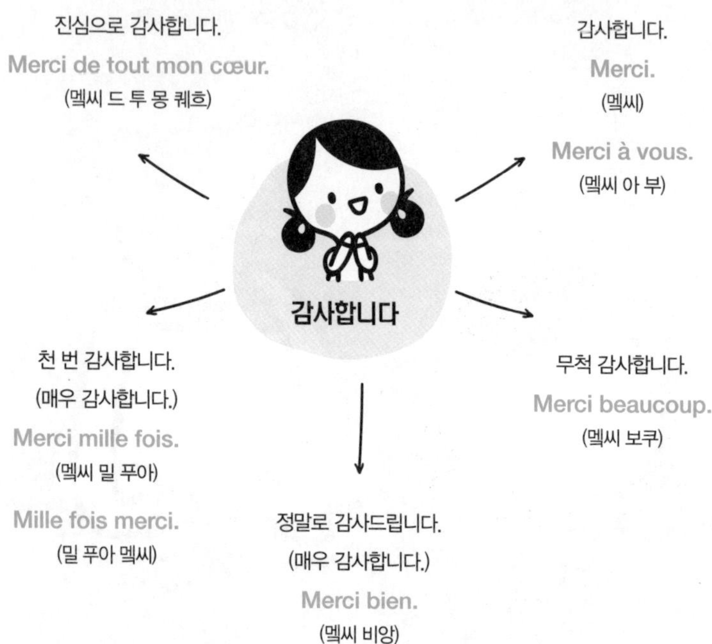

진심으로 감사합니다.
Merci de tout mon cœur.
(멕씨 드 투 몽 쾌흐)
감사합니다.
Merci.
(멕씨)
Merci à vous.
(멕씨 아 부)
감사합니다
천 번 감사합니다.
(매우 감사합니다.)
Merci mille fois.
(멕씨 밀 푸아)
Mille fois merci.
(밀 푸아 멕씨)
무척 감사합니다.
Merci beaucoup.
(멕씨 보쿠)
정말로 감사드립니다.
(매우 감사합니다.)
Merci bien.
(멕씨 비앙)

왜 고마운지 말하기

고맙다는 말들을 해 보았다면 이번엔 다른 말들도 덧붙여 봅시다. 고맙다는 말 뒤에 그 이유에 대해서도 말해 준다면 감사한 마음을 더 잘 표현할 수 있겠지요.

...해서 고맙습니다

와 줘서 고맙습니다 ---- Merci d'être venu.
(멕씨 데트흐 브뉘)

도와줘서 고맙습니다 ---- Merci pour votre aide.
(멕씨 푸흐 보트흐 에드)

---- Merci bien de votre assistance.
(멕씨 비앙 드 보트흐 아시스탕쓰)

환영해 주셔서 감사합니다 ---- Merci de votre accueil.
(멕씨 드 보트흐 악퀘이)

관용을 베풀어 주셔서 감사합니다 ---- Merci pour votre gentillesse.
(멕씨 푸흐 보트흐 정티에쓰)

모든 일에 대해 감사합니다 ---- Merci pour tout.
(멕씨 푸흐 투)

저희에게 해 주신 일들에 대해 감사합니다 ---- Merci pour ce que vous avez fait pour nous.
(멕씨 푸흐 쓰 끄 부 자베 페 푸흐 누)

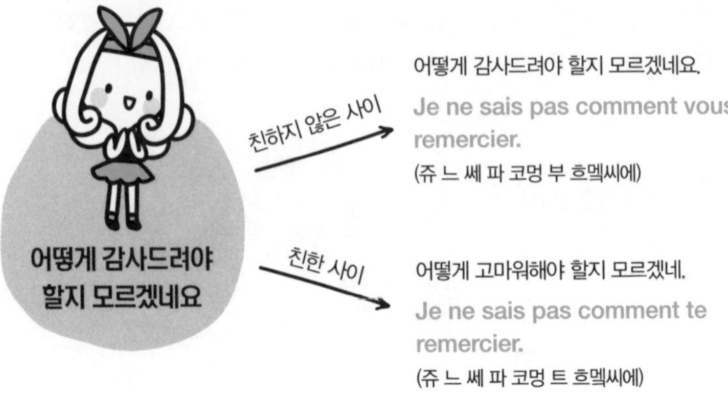
어떻게 감사드려야 할지 모르겠네요
친하지 않은 사이
어떻게 감사드려야 할지 모르겠네요.
Je ne sais pas comment vous remercier.
(쥬 느 쎄 파 코멍 부 흐멕씨에)
친한 사이
어떻게 고마워해야 할지 모르겠네.
Je ne sais pas comment te remercier.
(쥬 느 쎄 파 코멍 트 흐멕씨에)

감사함에 화답하기

누군가 감사함을 전해 왔다면 다음과 같이 간단하게 답해 봅시다.

감사함에 화답하기

저도 기쁜걸요
Avec plaisir.
(아벡 플라지흐)

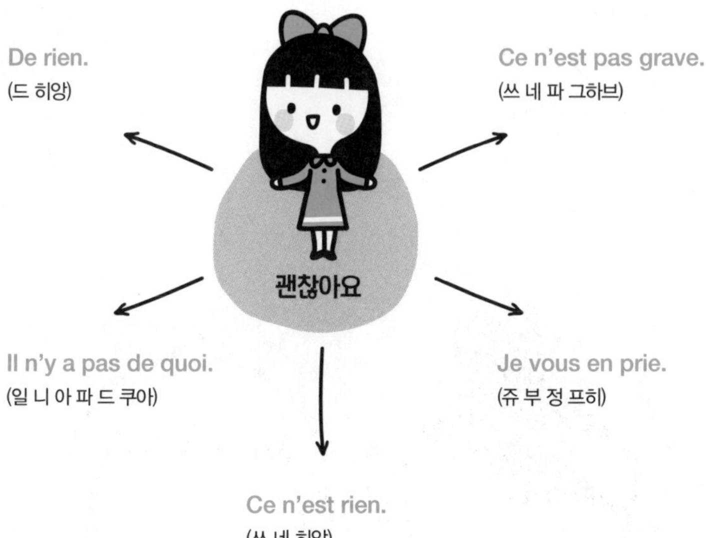
De rien.
(드 히앙)
Ce n'est pas grave.
(쓰 네 파 그하브)
괜찮아요
Il n'y a pas de quoi.
(일 니 아 파 드 쿠아)
Je vous en prie.
(쥬 부 정 프히)
Ce n'est rien.
(쓰 네 히앙)

죄송합니다

L'excuse

프랑스어로 죄송함을 표현하는 방식은 다른 언어들과 비슷합니다. 안타까운 마음을 전한 뒤에 본인의 책임을 인정하는 것입니다. 아니면 다른 사람들에게 도와달라거나 실례를 전하는 표현으로 말을 시작할 수도 있습니다.

MP3 27-01

죄송합니다/유감입니다

죄송합니다.

Je vous présente mes excuses.

(쥬 부 프헤쟝트 메 젝쓰큐즈)

그러려던 건 아니었어요.

Je ne l'ai pas fait exprès.

(쥬 느 레 파 페 엑스프헤)

악의를 가지고 한 건 아니었어요.

J'ai fait cela sans mauvaise intention.

(줴 페 쓰라 쌍 모베 쌍텅씨옹)

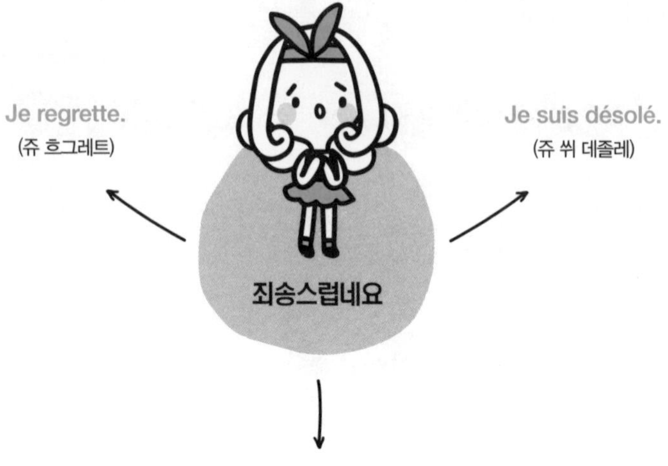

Je regrette.
(쥬 흐그레트)
Je suis désolé.
(쥬 쒸 데졸레)
죄송스럽네요

Je suis sincèrement désolé.
(쥬 쒸 씽쎄흐멍 데졸레)

정말로 죄송스럽습니다.
Je suis vraiment désolé(e) !
(쥬 쒸 브헤멍 데졸레)

사소한 잘못에 대해 사과하기

잠시 지나가겠다거나 기찻길을 잠시 걸어야 할 때 등의 상황은 무척 사소한 실례입니다. 아니면 길을 가다가 부딪혔을 때, 발을 밟았을 때, 물을 튀겼을 때 등 고의가 아닌 사소한 것들에 대해 사과할 때는 다음과 같은 문장들을 사용합니다.

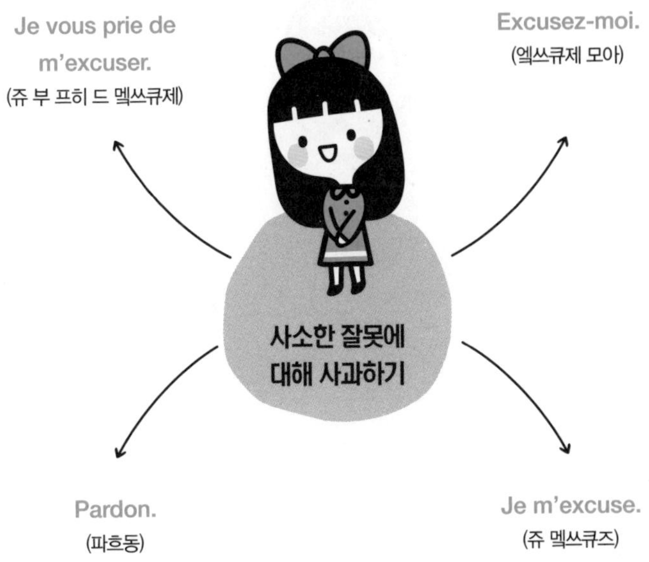
Je vous prie de m'excuser.
(쥬 부 프히 드 멕쓰큐제)
Excusez-moi.
(엑쓰큐제 모아)
사소한 잘못에 대해 사과하기
Pardon.
(파흐동)
Je m'excuse.
(쥬 멕쓰큐즈)

사과에 대답하기

누군가 우리에게 사과를 한 상황에서는 다음과 같은 문장들을 사용해서 대답해 줄 수 있습니다.

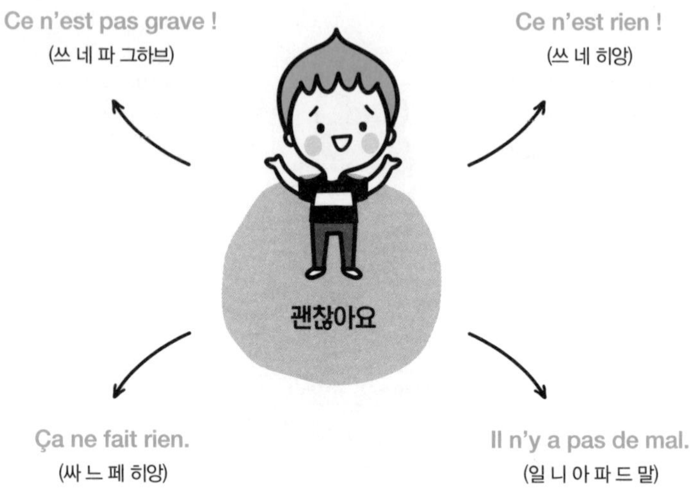
Ce n'est pas grave !
(쓰 네 파 그하브)
Ce n'est rien !
(쓰 네 히앙)
괜찮아요
Ça ne fait rien.
(싸 느 페 히앙)
Il n'y a pas de mal.
(일 니 아 파 드 말)

부탁하기

Demander de l'aide

부탁하는 표현은 누군가 우리에게 무언가를 해 주거나 도와주기를 바랄 때 사용합니다. 프랑스어로 도움을 요청하는 표현에는 어떤 것들이 있는지 보도록 하겠습니다.

MP3 28-01

도움 요청하기

프랑스어로 도움을 요청할 때는 '…할 수 있다'라는 뜻의 동사 pouvoir를 사용합니다. 나에게 도움을 줄 수 있는지 상대방에게 물어봐야 하기 때문입니다. 당연히 주어에 따라 동사를 변형시켜야겠지요. 이때의 주어는 우리에게 도움 요청을 받은 상대입니다.

pouvoir 가능하다					
Je peux (쥬 푸)	Tu peux (튀 푸)	Il/Elle/ On peut (일/엘/옹 푸)	Nous pouvons (누 푸봉)	Vous pouvez (부 푸베)	Ils/Elles peuvent (일/엘 푸브)
나는 가능하다.	너는 가능하다.	그는/ 그녀는 가능하다.	우리는 가능하다.	당신은 가능하다.	그들은/ 그녀들은 가능하다.

다른 사람에게 도움을 청할 때 주로 쓰는 주어는 친하지 않은 사람의 경우 보통 vous, 친한 사람의 경우 tu입니다.

저 좀 도와주실 수 있나요?

Pouvez-vous m'aider ?

(푸베 부 메데)

나 좀 도와줄 수 있니?

Peux-tu m'aider ?

(푸 튀 메데)

CHAPTER 28

윗사람이나 친하지 않은 사람에게 부탁할 때

우리보다 윗사람이거나 친하지 않은 사람에게 무언가를 부탁할 때는 보통 s'il vous plait라는 표현과 함께 씁니다.

창문 좀 열어도 될까요?

Vous voulez ouvrir la fenêtre, s'il vous plaît ?

(부 불레 우브히흐 라 프네트흐, 씰 부 플레)

실례합니다. 창문 좀 닫아도 될까요?

Pardon, vous pourriez fermer la fenêtre, s'il vous plaît ?

(파흐동, 부 푸히에 페흐메 라 프네트흐, 실 부 플레)

그 책 좀 건네주실 수 있나요?

Pourriez-vous me donner ce livre, s'il vous plaît ?

(푸히에 부 므 도네 쓰 리브흐, 씰 부 플레)

친한 사람에게 부탁할 때

우리와 친한 사람에게 부탁할 때는 s'il te plait을 덧붙여 씁니다. '…해 줄 수 있니?' 라는 뜻입니다.

문 좀 닫아 주겠니?

Tu veux ouvrir la porte, s'il te plaît ?

(튀 부 우브히흐 라 포흐트, 씰 트 플레)

미안, 문 좀 닫아 줄래?

Pardon, tu pourrais fermer la porte, s'il te plaît ?

(파흐동, 튀 프헤 페흐메 라 포흐트, 씰 트 플레)

안경 좀 건네줄 수 있니?

Pourrais-tu me donner ces lunettes, s'il te plaît ?

(푸헤 튀 므 도네 쎄 뤼네트, 씰 트 플레)

어떤 것을 줄여 달라고/그만 하라고 부탁하기

어떤 행동이 우리를 거슬리게 하거나 방해가 될 때, 그 행동을 줄여 달라거나/그만두기를 부탁해야 할 때가 있습니다(당사자가 그 사실을 알고 있든지 모르고 있든지 말입니다). 예를 들어 담배를 핀다거나 시끄럽게 떠들거나, 혹은 냄새가 많이 나는 음식을 먹는 등의 행동들입니다. 이런 상황에서 예의 바르게 표현하고 싶다면 다음 문장을 이용해 봅시다.

Vous pourriez + 다른 사람이 해 주길 바라는 행동 동사 + 목적어

가격 좀 깎아 주실 수 있나요?

Vous pourriez baisser le prix ?

(부 푸히에 베쎄 르 프히)

당신의 컴퓨터 좀 꺼 주시겠어요?

Vous pourriez éteindre votre ordinateur ?

(부 푸히에 에텡드흐 보트흐 오흐디나테흐)

신사분, TV 소리를 좀 줄여 주시겠습니까?

Monsieur, vous pourriez baisser le son de votre télévision, s'il vous plaît ?

(므슈, 부 푸히에 베쎄 르 쏭 드 보트흐 텔레비지옹, 씰 부 플레)

CHAPTER 28

무언가를 금지시켜야 하는 각종 상황에서는 Il est interdit de …라는 표현을 쓸 수 있습니다. '…하지 마시오'라는 표현입니다.

Il est interdit de + 하면 안 되는 행동 + 목적어

신사분, 이곳에서는 흡연 금지입니다.

Monsieur, il est interdit de fumer ici.

(므쓔, 일 에 틴테흐디 드 퓨메 이씨)

사진을 찍지 마시오.

Il est interdit de prendre des photos ici.

(일 에 틴테흐디 드 프헝드흐 데 포토 지씨)

비둘기에게 먹이를 주지 마시오.

Il est interdit de nourrir les pigeons.

(일 에 틴테흐디 드 누히흐 레 피죵)

도움이 필요한지 물어보기

도움이 필요하신가요?

Vous avez besoin d'aide ?

(부 자베 베송 데드)

제가 도와드릴까요?

Est-ce que je peux vous aider ?

(에 쓰 크 쥬 푸 부 제데)

저희가 도와드려도 될까요?

Nous pouvons peut-être vous aider ?

(누 푸봉 푸 테트흐 부 제데)

괜찮아요. 감사합니다. 아주 친절하시네요.

Non, merci. C'est très gentil.

(농, 멕씨. 쎄 트헤 정틸)

전화 통화

Au téléphone

우리와 마찬가지로 프랑스인들에게도 핸드폰은 필수품입니다. 월마다 약정제 요금을 내고 쓰지요. 대부분의 프랑스인들은 전화보다도 가격이 저렴한 문자 메시지를 보내는 것을 선호합니다.

MP3 29-01

전화 사용에 관한 단어들

다양한 전화기 종류를 부르는 명칭을 한번 알아봅시다.

전화기

un téléphone

(엉 텔레폰)

핸드폰

un téléphone portable

(엉 텔레폰 포흐타블)

un portable

(엉 포흐타블)

자동 응답 전화기

un répondeur téléphonique

(엉 흐퐁데흐 텔레포니크)

공중전화기

un publiphone

(엉 퓨블리폰)

전화기 부스

une cabine

(윈느 캬빈)

통화

un appel

(어 나펠)

전화번호

un numéro de téléphone

(엉 뉴메호 드 텔레폰)

전화번호부

l'annuaire

(라뉴에흐)

전화 카드

une télécarte

(윈느 텔레캬트)

장거리 전화

un appel à longue distance

(어 나펠 아 롱그 디스텅스)

국제 전화

un appel à l'étranger

(어 나펠 아 레트항제)

전화를 받는 상황에서 쓰는 동사들은 다음과 같습니다. 문장 속에서 사용할 때는 주어에 일치시켜야 한다는 점을 잊지 마세요.

전화 통화에 쓰이는 동사들

전화를 받다	통화하다	
décrocher (데크호쉐)	téléphoner (텔레포네)	donner un coup de téléphone (도네 엉 쿱 드 텔레폰)
	appeler (아플레)	donner un coup de fil (도네 엉 쿱 드 필)
전화를 끊다	**다시 전화하다**	**전화 걸다**
raccrocher (하크호쉐)	rappeler (하플레)	passer un coup de fil (파쎄 엉 쿱 드 필)

전화를 건 타이밍이 좋지 않아 상대가 통화 중인 경우에는 다음과 같이 말합니다.

지금 통화 중입니다

La ligne est occupée.
(라 린느 에 토큐페)

Le numéro est occupé.
(르 뉴메호 에 토큐페)

CHAPTER 29

통화를 시작하는 말

걸려 온 전화를 받을 때는 먼저 인사를 해야겠지요.

여보세요.

Allô.

(알로)

안녕하세요.

Bonjour.

(봉쥬르)

직장 등에서 격식을 차려 전화를 받을 때는 다음 문장을 사용합니다.

여보세요. …회사입니다. **Allô, société** (알로, 쏘시테)	+	(회사 이름)	+	(사람 이름)	+	전화 받았습니다. **à l'appareil.** (아 라파헬)

여보세요. 에이비씨 회사 마리아입니다.

Allô, société ABC, Marie à l'appareil.

(알로, 쏘시테 ABC, 마히 아 라파헬)

하지만 집에서 편하게 전화를 받을 때는 다음과 같이 말해도 됩니다.

안녕하세요. + (사람 이름) + 전화 받았습니다.

Bonjour au téléphone.

(봉쥬르) (오 텔레폰)

안녕하세요. 나딘 르두입니다.

Bonjour, c'est Nadine Ledoux au téléphone.

(봉쥬르, 쎄 나딘 르두 오 텔레폰)

전화를 건 쪽에서는 인사 외에 본인이 누구인지, 어디서 건 전화인지 말해 주어야 합니다.

전화 건 쪽

안녕하세요. 저는 …입니다.

Bonjour, Je me présente ...

(봉쥬르, 쥬 므 프헤쟝테)

안녕하세요. 제 소개를 하겠습니다. 저는 브르통 회사에서 온 프랑수아입니다.

Bonjour, je me présente François. Je vous téléphone de la part de la société Breton.

(봉쥬르 쥬 므 프헤장테 프랑수아. 쥬 부 텔레폰 드 라 파흐 드 라 쏘시테 브흐통)

안녕하세요. 저는 브르통 회사의 프랑수아입니다.

Allô, Bonjour Madame/Monsieur, ici François de la société Breton.

(알로, 봉쥬르 마담/므쓔, 이씨 프랑수아 드 라 쏘시테 브흐통)

통화하고 싶은 상대 말하기

그리고 나서 전화를 건 쪽이라면 누구에게 전화를 건 것인지, 누구와 통화하고 싶은지 목적을 말해야 합니다.

누구와 통화하고 싶으세요?

Qui demandez-vous ?

(퀴 드망데 부)

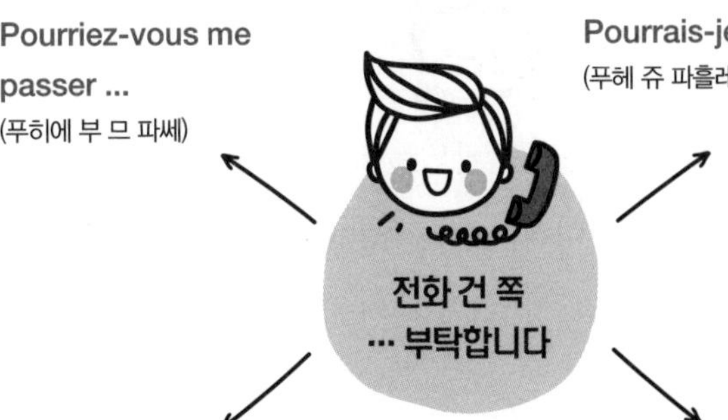

Pourriez-vous me passer ...
(푸히에 부 므 파쎄)

Pourrais-je parler à ...
(푸헤 쥬 파흘레 아)

J'essaie de contacter ...
(제쎄 드 콩탁테)

Je voudrais parler à ... , s'il vous plaît.
(쥬 부드헤 파흘레 아, 씰 부 플레)

예를 들어 보겠습니다.

오드리 부탁합니다.
Pourrais-je parler à Audrey.
(푸헤 쥬 파흘레 아 오드리)

드부아 부인 부탁합니다.
J'essaie de contacter Madame Dubois.
(제쎄 드 꽁딱테 마담 드부아)

자크 부탁합니다.
Je voudrais parler à Jacques, s'il vous plaît.
(쥬 부드헤 파흘레 아 자크, 씰 부 플레)

르두 씨 부탁합니다.
Pourriez-vous me passer Monsieur Ledoux.
(푸헤 부 므 파쎄 므쓔 르두)

마침 전화를 받고 있던 사람이 바로 그 사람이라면, 자신이 바로 그 사람이라고 대답할 수 있습니다.

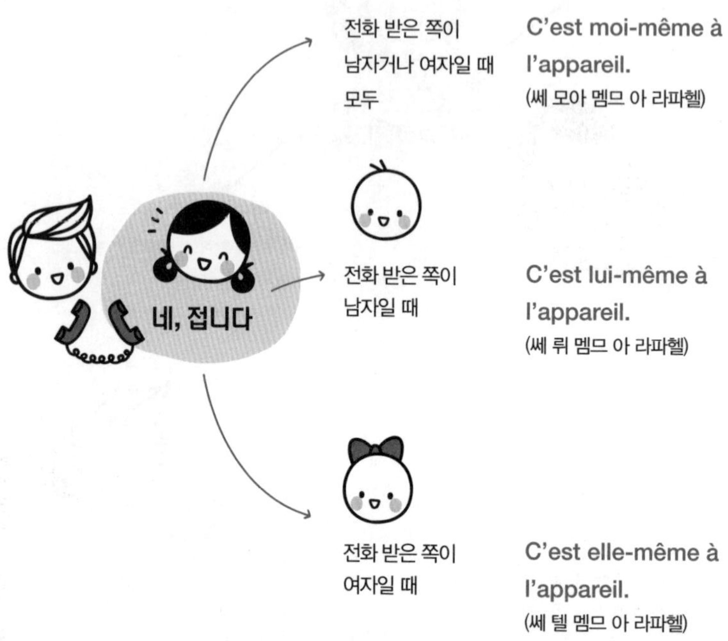
네, 접니다
전화 받은 쪽이 남자거나 여자일 때 모두
C'est moi-même à l'appareil.
(쎄 모아 멤므 아 라파헬)
전화 받은 쪽이 남자일 때
C'est lui-même à l'appareil.
(쎄 뤼 멤므 아 라파헬)
전화 받은 쪽이 여자일 때
C'est elle-même à l'appareil.
(쎄 텔 멤므 아 라파헬)

바꿔 드릴게요/잠시만요

전화를 받은 사람이 그 사람이 아니라면, 전화를 바꿔 주겠다고 말하면서 상대방에게 잠시 기다리라고 말하면 됩니다.

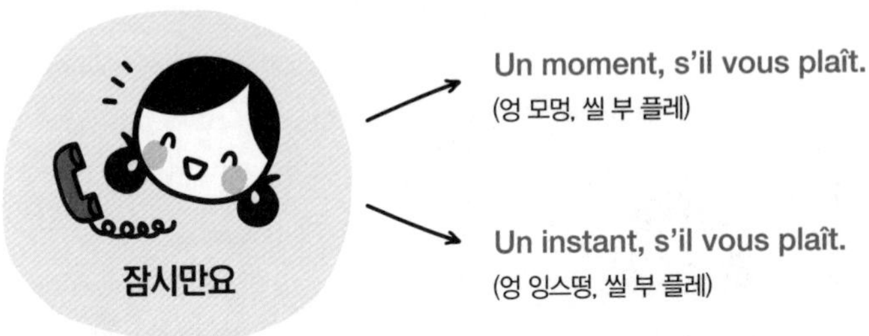

잠시만요
Un moment, s'il vous plaît.
(엉 모멍, 씰 부 플레)
Un instant, s'il vous plaît.
(엉 잉스떵, 씰 부 플레)

잠시만요. 그분 바꿔 드릴게요.

Oui, ne quittez pas, je vais l'appeler pour vous.

(위, 느 키테 파, 쥬 베 라플레 푸흐 부)

잠시만요. 바꿔 드리겠습니다.

Oui, ne quittez pas, je vous le/la passe.

(위, 느 키테 파, 쥬 부 르/라 파쓰)

잠시만요. 연결해 드릴게요.

Veuillez attendre un instant, je vais aller le/la chercher.

(브이에 자땅드흐 엉 잉스떵, 쥬 베 잘레 르/라 쉐흐쉐)

CHAPTER 29

Je vous le/la passé라는 문장에서는 총 3개의 대명사가 쓰였습니다.
첫 번째 대명사는 je(나)입니다. 전화를 받은 본인을 가리킵니다.
두 번째 대명사는 vous(당신)입니다. 전화를 건 쪽을 가리킵니다.
세 번째 대명사는 le 또는 la입니다. 상대가 통화를 원하는 제 3자를 가리킵니다.
le 또는 la는 그 제3자의 성별에 따라 사용합니다.

만약 전화 건 사람이 피에르, 즉 남성과 통화하고 싶어 한다고 가정해 보겠습니다. 전화를 받은 쪽은 '그(피에르)를 연결해 드리겠습니다'라고 말합니다.

Je vous le passe.
(쥬 부 르 파쓰)

le = Pierre

하지만 만약 전화 건 사람이 여성과 통화하고 싶어 한다고 가정해 봅시다. 전화를 받은 쪽은 '그녀(줄리)를 연결해 드리겠습니다'라고 말합니다.

Je vous la passe.
(쥬 부 라 파쓰)

la = Julie

직접목적어나 간접목적어를 대신해서 나타내는 방법은 다양합니다. 프랑스어의 특징 중의 하나이지요. 하지만 문법적으로 너무 복잡하기 때문에 이 책에서는 다루지 않겠습니다.

전화 건 사람의 이름 물어보기

전화를 건 사람이 아직 자신의 이름을 말하지 않았다면, 이름을 물어보도록 합시다.

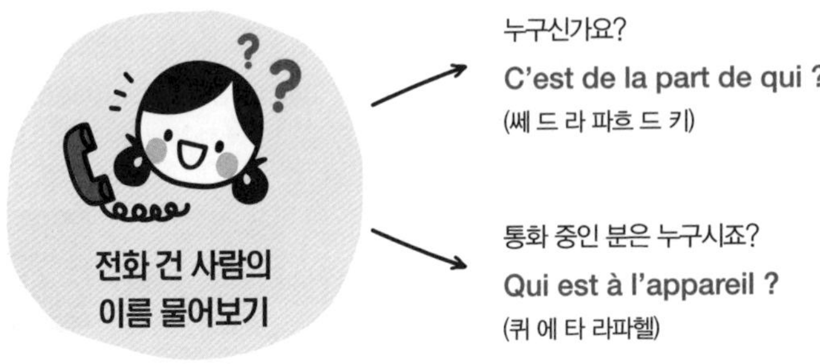

누구신가요?

C'est de la part de qui ?

(쎄 드 라 파흐 드 키)

통화 중인 분은 누구시죠?

Qui est à l'appareil ?

(퀴 에 타 라파헬)

원하는 사람이 자리에 없을 때/바빠서 전화를 받을 수 없을 때

통화를 원하는 사람이 바쁘거나 자리를 비워서 전화를 받을 수 없는 상황에서 쓰는 표현입니다. 그 사람이 남자인 경우엔 대명사 il로, 여자인 경우엔 elle로 표현한 뒤 자리에 없다는 동사를 써서 나타냅니다.

죄송해요. 지금 그 사람이 자리에 없네요.

Il/Elle n'est pas là.

(일/엘 네 파 라)

그 사람은 막 자리를 비웠습니다.

Il/Elle vient juste de quitter le bureau.

(일/엘 비앙 쥬스트 드 키테 르 부호)

그는/그녀는 이곳에서 일하지 않습니다.

Il/Elle ne travaille plus chez nous.

(일/엘 느 트하바이 플뤼스 쉐 누)

그는/그녀는 다른 통화를 받고 있습니다.

Il/Elle est en communication.

(일/엘 에 텅 코뮤니캬씨옹)

Il/Elle est déjà en ligne.

(일/엘 에 데자 엉 린느)

그는/그녀는 휴가 중입니다.

Il/Elle est en vacances.

(일/엘 에 텅 바캉스)

그는/그녀는 회의 중입니다.

Il/Elle est en réunion.

(일/엘 에 텅 헤위니옹)

메모 남기시겠어요?

통화를 원하는 사람이 자리에 없거나 전화를 받을 수 없는 상황임을 알려 준 뒤, '메모 남기시겠습니까?'하고 물어볼 수 있습니다. 또는 연락처나 전화번호를 남기겠냐고 물어볼 수도 있습니다.

메모 남기시겠어요?

Aimeriez-vous laisser un message ?

(에메헤 부 레쎄 엉 메싸쥬)

Voulez-vous laisser un message ?

(불레 부 레쎄 엉 메싸쥬)

실례지만 이름이 어떻게 되시나요?

Est-ce que je peux demander qui est à l'appareil, s'il vous plaît ?
(에 쓰크 쥬 푸 드망데 퀴 에 타 라파헬, 씰 부 플레)

C'est de la part de qui, s'il vous plaît ?
(쎄 드 라 파흐 드 퀴, 씰 부 플레)

Est-ce que je peux avoir votre nom, s'il vous plaît ?
(에 쓰 크 쥬 푸 아부아 보트흐 놈, 씰 부 플레)

당신의 전화번호는 무엇입니까?

Quel est votre numéro de téléphone ?
(켈 에 보트흐 뉴메호 드 텔레폰)

그럼 다시 전화 걸겠습니다

전화를 건 쪽이 메모를 남기고 싶어 하지 않는다면 다음과 같이 다시 전화를 걸겠다고 말할 수 있습니다.

괜찮아요. 다시 전화할게요.

Non merci, je vais rappeler plus tard.

(농 멕씨, 쥬 베 하플레 플뤼스 타흐드)

전화 건 쪽이 메모를 남길 때

반대로 메모를 남기고 싶을 때는 이렇게 말할 수 있습니다.

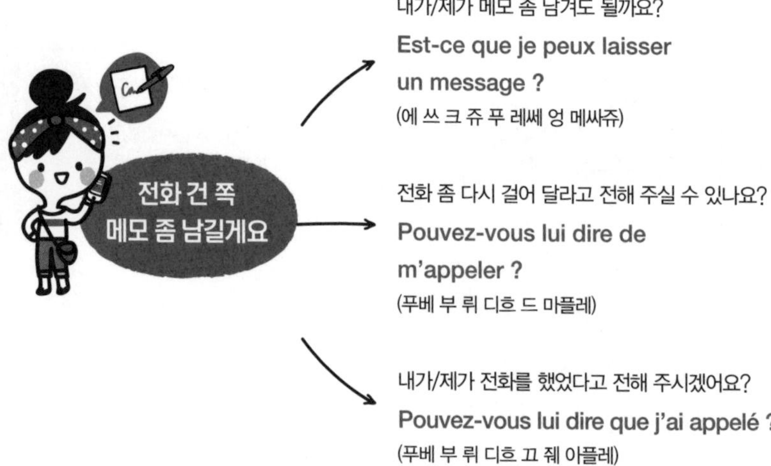

내가/제가 메모 좀 남겨도 될까요?

Est-ce que je peux laisser un message ?

(에 쓰 크 쥬 푸 레쎄 엉 메싸쥬)

전화 좀 다시 걸어 달라고 전해 주실 수 있나요?

Pouvez-vous lui dire de m'appeler ?

(푸베 부 뤼 디흐 드 마플레)

내가/제가 전화를 했었다고 전해 주시겠어요?

Pouvez-vous lui dire que j'ai appelé ?

(푸베 부 뤼 디흐 끄 줴 아플레)

잘 못 들었어요/천천히 말씀해 주세요/더 크게 말씀해 주세요

만약 상대가 너무 빨리 말하거나 목소리가 작아서 잘 들리지 않는다면 어떻게 해야 할까요? 천천히, 더 큰 목소리로, 다시 한번 말해 달라고 부탁해야겠지요.

Je ne vous entends pas bien.
(쥬 느 부 성텅드 파 비앙)

Je vous entends très mal.
(쥬 부 성텅드 트헤 말)

좀 천천히 말해 줄 수 있나요? ----→ **Pourriez-vous parler lentement, s'il vous plaît ?**
(푸히에 부 파흘레 렁트멍, 씰 부 플레)

더 크게 말해 줄 수 있나요? ----→ **Pourriez-vous parler plus fort, s'il vous plaît ?**
(푸히에 부 파흘레 플뤼스 포흐, 씰 부 플레)

한 번 더 말해 줄 수 있나요? ----→ **Pourriez-vous répéter, s'il vous plaît ?**
(푸히에 부 헤페테, 씰 부 플레)

잘못 걸었네요

혹은 전화 건 사람이 엉뚱한 사람이나 장소를 찾는 경우를 생각해 봅시다. 그럴 때는 그 사람에게 이렇게 말해 줄 수 있습니다.

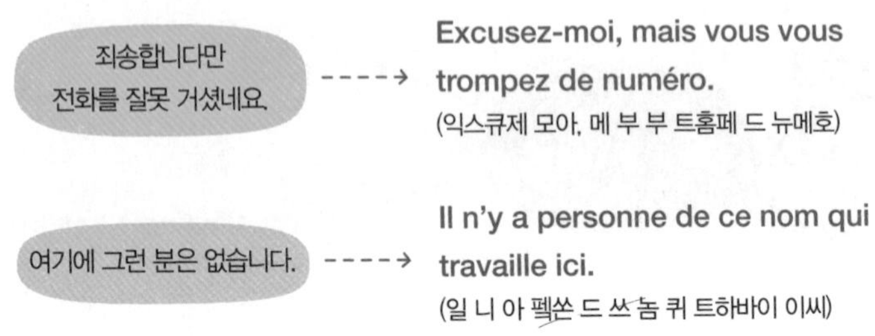

죄송합니다만
전화를 잘못 거셨네요.
Excusez-moi, mais vous vous trompez de numéro.
(익스큐제 모아, 메 부 부 트홈페 드 뉴메호)
여기에 그런 분은 없습니다.
Il n'y a personne de ce nom qui travaille ici.
(일 니 아 펙쏜 드 쓰 놈 퀴 트하바이 이씨)

전화 끊기

통화를 마쳐야 할 때가 되었습니다. 감사하다는 말과 작별 인사를 하면서 대화를 마무리해 봅시다.

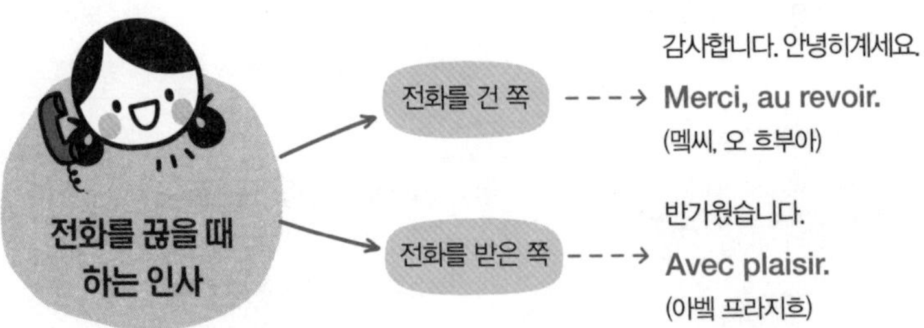

전화를 끊을 때

감사합니다. 안녕히계세요.
Merci, au revoir.
(멕씨, 오 흐부아)

반가웠습니다.
Avec plaisir.
(아벡 프라지흐)

명령하기

L'ordre

앞에서 부탁하기에 대해 배워 보았습니다. 만약 그래도 듣지 않는다면 강도를 높여 말해야 하지 않을까요? 프랑스어의 명령문은 영어와 비슷합니다. 동사를 문장 앞으로 빼 주고 주어는 생략합니다. 굳이 말하지 않아도 명령을 듣는 사람이 눈 앞의 사람임을 알 수 있기 때문입니다.

MP3 30-01

행동 명령하기

우리가 어떤 행동을 하라고 지시하는 대상으로 쓸 수 있는 주어는 다음 세 가지가 있습니다.

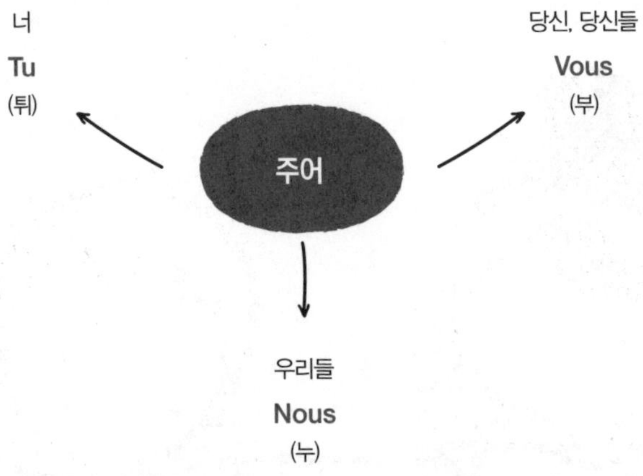

명령문은 평서문과 어순이 좀 다릅니다. 주어를 쓰지 않고 대신 동사를 앞으로 가져옵니다.

친한 사람에게 명령하기

친한 사람에게 무언가를 지시하는 상황에서는 주어에 tu를 씁니다. 동사는 주어에 맞추어 변형시키면 됩니다.

친한 사람에게 명령하기

평서문	명령문
네가 소포를 보낸다. **Tu donnes le paquet.** (튀 도네 르 파케)	소포 보내! **Donne le paquet !** (도네 르 파케)
네가 문을 닫는다. **Tu fermes la porte.** (튀 페흐므 라 포흐트)	문 닫아! **Ferme la porte !** (페흐므 라 포흐트)
네가 물을 마신다 **Tu bois de l'eau.** (튀 보아 드 로)	물 마셔! **Bois de l'eau !** (보아 드 로)

CHAPTER 30

그럼 이제 이런 형식의 동사로 시작하는 명령문을 만났을 때, 명령을 듣는 대상은 주어 tu임을 알 수 있겠지요.

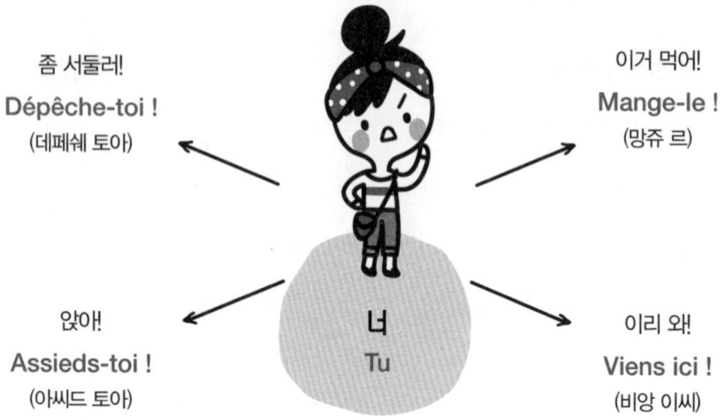
좀 서둘러!
Dépêche-toi !
(데페쉐 토아)
이거 먹어!
Mange-le !
(망쥬 르)
앉아!
Assieds-toi !
(아씨드 토아)
너
Tu
이리 와!
Viens ici !
(비앙 이씨)

tu를 주어로 하는 명령문에서 주의할 점

tu를 주어로 하는 명령문에서 오는 동사가 1군 동사 또는 1군 동사처럼 변형하는 동사일 경우, 반드시 동사 뒤에 오는 s를 버려야 합니다.

평서문	명령문
너는 노트 2권을 준다. Tu donnes 2 cahiers. (튀 도네 두 캬이에흐)	노트 2권 줘! Donne 2 cahiers ! (도네 두 캬이에흐)

명령문에서는 donnes를 donne로 변형해야 합니다.

평서문	명령문
너는 본다. **Tu regardes.** (튀 흐가흐드)	봐! **Regarde !** (흐가흐드)

명령문에서는 regardes를 regarde로 변형해야 합니다.

친하지 않은 사람에게 명령하기

우리가 친하지 않은 사람, 사람들에게 명령할 때는 주어로 vous를 씁니다.

평서문	명령문
당신은 신발을 신는다. **Vous portez les chaussures.** (부 포흐테 레 슈쒸흐)	신발을 신으세요! **Portez les chaussures !** (포흐테 레 슈쒸흐)
당신은 어린아이를 본다. **Vous regardez les enfants.** (부 흐갸흐데 레 정펑)	저 어린아이를 보세요! **Regardez les enfants !** (흐갸흐데 레 정펑)
당신은 그 사탕들을 산다. **Vous achetez les bonbons.** (부 자슈테 레 봉봉)	저 사탕들을 사세요! **Achetez les bonbons !** (아슈테 레 봉봉)

그럼 이제 다음과 같은 형식의 동사로 시작하는 명령문을 만났을 때, 명령을 듣는 대상은 주어 vous임을 알 수 있겠지요.

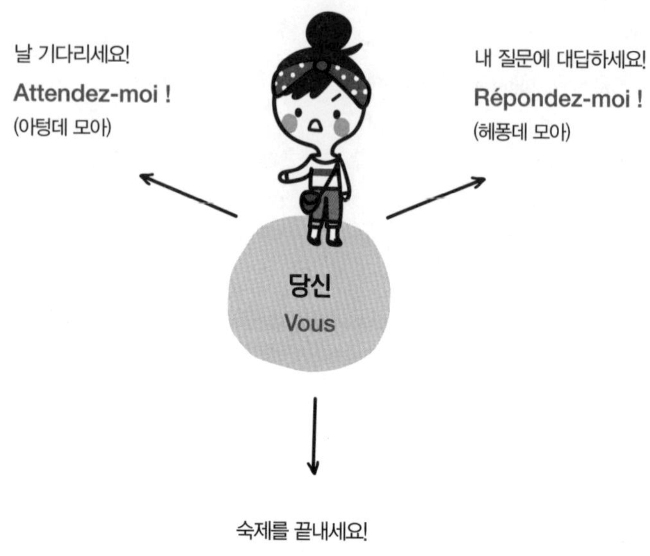

날 기다리세요!
Attendez-moi !
(아텅데 모아)
내 질문에 대답하세요!
Répondez-moi !
(헤퐁데 모아)
당신
Vous

숙제를 끝내세요!

Finissez vos devoirs !

(피니쎄 보 드부아)

'우리'에게 하는 명령 또는 권유

만약 우리에게 명령이나 권유를 할 때는 어떻게 할까요? 문장 앞에 주어 nous를 써 준 뒤 동사를 여기에 일치시킵니다. 무언가를 함께 하자고 권유할 때도 마찬가지입니다.

평서문	명령문
우리는 책을 집는다. **Nous prenons les livres.** (누 프헤농 레 리브흐)	책을 집자! **Prenons les livres !** (프헤농 레 리브흐)
우리는 사과를 먹는다. **Nous mangeons les pommes.** (누 망죵 레 폼므)	사과를 먹자! **Mangeons les pommes !** (망죵 레 폼므)
우리는 숙제를 끝낸다. **Nous finissons les devoirs.** (누 피니쏭 레 드부아)	숙제를 끝내자! **Finissons les devoirs !** (피니쏭 레 드부아)

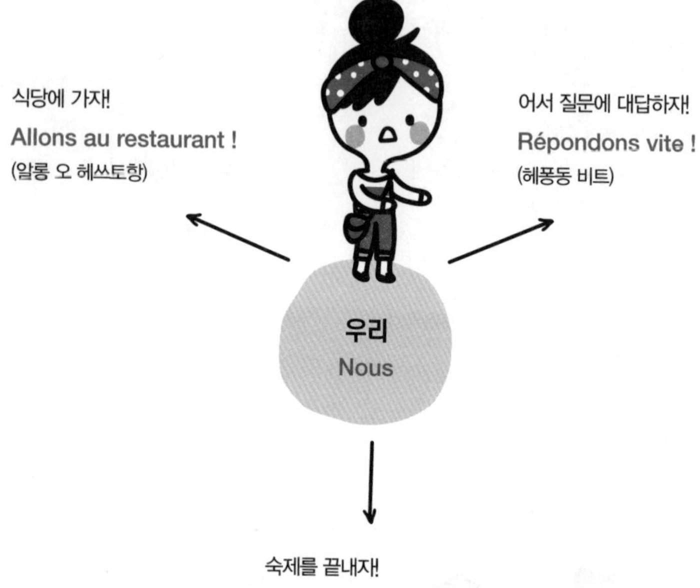
식당에 가자!
Allons au restaurant !
(알롱 오 헤쓰토항)
어서 질문에 대답하자!
Répondons vite !
(헤퐁동 비트)
우리
Nous
숙제를 끝내자!
Finissons nos devoirs !
(피니쏭 노 드부아)

MP3 30-02

어떤 행동 금지하기

누군가의 행동을 저지하는 명령도 있습니다. 예를 들어 '광장을 가로질러 가지 마시오', '운전을 빠르게 하지 마시오' 같은 말들이 있습니다. 이런 부정 명령문은 'ne ...pas' 구문을 씁니다. '...금지' 또는 '...하지 마시오'라는 뜻입니다.

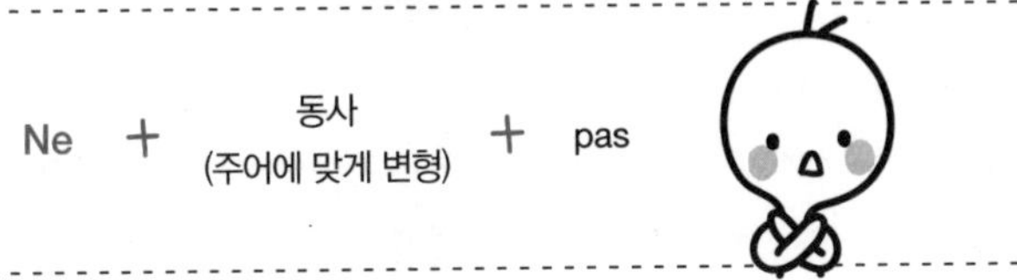

너 Tu	술 마시지 마! Ne bois pas de l'alcool ! (느 부아 파 드 랄콜)	늦게 자지 마! Ne dors pas tard ! (느 도흐 파 타흐드)
당신 Vous	늦게 돌아오지 마세요! Ne rentrez pas tard ! (느 헝트레 파 타흐드)	고기 먹지 마세요! Ne mangez pas de la viande ! (느 망제 파 드 라 비앙드)
우리 Nous	두려워 말자! N' ayons pas peur ! (내용 파 페흐)	늦게 가지 말자! Ne sortons pas tard ! (느 쏘흐통 파 타흐드)

MP3 30-03

명령어로 쓰일 때 특별하게 변형되는 동사들

다음 동사들은 명령어에서 불규칙하게 변형되는 동사들입니다. 따로 잘 익혀 두도록 합시다.

	tu	nous	vous
avoir 가지고 있다	aie(아이)	ayons(아용)	ayez(아예)
être …이다, …에 있다	sois(쑤아)	soyons(쑤아용)	soyez(쑤아이예)
savoir 알다	sache(싸쥐)	sachons(싸숑)	sachez(싸셰)
vouloir 원하다	veuille(붸이으)	veuillons(붸이용)	veuillez(붸이예)

너
Tu

용기를 가져!
Aie du courage !
(아이 뒤 코하쥬)

관대한 사람이 되렴!
Sois gentil !
(쑤아 정틸)

진실을 깨달아!
Sache la vérité !
(싸쉬 라 베히테)

우리
Nous

견뎌 내자!
Ayons de la patience !
(아용 드 라 파씨앙쓰)

시간에 맞추자!
Soyons à l'heure !
(쑤아이용 아 레흐)

저를 믿으세요!
Ayez confiance en moi !
(아예 콩피앙스 엉 모아)

행복하세요!
Soyez heureux !
(쑤아이예 흐웨)

조심하세요!
Soyez prudent !
(쑤아이예 프휘덩)

서류를 찾으세요!
Veuillez trouver les documents !
(붸이예 트후베 레 도큐멍)

덕담 및 격려의 표현과 애도 표현하기

La félicitation et la condoléance

프랑스에서는 세계적인 명절이나 작은 기념일들 모두 즐거운 마음으로 축하합니다. 예를 들어 새해, 생일, 크리스마스, 발렌타인 데이와 같은 날들이 있지요. 이런 날에는 서로 덕담을 나눕니다. 뿐만 아니라 여행할 때, 밥을 먹을 때, 파티가 있을 때, 시험을 볼 때에도 모두 서로 덕담을 나눈답니다.

MP3 31-01

주요 기념일에 하는 덕담

새해 복 많이 받으세요!

Bonne année.

(본 아네)

Bon nouvel an.

(봉 누벨 랑)

해피 발렌타인 데이!

Bonne Saint Valentin.

(본 썽 발렁틴느)

메리 크리스마스!

Joyeux noël.

(주아이유 노엘)

즐거운 파티 되세요!

Bonne fête.

(본 페트)

학업이나 업무에 관련된 덕담

학업이나 업무에 관련된 덕담들은 다음과 같습니다.

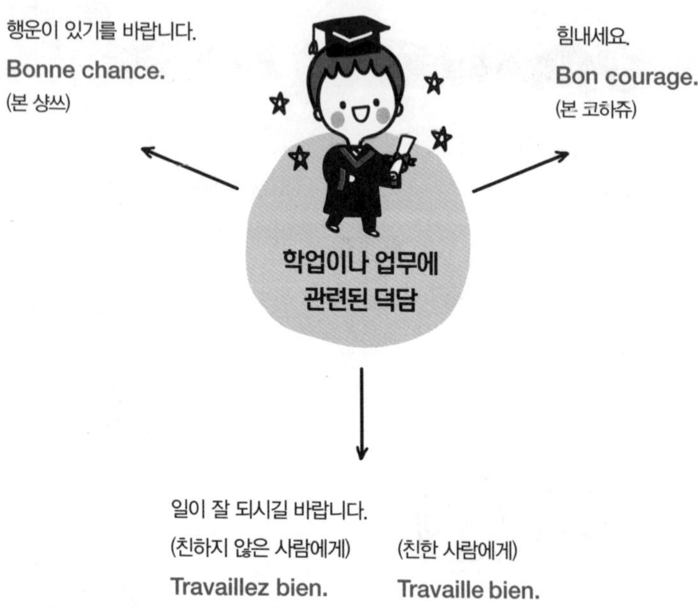
행운이 있기를 바랍니다.
Bonne chance.
(본 샹쓰)
힘내세요.
Bon courage.
(본 코하쥬)
학업이나 업무에
관련된 덕담
일이 잘 되시길 바랍니다.
(친하지 않은 사람에게)
Travaillez bien.
(트하바이예 비앙)
(친한 사람에게)
Travaille bien.
(트하바이 비앙)

생일 축하 덕담

생일에도 역시 덕담을 주고받습니다.

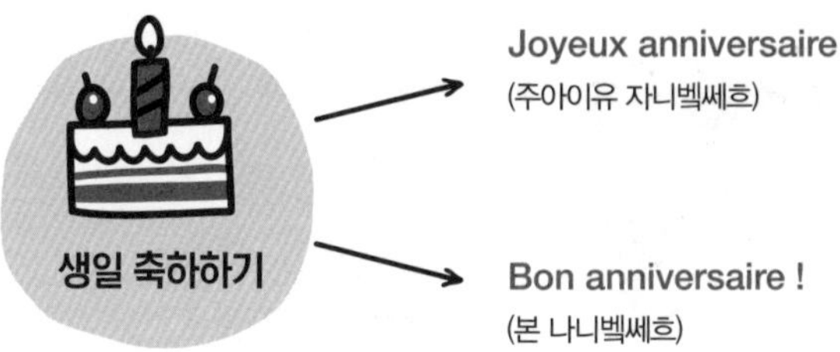

Joyeux anniversaire !
(주아이유 자니벡쎄흐)

Bon anniversaire !
(본 나니벡쎄흐)

여행을 떠나는 사람에게 하는 덕담

친구나 아는 사람이 여행을 떠나게 되었을 때 하는 덕담은 어떤 것들이 있을까요?

여행을 떠나는 사람에게 하는 덕담

즐거운 여행 되세요.
Bon voyage.
(봉 보야주)

행복한 여행 되시기를.
Bon séjour.
(봉 쎄쥬흐)

즐거운 휴가 되길 바랄게요.
Bonnes vacances.
(본 바캉쓰)

여행 잘하세요!
Bonne route.
(본 후트)

결혼식에서 하는 덕담

결혼식에서 하는 덕담, 또는 커플에게 하는 덕담입니다.

행복하세요.

Tous mes voeux de bonheur.

(투 메 뷔 드 보네흐)

두 분을 축하드립니다.

Félicitations à vous deux.

(펠리씨타씨옹 아 부 두)

가장 즐겨 쓰는 덕담들

프랑스인들이 가장 즐겨 쓰는 덕담들은 다음과 같은 것들이 있습니다.

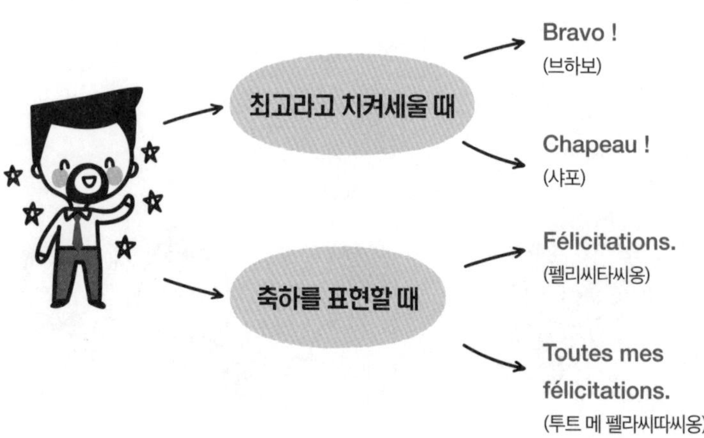
최고라고 치켜세울 때
Bravo !
(브하보)
Chapeau !
(샤포)
축하를 표현할 때
Félicitations.
(펠리씨타씨옹)
Toutes mes félicitations.
(투트 메 펠라씨따씨옹)

일상에서 나누는 덕담

좋은 하루 되세요.

Bonne journée.

(본 쥬흐네)

좋은 저녁 되세요./좋은 밤 되세요.

Bonne soirée.

(본 쑤아이헤)

좋은 주말 보내세요.

Bon week-end.

(봉 위 켄드)

즐거운 시간 되세요.

Amuse-toi bien.

(아뮤수 토아 비앙)

Amusez-vous bien.

(아뮤제 부 비앙)

술 마시기 전에 나누는 덕담

식사 전, 술 마시기 전, 건배하기 전에 나누는 덕담들은 다음과 같은 것들이 있습니다.

식사 맛있게 하세요(먹기 전에 하는 말).

Bon appétit.

(봉 나페티트)

당신의 건강을 위하여.

À votre santé.

(아 보트흐 쌍테)

당신을 위해 건배(친하지 않은 사람에게).

À la vôtre.

(아 라 보트흐)

너를 위해 건배(친한 사람에게).

À la tienne.

(아 라 티엔느)

아픈 사람 격려하기

널리 쓰이는 덕담들 외에, 병문안 가서 아픈 사람을 격려하는 말들도 알아봅시다.

아픈 사람 격려하기

몸조리 잘 해.

Soigne-toi bien.

(쑤아니 토아 비앙)

어서 나으렴.

Remets-toi bien.

(흐메트 토아 비앙)

어서 낫기를 바랄게.

Meilleur santé.

(메이웨 쌍테)

Prompt rétablissement.

(프홈 헤타블리쓰멍)

애도 표현하기

장례식장이나 소중한 것을 잃은 상황에서 애도를 표현하는 법을 알아봅시다.

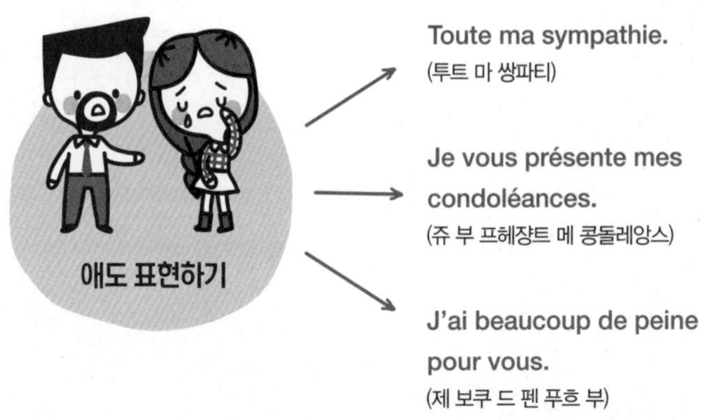

애도 표현하기
Toute ma sympathie.
(투트 마 쌍파티)
Je vous présente mes condoléances.
(쥬 부 프헤쟝트 메 콩돌레앙스)
J'ai beaucoup de peine pour vous.
(제 보쿠 드 펜 푸흐 부)

애도의 말씀을 전합니다

Toutes mes condoléances.

(투트 메 콩돌레앙스)

일상적인 활동들

La routine quotidienne

프랑스인들은 누군가의 가치관이 사는 지역이나 자라 온 가족들 등등 그 사람의 주변 환경에 달려 있다고 생각합니다. 사람이 많은 환경의 나라에서 자란 사람이라면 삶도 더욱 빠르고 활기차겠지요.

MP3 32-01

일상적인 활동들

잠에서 깨어나 다시 잠에 들 때까지 우리가 일상 속에서 하는 행동들을 살펴봅시다. 이것들을 프랑스어로는 어떻게 말할까요? 다음 단어들은 모두 동사입니다.

잠에서 깨다 **se réveiller** (쓰 헤베이예)	세수하다 **se laver le visage** (쓰 라베 르 비싸쥬)	양치질하다 **se brosser les dents** (쓰 브호쎄 레 덩)
목욕하다 (욕조에 몸을 담금) **prendre un bain** (프헝드흐 엉 방)	샤워하다(샤워꼭지를 사용) **prendre une douche** (프헝드흐 윈느 도쉬)	옷을 입다 **s'habiller** (싸비에)
화장하다 **se maquiller** (쓰 마퀴에)	머리 빗다 **se brosser les cheveux** (쓰 브호쎄 레 슈부)	아침 식사 하다 **prendre le petit déjeuner** (프헝드흐 르 프티 데쥬네)

CHAPTER 32

공부하다 **étudier** (에튀디에)	일하다 **travailler** (트하바이예)	점심 식사 하다 **déjeuner** (데쥬네)
요리하다 **faire la cuisine** (페흐 라 퀴진)	숙제하다 **faire le devoir** (페흐 르 드부아)	저녁 식사 히다 **dîner** (디네)
TV 보다 **regarder la télévision** (흐갸흐데 라 텔레비지옹)	노래 듣다 **écouter la musique** (에쿠테 라 뮤지크)	운동하다 **faire du sport** (페흐 뒤 스폭트)
옷을 빨다 **laver des vêtements** (라베 데 베트멍)	다림질하다 **repasser** (흐파쎄)	잠에 들다 **se coucher** (쓰 쿠쉐)

MP3 32-02

일상 동사 활용하기

일상 속에 쓰이는 동사들 중에서 어떤 것들은 앞에 se가 붙는 경우가 있습니다. 이 동사들을 pronominal이라고 부릅니다.

샤워하다 **se laver** (쓰 라베)	산책하다 **se promener** (쓰 프호므네)	잠에서 깨다 **se réveiller** (쓰 헤베이예)	잠에 들다 **se coucher** (쓰 쿠쉐)
화장하다 **se maquiller** (쓰 마퀴에)	옷을 입다 **s'habiller** (싸비에)	옷을 벗다 **se déshabiller** (쓰 데자비에)	
휴식하다 **se reposer** (쓰 흐포제)		유감이다, 미안하다 **s'excuser** (섹스큐제)	착각하다 **se tromper** (쓰 트홍페)

이 동사들을 활용해 '나는 목욕한다', '너는 옷을 입는다', '당신은 잠에 든다' 등과 같이 말할 때는 일반적인 동사 변형 규칙을 따릅니다. 하지만 동사 뿐만 아니라 앞에 붙은 se도 함께 변해야 합니다.

-er로 끝나는 1군 동사

1. 앞에 붙는 se는 주어에 맞춰 변형시킵니다.

2. -er로 끝나는 동사는 변형할 때 er을 버리고 뒤에 다른 글자가 붙습니다.

주어	se를 다음으로 바꿈	er 버린 후	se laver 목욕하다	se coucher 잠에 들다
Je (쥬) 나	**me** (므)	e 더해 주기	나는 목욕한다. **Je me lave.** (쥬 므 라브)	나는 잠에 든다. **Je me couche.** (쥬 므 쿠슈)
Tu (튀) 너	**te** (트)	es 더해 주기	너는 목욕한다. **Tu te laves.** (튀 트 라브)	너는 잠에 든다. **Tu te couches.** (튀 트 쿠슈)
Il/Elle (일/엘) 그/그녀	**se** (쓰)	e 더해 주기	그는/그녀는 목욕한다. **Il/Elle se lave.** (일/엘 쓰 라브)	그는/그녀는 잠에 든다. **Il/Elle se couche.** (일/엘 쓰 쿠슈)

주어	se를 다음으로 바꿈	er 버린 후	se laver 목욕하다	se coucher 잠에 들다
Ils/Elles (일/엘) 그들/그녀들	se (쓰)	ent 더해 주기	그들은/그녀들은 목욕한다. Ils/Elles se lavent. (일/엘 쓰 라브)	그들은/그녀들은 잠에 든다. Ils/Elles se couchent. (일/엘 쓰 쿠슈)
Nous (누) 우리	nous (누)	ons 더해 주기	우리는 목욕한다. Nous nous lavons. (누 누 라봉)	우리는 잠에 든다. Nous nous couchons. (누 누 쿠숑)
Vous (부) 당신	vous (부)	ez 더해 주기	당신은 목욕한다. Vous vous lavez. (부 부 라베)	당신은 잠에 든다. Vous vous couchez. (부 부 쿠쉐)

-ir로 끝나는 2군 동사

1. 앞에 붙는 se는 주어에 맞춰 변형시킵니다.
2. -ir로 끝나는 동사는 기존과 똑같은 규칙으로 변형합니다. 예외 규칙도 마찬가지입니다. 기존에 배웠던 변화 규칙을 먼저 보겠습니다.

주어	se를 다음으로 바꿈	er 버린 후	s'évanouir 기절하다
Je (쥬) 나	**me** (므)	is 더해 주기	나는 기절한다. **Je m'évanouis.** (쥬 메바누위)
Tu (튀) 너	**te** (트)	is 더해 주기	너는 기절한다. **Tu t'évanouis.** (튀 테바누이)
Il/Elle (일/엘) 그/그녀	**se** (쓰)	it 더해 주기	그/그녀는 기절한다. **Il/Elle s'évanouit.** (일/엘 쎄바누이)
Ils/Elles (일/엘) 그들/그녀들	**se** (쓰)	issent 더해 주기	그들/그녀들은 기절한다. **Ils/Elles s'évanouissent.** (일/엘 쎄바누이쓰)

주어	se를 다음으로 바꿈	er 버린 후	s'évanouir 기절하다
Nous (누) 우리	**nous** (누)	issons 더해 주기	우리는 기절한다. **Nous nous évanouissons.** (누 누 쎄바누이쏭)
Vous (부) 당신	**vous** (부)	issez 더해 주기	당신은 기절한다. **Vous vous évanouissez.** (부 부 쎄바누이쎄)

CHAPTER 32

'느끼다 se sentir' 또는 '졸립다 s'endormir'와 같은 일부 동사들은 다음과 같이 변형됩니다.

주어	se를 다음으로 바꿈	tir/mir 자르기	se sentir 느끼다	s'endormir 졸리다
Je (쥬) 나	**me** (므)	s 더해 주기	나는 느낀다. **Je me sens.** (쥬 므 썽)	나는 졸립다. **Je m'endors.** (쥬 멍도흐)
Tu (튀) 너	**te** (트)	s 더해 주기	너는 느낀다. **Tu te sens.** (튀 트 썽)	너는 졸립다. **Tu t'endors.** (튀 텅도흐)
Il/Elle (일/엘) 그/그녀	**se** (쓰)	t 더해 주기	그/그녀는 느낀다. **Il/Elle se sent.** (일/엘 쓰 썽)	그/그녀는 졸립다. **Il/Elle s'endort.** (일/엘 썽도흐)
Ils/Elles (일/엘) 그들/그녀들	**se** (쓰)	tent/ment 더해 주기	그들/그녀들은 느낀다. **Ils/Elles se sentent.** (일/엘쓰 썽트)	그들/그녀들은 졸립다. **Ils/Elles s'endorment.** (일/엘 썽도흐므)

주어	se를 다음으로 바꿈	tir/mir 자르기	se sentir 느끼다	s'endormir 졸리다
Nous (누) 우리	**nous** (누)	tons/ mons 더해 주기	우리는 느낀다. **Nous nous sentons.** (누 누 썽통)	우리는 졸립다. **Nous nous endormons.** (누 누 정도흐몽)
Vous (부) 당신	**vous** (부)	tez/mez 더해 주기	당신은 느낀다. **Vous vous sentez.** (부 부 썽테)	당신은 졸립다. **Vous vous endormez.** (부 부 정도흐메)

동사의 활용에 대해 더 자세한 내용은 7단원에서 복습할 수 있습니다.

Memo

일상 생활에 관련된 동사 외에도, pronominal의 형태로 쓰이는 동사들이 있습니다. '서로'하는 행동과 관련된 동사들입니다. 예를 들어 보겠습니다.

만나다 rencontrer(헝꽁트헤) 서로 만나다 se rencontrer(쓰 헝꽁트헤)
쓰다 écrir(에크히흐) 서로 써주다 s'écrire(쎄크히흐)
사다 acheter(아슈테) 서로 사주다 s'acheter(싸슈테)
사랑하다 aimer(애매) 서로 사랑하다 s'aimer(쎄매)
논쟁하다 disputer(디쓰쀼테) 서로 논쟁하다 se disputer(쓰 디쓰쓔테)
주다 offrir(오프히흐) 서로 주다 s'offrir(쏘프히흐)

음식과 음료

L'alimentation et la boisson

프랑스인들이 절대 포기할 수 없는 음식은 바로 빵입니다. 매 끼니마다 식탁에 빵이 올라가지요. 이때의 식사 예절은 빵을 집어 접시 옆에 두고 조금씩 먹을 만큼만 뜯어 먹는 것입니다.

우리에게도 널리 알려져 있는 빵은 부드러운 버터를 발라 구운 '크로와상 croissant'입니다. 크로와상은 '초승달'이라는 뜻인데, 빵의 모양이 초승달과 비슷해 붙여진 이름입니다.

프랑스인들은 아침 식사로 빵에 버터나 잼을 발라서 커피나 핫초코와 함께 먹습니다. 점심에는 식당에서 식사를 합니다. 이 식당들은 정오부터 오후 2시까지만 문을 열었다가 저녁에 다시 문을 엽니다. 저녁 식사 시간에는 가족이나 친구들과 함께 시간을 보냅니다. 프랑스인들은 식사를 위해 무려 2시간가량을 쓴답니다.

MP3 33-01

식사 le repas

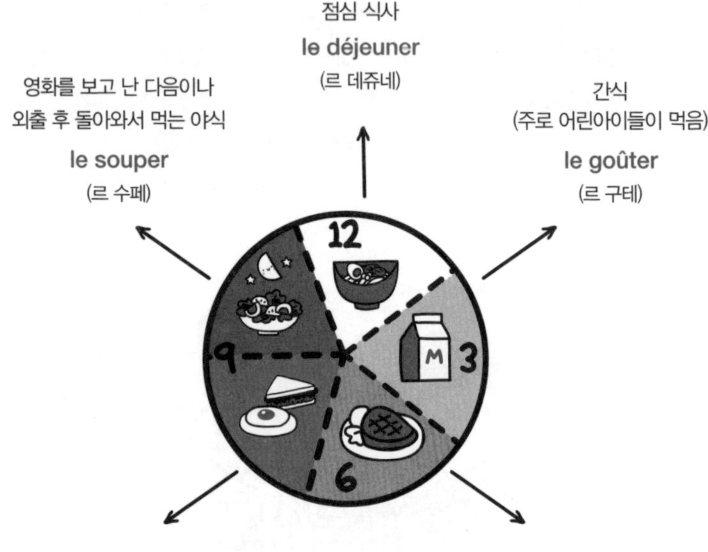

아침 식사
le petit déjeuner
(르 프티 데쥬네)

저녁 식사
le dîner
(르 디네)

음식의 종류
le type de l'alimentation

해산물
des fruits de mer
(데 프휘 드 메흐)

태국 음식
la cuisine thaïlandaise
(라 퀴진 타일렁데즈)

중국 음식
la cuisine chinoise
(라 퀴진 쉬노아즈)

일본 음식
la cuisine japonaise
(라 퀴진 쟈포네즈)

프랑스 음식
la cuisine française
(라 퀴진 프항쎄즈)

서양 음식
la cuisine occidentale
(라 퀴진 옥씨덩탈)

동양 음식
la cuisine orientale
(라 퀴진 오히엉탈)

음식 l'alimentation

쌀밥
le riz
(르 히)

국수
les nouilles
(레 누이)

스파게티, 마카로니 면
les pâtes
(레 파트)

감자튀김
les frites
(레 프히트)

으깬 감자
la purée
(라 퓨헤)

코코뱅
le coq au vin
(르 코크 오 방)

거위 간
le foie gras
(르 푸아 그하)

양파 스프
la soupe à l'oignon
(라 수프 아 로니옹)

부속 고기(내장 등)
des abats
(데 자바)

(새의)모래주머니
des gésier
(데 제쥐)

개구리 다리
des cuisses de grenouille
(데 퀴쓰 드 그헤누이으)

생 야채
des crudités
(데 크휘디테)

닭 구이

le poulet rôti

(르 풀레 호띠)

삶은 계란 반숙

l'œuf à la coque

(로프 아 라 코쿠)

스크램블 에그

les œufs brouillés

(레 즈프 브호이에)

햄

le jambon

(르 쟘봉)

돼지 구이 안에
소고기를 넣은 요리

le filet de porc braisé

(르 필레 드 포크 브헤즈)

삶은 계란

l'œuf dur

(로프 뒤흐)

스페인식 오믈렛

l'omelette catalane

(로믈레트 카탈랑느)

소시지

les saucisses

(레 쏘씨쓰)

계란후라이

l'œuf au plat

(로프 오 플라)

오믈렛

l'omelette

(로믈레트)

홍합 양념 요리

les moules farcies

(레 물르 팍씨)

큰 소시지

le saucisson

(르 쏘씨쏭)

다양한 고기 종류

양고기

l'agneau

(라니오)

토끼고기

le lapin

(르 라빵)

소고기

le bœuf

(르 부프)

닭고기

le poulet

(르 플레)

넙치

la sole

(라 쏠르)

칠면조고기

la dinde

(라 당드)

돼지고기

le porc

(르 포크)

송아지고기

le veau

(르 보)

생선

le poisson

(르 푸아쏭)

참치

le thon

(르 통)

달팽이

les escargots

(레 제스꺄흐고)

말고기

la viande de cheval

(라 비앙드 드 슈발)

오리고기

le canard

(르 캬나흐)

연어

le saumon

(르 쏘몽)

게

le crabe

(르 크하브)

새우 **les crevettes** (레 크헤베트)	랍스터 **le homard** (르 오마흐)	조가비 **les coquillages** (레 코퀴아쥬)
굴 **les huîtres** (레 위트흐)	홍합 **les moules** (레 물르)	오징어 **la seiche** (라 쎄쉬)

CHAPTER 33

유제품 les produits laitiers

버터	le beurre	(르 베흐)
치즈	le fromage	(르 프호마쥬)
우유	le lait	(르 레)
요거트	le yaourt	(르 야오흐트)
생크림	la crème fraîche	(라 크헴므 프헤쉬)

빵 le pain

통밀빵	le pain complet	(르 팡 콩플레)
토스트	le pain grillé	(르 팡 그히에)
깡빠뉴	le pain de campagne	(르 팡 드 깡파뉴)
바게트	la baguette	(라 바게트)
크로와상	le croissant	(르 크호아쌍)
잼	la confiture	(라 콩피튜흐)
꿀	le miel	(르 미엘르)
땅콩버터	le beurre de cacahuète	(르 베흐 드 캬카웨트)

디저트 le dessert

케이크	le gâteau	(르 갸토)
초콜릿 케이크	le gâteau au chocolat	(르 갸토 오 쇼콜라)
바나나 케이크	le gâteau à la banane	(르 갸토 아 라 바난느)
아이스크림	la glace	(라 글라스)
쿠키	le biscuit	(르 비스키트)
초콜릿	le chocolat	(르 쇼콜라)
사탕	le bonbon	(르 봉봉)
과일 타르트	la tarte aux fruits	(라 타흐트 오 프휘)
휘핑크림	la crème Chantilly	(라 크헹므 샹틸리)
크레페	la crêpe	(라 크헤프)

MP3 33-02

음료 la boisson

물 l'eau (f)
(로)

식수 l'eau potable (f)
(로 포타블)

얼음 une glace
(윈느 글라스)

미네랄워터 l'eau minérale (f)
(로 미네할)

커피 le café
(르 까페)

카페라떼 un café-crème au lait
(엉 까페 크헴 오 레)
또는
un crème(엉 크헴)

블랙커피 un café noir
(엉 까페 누아흐)
또는
un express(엉 익스프헤쓰)

핫초코 le chocolat chaud
(르 쇼콜라 쇼)

과일주스 le jus de fruit
(르 쥬 드 프휘)

오렌지주스 le jus d'orange
(르 쥬 도항쥬)

레몬주스 le citron pressé
(르 시트홍 프헤쎄)

파인애플주스 le jus d'ananas
(르 쥬 다나나스)

탄산수 les boissons gazeuses(레 부아쏭 가즈쓰)

술 l'alcool (m)(랄콜)

맥주 la bière(라 비에흐)

와인 le vin(르 벙)

차 le thé(르 테)

조미료 l'assaisonnement

소금
le sel
(르 쎌)

설탕
le sucre
(르 쒸크흐)

피시 소스(어간장)
la sauce de poisson
(라 쏘쓰 드 푸아쏭)

소스
la sauce
(라 쏘쓰)

고추
le piment
(르 피멍)

식초
le vinaigre
(르 비네그흐)

마요네즈
la mayonnaise
(라 마요네즈)

후추
le poivre
(르 푸아브흐)

케첩
le ketchup
(르 케첩)

올리브유
l'huile d'olive
(윌르 돌리브)

머스타드 소스
la moutarde
(라 무따흐드)

향신료
des épices (f)
(데 쎄피스)

MP3 33-03

채소 le légume

양배추 le chou
(르 쇼)

꽃양배추 le chou fleur
(르 쇼 플레흐)

상추 la laitue
(라 레튀)

완두콩 les petits pois
(레 프티 푸아)

강낭콩 les haricots
(레 아히꼬)

마늘 l'ail (m)
(라이)

옥수수 le maïs
(르 메이쓰)

생강 le gingembre
(르 장정브흐)

당근 la carotte
(라 캬흐트)

오이 le concombre
(르 콩콤브흐)

파 la ciboulette
(라 씨불레트)

고수 la coriandre
(라 꼬히엉드흐)

호박 le potiron
(르 포띠홍)

바질 le basilic
(르 바질리크)

토마토 la tomate
(라 토마트)

타로토란 le taro
(르 타호)

홍당무 le radis(르 하디)
(겉 껍질의 색이 붉은 무)

가지	l'aubergine (f) (로베흐진)
레몬	le citron (르 시트홍)
라임	le citron vert (르 시트홍 베흐)
감자	la pomme de terre (라 폼므 드 테흐)
죽순	la pousse de bamboo (라 푸쓰 드 밤부)
아스파라거스	les asperges (레 자스페즈)
양파	l'oignon (m) (로니옹)
버섯	le champignon (르 샹피뇽)
시금치	les épinards (레 제피나흐)

과일 le fruit

바나나	la banane (라 바난느)
체리	la cerise (라 쎄히즈)
수박	la pastèque (라 파스테크)
두리안	le durian (르 두히엉)
구아바	la goyave (라 구야브)
배	la poire (라 푸아흐)
오렌지	l'orange (m) (로항쥬)
코코넛	la noix de coco (라 누아 드 코코)

타마린드	**le tamarin** (르 타마헌)
망고	**la mangue** (라 망그)
파파야	**la papaye** (라 파파야)
키위	**le kiwi** (르 끼위)
아보카도	**l'avocat (m)** (라보카)
멜론	**le melon** (르 멜롱)
프룬	**la prune** (라 프휜)
복숭아	**la pêche** (라 페쉬)
딸기	**la fraise** (라 프헤즈)
라즈베리	**la framboise** (라 프함보아즈)
파인애플	**l'ananas (m)** (라나나)
포도	**les raisins** (레 헤장)
사과	**la pomme** (라 폼므)

MP3 33-04

맛 le goût

각종 음식에 관한 단어들을 배워 보았으니 이번에는 음식의 맛을 나타내는 단어를 알아보도록 합시다. 이때 쓰이는 단어들은 모두 형용사입니다. 문장 속의 주어에 맞추어 남성형과 여성형을 골라 써야 합니다.

	남성형		여성형	
시다	acide	(아씨드)	acide	(아씨드)
달다	sucré	(쒸크헤)	sucrée	(쒸크헤)
짜다	salé	(쌀레)	salée	(쌀레)
맵다	épicé	(에피쎄)	épicée	(에피쎄)
얼얼하게 맵다	piquant	(피컹)	piquante	(피컹트)
싱겁다	fade	(파드)	fade	(파드)
쓰다	amer	(아메흐)	amère	(아메흐)
자극적이다	âcre	(아크흐)	âcre	(아크흐)
느끼하다	gras	(그하)	grasse	(그하쓰)
맛있다	C'est bon.		(쎄 봉)	
맛없다	Ce n'est pas bon.		(쓰 네 파 봉)	

음식의 맛 설명하기

그럼 이제 음식의 맛을 설명하는 문장을 말해 봅시다. 말하는 사람과 듣는 사람이 서로 어떤 음식을 말하려는지 아는 상황이라면, 다음과 같이 말할 수 있습니다.

이것 …맛이네요

C'est + 맛
(쓰)

이것 …맛이 아니네요

Ce n'est pas + 맛
(쓰 네 빠)

이건 싱겁네요.
C'est fade.
(쎄 파드)

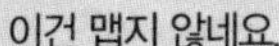

이건 맵지 않네요.
Ce n'est pas épicé.
(쓰 네 파 에삐쎄)

이건 짜네요.
C'est salée.
(쎄 쌀레)

이건 달지 않네요.
Ce n'est pas sucrée.
(쓰 네 파 쒸크헤)

CHAPTER 33

식당에서

Au restaurant

프랑스는 아름다운 경치와 건축물들로 유명합니다. 따라서 프랑스의 식당들은 손님들이 바깥쪽에서 식사를 할 수 있도록 합니다. 특히 여름에 더욱 그러합니다. 왜냐하면 프랑스인이 좋아하는 계절이기 때문입니다. 따라서 식당 바깥쪽에 식사를 하고 커피를 마실 수 있는 공간이 마련되어 있습니다.

프랑스 대부분의 식당과 레스토랑에서 생각하는 서비스료는 보통 음식값의 10-15% 정도입니다. 따라서 의무는 아니지만, 직원들의 서비스가 만족스러웠다면 팁을 주도록 합시다.

MP3 34-01

식당에서 사용하는 단어들

웨이터 **le serveur, la serveuse** (르 쎄흐붸, 라 쎄흐붸즈)	오늘의 요리 **le plat du jour** (르 플라 뒤 쥬흐)	식사 **le repas** (르 흐빠)
(남자)요리사, (여자)요리사 **le chef, la chef** (르 쉐프, 라 쉐프)	팁 **le pourboire** (르 뿌흐부아흐)	계산서 **l'addition (f)** (라디씨옹)

CHAPTER 34

서비스료 미포함	서비스료 포함	무료
le service non compris	**le service compris**	**gratuit, gratuite (adj)**
(르 쎄흐비쓰 농 콩프히)	(르 쎄흐비쓰 콩프히)	(그하튀, 그하튀트)

MP3 34-02

식당에서 알아야 할 동사들

먹고 마시는 데에 자주 쓰이는 동사들을 살펴보도록 합시다. '먹다'를 표현할 때 알아두어야 하는 동사를 좀 보겠습니다. 이 동사들은 7단원에서 배웠던 것과 동일한 규칙으로 변형됩니다.

먹다
prendre
(프헝드흐)

먹다
manger
(망줴)

prendre가 manger보다 좀 더 정중한 표현입니다.

prendre 먹다					
Je prends (쥬 프헝)	Tu prends (튀 프헝)	Il/Elle/On prend (일/엘/옹 프헝)	Nous prenons (누 프헤농)	Vous prenez (부 프헤네)	Ils/Elles prennent (일/엘 프헨느)
나는 먹는다.	너는 먹는다.	그/그녀는 먹는다.	우리는 먹는다.	당신은 먹는다.	그들/그녀들은 먹는다.

섭취하다

나는 쌀밥을 먹는다.

Je prends du riz.

(쥬 프헝 뒤 휘)

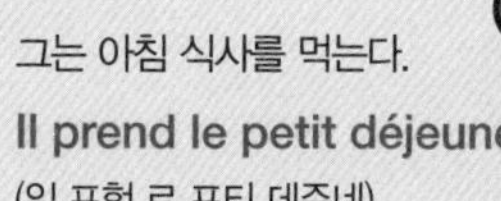

그는 아침 식사를 먹는다.

Il prend le petit déjeuner.

(일 프헝 르 프티 데쥬네)

나딘은 크로와상을 먹는다.

Nadine prend des croissants.

(나딘 프헝 데 크호아쌍)

당신은 사과를 먹는다.

Vous prenez des pommes.

(부 프헤네 데 폼므)

manger 먹다					
Je mange (쥬 망쥬)	Tu manges (튀 망쥬)	Il/Elle/On mange (일/엘/옹 망쥬)	Nous mangeons (누 망죵)	Vous mangez (부 망제)	Ils/Elles mangent (일/엘 망쥬)
나는 먹는다.	너는 먹는다.	그/그녀는 먹는다.	우리는 먹는다.	당신은 먹는다.	그들/그녀들은 먹는다.

먹다

나는 감자튀김을 먹는다.

Je mange des frites.

(쥬 망쥬 데 프히트)

그녀는 소시지를 먹는다.

Elle mange des saucisses.

(엘 망쥬 데 쏘씨쓰)

너는 닭 구이를 먹는다.

Tu manges du poulet roti.

(튀 망쥬 뒤 플레 호티)

우리는 과일 타르트를 먹는다.

Nous mangeons une tarte aux fruits.

(누 망죵 윈느 타흐트 오 프휘)

boire 마시다					
Je bois (쥬 부아)	Tu bois (튀 부아)	Il/Elle/ On boit (일/엘/옹 부아)	Nous buvons (누 부봉)	Vous buvez (부 부베)	Ils/Elles boivent (일/엘 부아브)
나는 마신다.	너는 마신다.	그/그녀는 마신다.	우리는 마신다.	당신은 마신다.	그들/ 그녀들은 마신다.

마시다

나는 우유를 마신다.

Je bois du lait.

(쥬 부아 뒤 레)

너는 물을 마신다.

Tu bois de l'eau.

(튀 부아 드 로)

당신은 와인을 마신다.

Vous buvez du vin.

(부 뷔베 뒤 벙)

그녀들은 커피를 마신다.

Elles boivent du café.

(엘 부아브 뒤 꺄페)

MP3 34-03

음식 메뉴 le menu

프랑스의 음식점에 가면 두 종류의 메뉴가 있습니다. 첫 번째 종류는 le menu 또는 la formule이라고 불립니다. 코스로 구성되어 단품을 따로 주문할 수 없습니다. 각 코스별 순서는 다음과 같습니다.

상시메뉴 le menu/ la formule(르 므뉘/라 포흐뮐)

l'appéritif (라페히티프)	칵테일이나 샴페인 등을 마시는 것입니다. 콩이나 작은 치즈 조각 등을 안주로 먹습니다. 소화액 분비를 위해 식전에 먹습니다.
les hors d'oeuvre/ l'entrée (레 오흐 디오브흐/ 렁트헤)	이어지는 순서는 hors d'oeuvre 또는 l'entrée 입니다. 영어로 l'entrée는 '메인 메뉴'라는 뜻이어서 혼돈하기가 쉽습니다만, 프랑스어에서 이 말은 샐러드 같은 가벼운 음식이라는 뜻입니다. 메인 메뉴가 나오기 전 배를 달래기 위해 먹는 음식을 가리킵니다.
le plat principal (르 플라 프힝씨팔)	벌써 몇 접시나 먹었는지 모르겠네요. 드디어 메인 메뉴가 나왔습니다. 프랑스인들의 메인 메뉴는 각종 고기입니다. 비록 배가 부르더라도 식사를 계속해 나갑니다.

le dessert
(르 데셀트)

후식입니다.

le café
(르 캬페)

커피입니다. 차 le thé를 마실 때도 있지만 커피만큼 선호하는 편은 아닙니다. 또한 저녁 식사 후에는 손님이 요청하지 않는 한 따로 내오지 않습니다.

le digestif
(르 디제스티프)

배부르게 음식을 먹고 행복해졌습니다. 그러나 아직 프랑스인들에게는 메뉴가 하나 더 남았습니다. 바로 소화를 돕기 위한 술입니다.

두 번째 메뉴 종류는 la carte입니다. 접시별로 판매하는 일반 메뉴입니다. 먹고 싶은 메뉴를 각기 골라 주문할 수 있습니다.

일반 메뉴
la carte
(라 캬흐트)

메뉴 주세요

식당에 들어와 메뉴를 달라고 부탁해 봅시다.

La carte, s'il vous plaît.
(라 캬흐트, 씰 부 플레)

Je peux avoir la carte ?
(쥬 푸 아부아 라 캬흐트)

메뉴를 보고 있으면 웨이터가 다가와 무엇을 주문할 것인지, 혹은 주문을 하려고 하는지 물어보게 됩니다.

다 고르셨나요?

Vous avez choisi ?
(부 자베 슈아지)

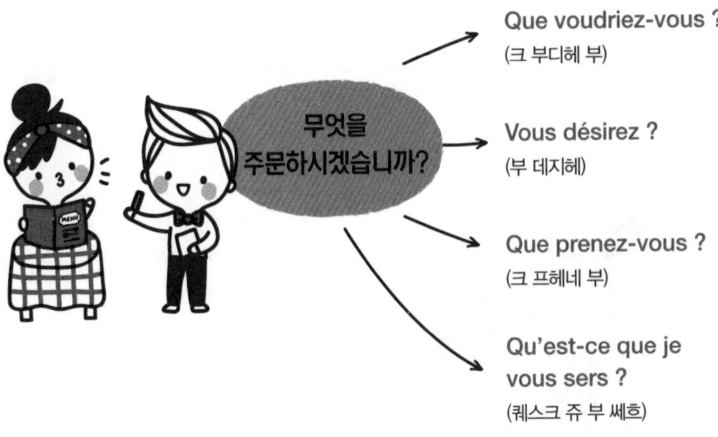
무엇을
주문하시겠습니까?
Que voudriez-vous ?
(크 부디헤 부)
Vous désirez ?
(부 데지헤)
Que prenez-vous ?
(크 프헤네 부)
Qu'est-ce que je
vous sers ?
(퀘스크 쥬 부 쎄흐)

아직 주문할 준비가 안 되었을 때

만약 아직 뭘 주문해야 할지 모르겠다면, 다음 문장 중에 하나를 골라 말해 봅시다.

잠시만요, 저희 아직 못 골랐어요.

Un moment, s'il vous plaît. Nous n'avons pas encore choisi.

(엉 모멍, 씰 부 플레. 누 나봉 파 엉코흐 슈아지)

아직 못 정했어요. 잠시만 기다려 주세요.

Je n'ai pas encore choisi. Un moment, s'il vous plaît.

(쥬 네 파 엉코흐 슈아지. 엉 모멍, 씰 부 플레)

추천해 주실 메뉴 있나요?

만약 웨이터에게 특별히 추천할 만한 메뉴가 있는지 물어보고 싶을 때는 이렇게 말하면 됩니다.

Qu'est-ce que vous recommendez ?
(퀘스크 부 흐코멍데)

Quel est le plat du jour ?
(켈 에 르 플라 뒤 쥬흐)

추천할 만한 메뉴 있나요?

MP3 34-04

음식 주문하기

음식을 주문할 때는 정중한 표현을 써야 합니다. 웨이터와 친하게 알고 지내는 사이가 아니기 때문입니다.

음식 주문하기

저는 …를 주세요 **Je voudrais ...** (쥬 부드헤) **Je prends ...** (쥬 프헝)

저는 홍합 양념 요리 주세요.

Je voudrais des moules farcies.

(쥬 부드헤 데 물르 팍씨)

저는 연어로 주세요.

Je voudrais du saumon.

(쥬 부드헤 뒤 쏘몽)

저는 랍스터 주세요.

Je voudrais du homard.

(쥬 부드헤 뒤 오마흐)

저는 토스트 주세요.

Je prends du pain grillé.

(쥬 프헝 뒤 팡 그히에)

저는 초콜릿 케이크 주세요.

Je prends des gâteaux au chocolat.

(쥬 프헝 데 갸토 오 쇼콜라)

저는 아이스크림 주세요.

Je prends de la glace.

(쥬 프헝 드 라 글라스)

CHAPTER 34

저는 …가 좋겠네요

J'aimerais ...

(제메헤)

저는 …로 할게요

Je vais prendre ...

(쥬 베 프헝드흐)

저는 참치가 좋겠네요.

J'aimerais du thon.

(제메헤 뒤 통)

저는 굴이 좋겠네요.

J'aimerais des huîtres.

(제메헤 데 위트흐)

저는 치즈가 좋겠네요.

J'aimerais du fromage.

(제메헤 뒤 프호마쥬)

저는 물로 할게요.

Je vais prendre de l'eau.

(쥬 베 프헝드흐 드 로)

저는 크레페로 할게요.

Je vais prendre des crêpes.

(쥬 베 프헝드흐 데 크헤페)

저는 파인애플 주스로 할게요.

Je vais prendre du jus d'ananas.

(쥬 베 프헝드흐 뒤 쥬 다나나스)

스테이크 익힘 정도 요청하기

만약 스테이크를 주문하려 할 때는 웨이터가 굽기 정도를 물어봅니다.

스테이크 고기의 익힘 정도 구분하기

가장 덜 익혀 피가 뚝뚝 떨어짐	고기가 분홍빛이 될 정도로만 조금 익힘	중간 정도로 익힘	충분히 익힘
bleu (블루) **saignant** (세뇽)	**rosé** (호제)	**à point** (아 포앙)	**bien cuit** (비앙 퀴)

스테이크 굽기는 어떻게 하시겠습니까?

Comment voulez-vous le steak ?

(코멍 불레 부 르 스테이크)

스테이크의 익힘 정도에 관한 단어들을 사용해 대답해 봅시다. 끝에는 '부탁합니다' 라는 뜻의 s'il vous plait를 붙여 공손하게 보이도록 합시다.

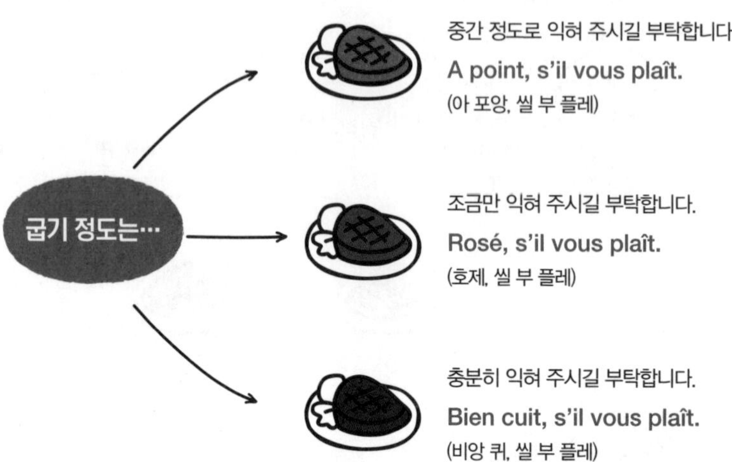

굽기 정도는…
중간 정도로 익혀 주시길 부탁합니다.
A point, s'il vous plaît.
(아 포앙, 씰 부 플레)
조금만 익혀 주시길 부탁합니다.
Rosé, s'il vous plaît.
(호제, 씰 부 플레)
충분히 익혀 주시길 부탁합니다.
Bien cuit, s'il vous plaît.
(비앙 퀴, 씰 부 플레)

피하는 음식 종류가 있어요

종종 알레르기가 있는 음식이나 못 먹는 음식들이 있지요. 이럴 때는 웨이터에게 미리 말해 주도록 합시다.

저는 …를 먹지 못합니다

Je ne peux pas manger ...

(쥬 느 푸 빠 망제)

저는 돼지고기를 먹지 못합니다.

Je ne peux pas manger du porc.

(쥬 느 푸 파 망제 뒤 포크)

저는 소고기를 먹지 못합니다.

Je ne peux pas manger du bœuf.

(쥬 느 푸 파 망제 뒤 뷔프)

저는 채식주의자입니다

말하는 사람이 남자일 때	말하는 사람이 여자일 때
Je suis végétarien.	**Je suis végétarienne.**
(쥬 쒸 베제타히엉)	(쥬 쒸 베제타이엔느)

저는 …에 알레르기가 있어요

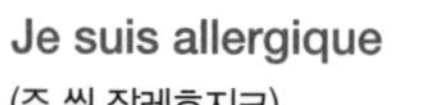

Je suis allergique (쥬 쒸 잘레흐지크)	+	**au** (오)	+	알레르기 종류 (남성 단수형)
Je suis allergique (쥬 쒸 잘레흐지크)	+	**à la** (아 라)	+	알레르기 종류 (여성 단수형)
Je suis allergique (쥬 쒸 잘레흐지크)	+	**aux** (오)	+	알레르기 종류 (복수형/성별은 상관 없음)

나는 우유 알레르기가 있다.

Je suis allergique au lait.

(쥬 쒸 잘레흐지크 오 레)

우유 lait

남성 단수형 명사이기 때문에 au를 씁니다.

나는 오징어 알레르기가 있다.

Je suis allergique à la seiche.

(쥬 쒸 잘레흐지크 아 라 쎄쉬)

오징어 seiche

여성 단수형 명사이기 때문에 à la를 씁니다.

나는 해산물 알레르기가 있다.

Je suis allergique aux fruits de mer.

(쥬 쒸 잘레흐지크 오 프휘 드 메흐)

해산물 fruits de mer

복수형 명사이기 때문에 aux를 씁니다.

식사 전에 나누는 덕담

프랑스인들은 식사를 시작하기 전에 나누는 덕담이 있습니다.

맛있게 먹어!

Bon appétit !

(봉 나페티)

배부를 때

식사 다 하셨나요?

C'est terminé ?

(쎄 테흐미네)

배부르게 먹었어요.

J'ai bien mangé.

(줴 비앙 망제)

더 이상 못 먹겠어요.
(아주 배부를 때)

Je n'en peux plus.

(쥬 넝 푸 플뤼스)

계산이요/계산해 주세요

식사를 다 마쳤으니 음식값을 생각할 시간입니다. 프랑스어로 계산할 때 쓰는 말은 다음과 같습니다.

L'addition, s'il vous plaît.

(라디씨옹, 씰 부 플레)

Monsieur, je peux avoir l'addition ?

(므쓔, 쥬 푸 아부아 라디씨옹)

의복

Les vêtements

MP3 35-01

프랑스가 향수와 패션의 나라라는 건 다들 들어 봤겠지요? 프랑스인들은 세련된 취향을 갖고 있기 때문입니다. 특히 패션에 관해서라면 항상 멋있게 차려입곤 합니다. 세계적으로 유명한 브랜드 중에 프랑스 브랜드가 많고, 큰 규모의 패션쇼를 벌이기도 합니다

여성과 남성 모두 입을 수 있는 옷

먼저 여성과 남성 모두 입을 수 있는 옷에 관한 단어부터 살펴보도록 합시다.

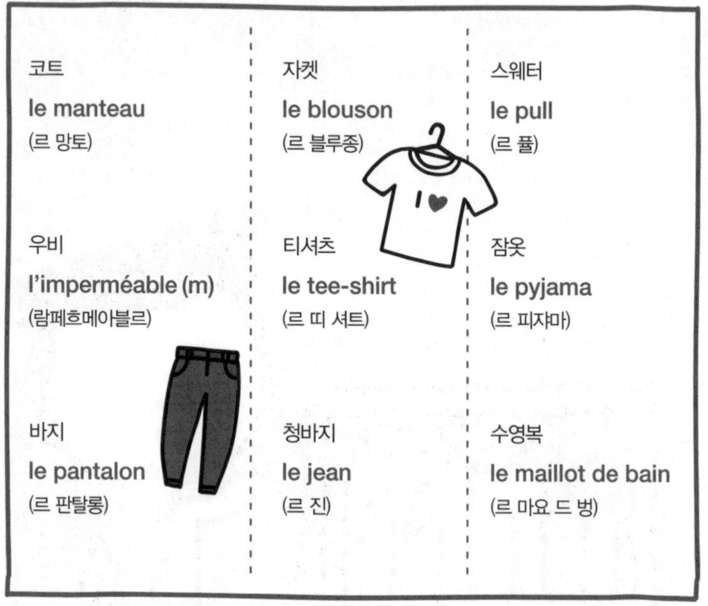

코트 **le manteau** (르 망토)	자켓 **le blouson** (르 블루종)	스웨터 **le pull** (르 퓔)
우비 **l'imperméable (m)** (람페흐메아블르)	티셔츠 **le tee-shirt** (르 띠 셔트)	잠옷 **le pyjama** (르 피자마)
바지 **le pantalon** (르 판탈롱)	청바지 **le jean** (르 진)	수영복 **le maillot de bain** (르 마요 드 벙)

반바지 le short (르 쇼흐트)	허리띠 la ceinture (라 썽튀흐)	양말 les chaussettes (레 쇼쎄트)	신발 les chaussures (레 쇼쒸흐)
스포츠화 les tennis (레 테니스)	부츠 les bottes (레 부트)	샌들 les sandales (레 썽달)	

여성복

les vêtements pour femme(레 베트엉 뿌흐 팜)

긴 양말 les bas (레 바)	비키니 le bikini (르 비키니)	팬티스타킹 le collant (르 콜렁)	하이힐 les chaussures à hauts talons (레 쇼쒸흐 아 오 탈롱)

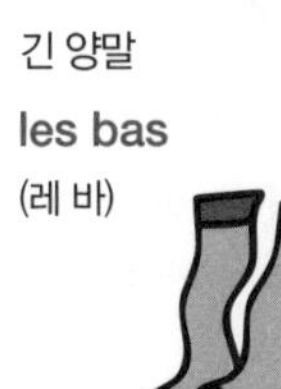

정장
le tailleur
(르 타이예흐)

미니스커트
la minijupe
(라 미니쥬프)

슬립
la combinaison
(라 콩비네죵)

원피스
la robe
(라 호브)

잠옷
la chemise de nuit
(라 쉐미즈 드 뉘트)

속치마
le jupon
(르 쥬퐁)

치마
la jupe
(라 쥬프)

브래지어
le soutien-gorge
(르 수티앙 고흐쥬)

속바지
la petite culotte
(라 프티트 퀼로트)

남성복

les vêtements pour homme(레 베트엉 뿌흐 옴)

정장
le costume
(르 코스튬므)

셔츠
la chemise
(라 쉐미즈)

정장 자켓
le veston
(르 베스통)

넥타이
la cravate
(라 크하바트)

나비넥타이
le nœud papillon
(르 누 파피용)

내의
le maillot de corps
(르 마요 드 코흐)

속바지
le caleçon
(르 캴쏭)

주얼리와 액세서리

les bijoux et les accessoires(레 비쥬 에 레 작쎄쑤아흐)

머리핀 **la barrette** (라 바헤트)	장식핀 **l'épingle (f)** (레팡글르)	목걸이 **le collier** (르 콜리에)	팬던트 **le pendentif** (르 펑덩티프)
팔찌 **le bracelet** (르 브하쓸레)	손목시계 **la montre** (라 몽트흐)	반지 **la bague** (라 바그)	모자 **le chapeau** (르 샤포)
안경 **les lunettes** (레 뤼네트)	숄 스카프 **le châle** (르 샬르)	손수건 **le mouchoir** (르 무슈아흐)	장갑(손가락이 있는) **les gants** (레 겅)
지갑 **le portefeuille** (르 폭트페이유)	핸드백 **le sac à main** (르 삭 아 망)	백팩 **le sac à dos** (르 삭 아도)	우산 **le parapluie** (르 파하플뤼스)

브로치 **la broche** (라 브호쉬)	넥타이핀 **le fixe-cravate** (르 픽스 카하바트)	커프스 단추 **le bouton de manchette** (르 부통 드 망쉐트)
약혼반지 **la bague de fiançailles** (라 바그 드 피엉싸이)	결혼반지 **l'alliance (f)** (랄리엉스)	선글라스 **les lunettes de soleil** (레 뤼네트 드 솔레이)
스카프(사각형) **le foulard** (르 푸라흐) 	스카프(길쭉한 형태) **l'écharpe (f)** (레샤프)	목도리 **le cache-nez** (르 카쉬 네) 
벙어리 장갑 **les moufles** (레 무플르)	서류 가방 **le porte-documents** (르 포흐트 도큐멍)	

MP3 35-02

몸 치장과 관련된 동사들

몸 치장과 관련된 프랑스어 동사들은 상황에 따라 무척 다양합니다.

입는다 mettre(메트흐)

이 단어는 옷, 신발, 장신구, 모자 등등을 가리지 않고 사용할 수 있는 단어입니다. 현재 옷입는 동작을 하고 있는 사람을 더욱 강조해 주는 단어입니다.

mettre 입는다					
Je mets (쥬 메)	Tu mets (튀 메)	Il/Elle/ On met (일/엘/옹 메)	Nous mettons (누 메통)	Vous mettez (부 메테)	Ils/Elles mettent (일/엘 메트)
나는 입는다.	너는 입는다.	그/그녀는 입는다.	우리는 입는다.	당신은 입는다.	그들/ 그녀들은 입는다.

옷을 입는다

나는 바지를 입는다.

Je mets le pantalon.

(쥬 메 르 판탈롱)

우리는 신발을 신는다.

Nous mettons les chaussures.

(누 메통 레 슈쒸흐)

너는 티셔츠를 입는다.
Tu mets le tee-shirt.
(튀 메 르 티 셔트)

당신은 셔츠를 입는다.
Vous mettez la chemise.
(부 메테 라 슈미즈)

그는 넥타이를 한다.
Il met la cravate.
(일 메 라 크하바트)

그녀들은 잠옷을 입는다.
Elles mettent les chemises de nuit.
(엘 메트 제 슈미즈 르 뉘)

입고 있다 porter(포흐테)

현재 착용 중인 옷에 대해 설명하려 할 때는 대신 이 단어를 씁니다. 착용하고 있는 옷을 더욱 강조해 주는 동사입니다.

porter 입고 있다					
Je porte (쥬 포흐트)	Tu portes (튀 포흐트)	Il/Elle/On porte (일/엘/옹 포흐트	Nous portons (누 포흐똥)	Vous portez (부 포흐테)	Ils/Elles portent (일/엘 포흐트)
나는 입고 있다.	너는 입고 있다.	그/그녀는 입고 있다.	우리는 입고 있다.	당신은 입고 있다.	그들/그녀들은 입고 있다.

착용 중이다

나는 안경을 쓰고 있다.

Je porte les lunettes.

(쥬 포흐트 레 뤼네트)

너는 목걸이를 차고 있다.

Tu portes le collier.

(튀 포흐트 르 콜리에)

그는 검은색 자켓을 입고 있다.

Il porte le veston noir.

(일 포흐트 르 베스통 누아흐)

우리는 원피스를 입고 있다.

Nous portons les robes.

(누 포흐통 레 호브)

당신은 치마를 입고 있다.

Vous portez la jupe.

(부 포흐테 라 쥬프)

그녀들은 수영복을 입고 있다.

Elles portent les maillots de bain.

(엘 포흐트 레 마이요 드 방)

꾸미다 s'habiller(싸비에)

자기 자신 또는 누군가가 몸을 꾸민다는 것을 표현할 때는 s'habiller라는 단어를 씁니다. pronominal 유형에 해당하는 단어입니다. 동사 변형을 할 때에는 동사 전체와 앞에 붙은 se가 함께 변화합니다(이 유형의 동사 변형은 32단원에서 자세히 다뤘습니다. 돌아가서 복습해 봅시다).

s'habiller 꾸미다					
Je m'habille (쥬 마비)	Tu t'habilles (튀 따비)	Il/Elle/On s'habille (일/엘/옹 싸비)	Nous nous habillons (누 누 자비용)	Vous vous habillez (부 부 자비예)	Ils/Elles s'habillent (일/엘 싸비)
나는 꾸민다.	너는 꾸민다.	그/그녀는 꾸민다.	우리는 꾸민다.	당신은 꾸민다.	그들/그녀들은 꾸민다.

일반적으로 동사 s'habiller는 일상 속에서 몸을 꾸미는 것을 가리키는 단어입니다. 예를 들어 아침에 출근이나 등교하기 위해 단장하는 것 말입니다. 목적어가 필요 없기 때문에 뒤에 옷 등의 단어가 추가적으로 따라올 필요는 없지만, 옷의 스타일을 설명하고 싶다면 수식어를 함께 써 줄 수 있습니다.

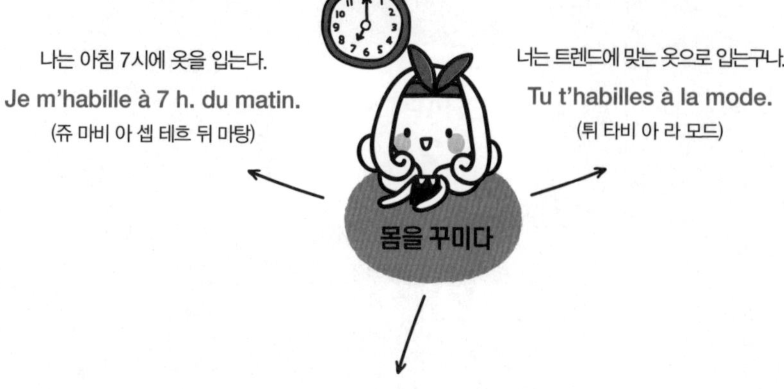

나는 아침 7시에 옷을 입는다.
Je m'habille à 7 h. du matin.
(쥬 마비 아 셉 테흐 뒤 마탕)

너는 트렌드에 맞는 옷으로 입는구나.
Tu t'habilles à la mode.
(튀 타비 아 라 모드)

오드리는 검정색 옷을 입는다.
Audrey s'habille en noir.
(오드리 싸비 엉 누아흐)

또는 특별한 상황을 위해 옷을 차려 입는 상황에서도 사용할 수 있습니다. 예를 들어 결혼식에 가기 위해서나 파티에 가기 위해 차려 입는 상황 등입니다.

그녀들은 결혼식에 가기 위해 장밋빛 옷을 차려 입었다.
Elles s'habillent en rose pour le mariage.
(엘 싸비 엉 호즈 푸흐 르 마히아쥬)

그들은 그들의 손님을 맞이하기 위해 차려 입었다.
Ils s'habillent pour recevoir leurs hôtes.
(일 싸비 푸흐 흐쓰부아흐 레흐 조트)

물건 사기

Le shopping

프랑스는 쇼핑의 나라라고 해도 과언이 아닙니다. 세계적으로 인기 높은 브랜드들이 많기 때문입니다. Louis Vuitton, Coach, Emporio Armani, Burberry, D&G 외에도 수많은 브랜드가 있습니다. 신발, 가방, 옷, 화장품 뿐만 아니라 프랑스는 향수로도 유명하지요.

세계에서 몰려온 쇼핑꾼들이 찾는 프랑스의 쇼핑 명소는 Gallery Lafayette, Benelux Duty Free 등이 있습니다. 이곳에서는 다양한 나라 출신의 직원들이 카운터에서 일하고 있습니다. 여행자 손님의 언어에 맞게 서비스를 제공하기 위해서입니다. 또다른 유명 쇼핑 거리로는 Champs Elysées, Saint Honoré, Boulevard Haussmann 등이 있습니다. 하루 종일 걸으면서 쇼핑할 수 있는 곳들입니다.

MP3 36-01

물건을 살 때 사용하는 동사들

옷이나 과일, 야채 등을 살 때 외에도 어떤 물건을 살 때는 동사 '사다 acheter'를 사용합니다. -er로 끝나는 동사에 해당하지요. 활용할 때는 변형해서 써야 합니다.

acheter 사다					
J'achète (자쉐트)	Tu achètes (튀 아쉐트)	Il/Elle/ On achète (일/엘/옹 아쉐트)	Nous achetons (누 자쉐똥)	Vous achetez (부 자쉐테)	Ils/Elles achètent (일/엘 자쉐트)
나는 산다.	너는 산다.	그/그녀는 산다.	우리는 산다.	당신은 산다.	그들/그녀들은 산다.

사다

나는 옷을 산다.

J'achète des vêtements.

(자쉐트 데 베트멍)

우리는 집을 산다.

Nous achetons une maison.

(누 자쉐통 윈느 메죵)

너는 사탕들을 산다.

Tu achètes des bonbons.

(튀 아쉐트 데 봉봉)

장과 줄리는 과일을 산다.

Jean et Julie achètent des fruits.

(쟝 에 줄리 아쉐트 데 프휘)

그러나 쇼핑할 때는 관용적으로 따로 쓰는 표현이 있습니다. 바로 faire 동사입니다.

faire 하다					
Je fais (쥬 페)	Tu fais (튀 페)	Il/Elle/ On fait (일/엘/옹 페)	Nous faisons (누 페쏭)	Vous faites (부 페트)	Ils/Elles font (일/엘 퐁)
나는 한다.	너는 한다.	그/그녀는 한다.	우리는 한다.	당신은 한다.	그들/ 그녀들은 한다.

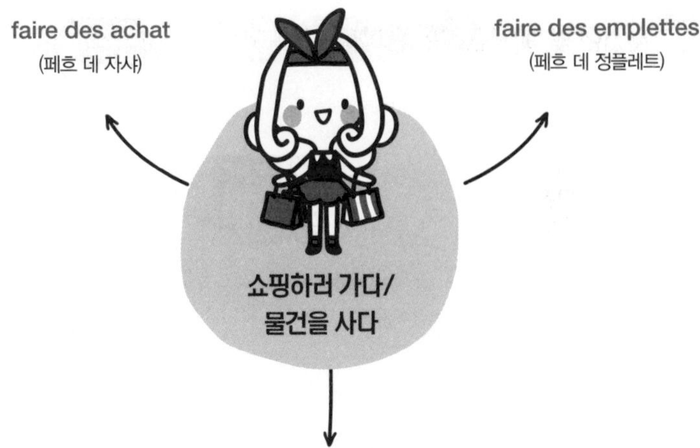

faire des courses
(페흐 데 쿠흐쓰)

나는 쇼핑한다.

Je fais des achat.

(쥬 페 데 자샤)

르부아 부인은 쇼핑한다.

Madame Ledoux fait des courses.

(마담 르두 페 데 쿠흐쓰)

당신은 쇼핑한다.

Vous faites des emplettes.

(부 페트 데 정플레트)

물건을 살 때 사용하는 단어들

명사

슈퍼마켓

un supermarché

(엉 쒸페흐마흐셰)

판매 직원

vendeur (m), vendeuse (f)

(벙데흐, 벙데즈)

가격

un prix, un coût

(엉 프히, 엉 쿠)

할인

l'escompte (m)

(레스콩트)

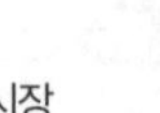

시장

un marché

(엉 마흐셰)

청구서

une facture

(윈느 팍튜흐)

손님

un client

(엉 클리엉)

샘플

un échantillon

(엉 네샹티옹)

세금

une taxe

(윈느 탁쓰)

바코드

un code barre

(엉 코드 바흐)

동사

사다 **acheter** (아슈테)	팔다 **vendre** (벙드흐)	교환하다 **changer** (샹제)
환불하다 **rembourser** (헝부흐쎄)	도매로 팔다 **vendre en gros** (벙드흐 엉 그호)	소매로 팔다 **vendre au détail** (벙드흐 오 데타이)

가격 깎기

가격을 깎다

être en solde

(에트흐 엉 쏠드)

저 미니스커트 할인 중이다!

Cette mini jupe est en solde!

(쎄트 미니 쥬프 에 텅 쏠드)

할인율 %

만약 상점에 %(pourcent)로 할인 표시가 되어 있다면 다음과 같이 말할 수 있습니다.

할인하는 % + de réduction + sur + 상품
(드 헤듁씨옹) (쒸흐)

셔츠 10% 할인 = **10% de réduction sur les chemises.**
(디스 푸흐썽 드 헤듁씨옹 쒸흐 레 슈미즈)

신발 15% 할인 = **15% de réduction sur les chaussures.**
(캥스 푸흐썽 드 헤듁씨옹 쒸흐 레 슈쒸흐)

넥타이 20% 할인 = **20% de réduction sur les cravates.**
(방 푸흐썽 드 헤듁씨옹 쒸흐 레 크하바트)

벨트 50% 할인 = **50% de réduction sur les ceintures.**
(성컹트 푸흐썽 드 헤듁씨옹 쒸흐 레 성튀흐)

직원의 손님 응대

가게에 들어서면 직원들이 어서 오라는 말을 합니다. 그리고 원하는 물건이 있는지 물어보지요.

도와드릴까요?
Je peux vous aider ?
(쥬 푸 부 에데)

필요하신 것 있으세요?
Vous désirez ?
(부 데지헤)

그럼 손님은 그냥 둘러보고 있다거나 어떠어떠한 물건을 찾는다거나 혹은 어떤 물건을 보여 달라고 대답하면 됩니다. 말 끝에 s'il vous plait를 붙여 매너 있게 말하는 것을 잊지 마세요.

그냥 둘러볼게요
아직 사려는 건 아니에요

Je regarde, s'il vous plaît.
(쥬 흐갸흐드, 씰 부 플레)

Je regarde simplement, s'il vous plaît.
(쥬 흐갸흐드 썽플르멍, 씰 부 플레)

Je jette juste un coup d'oeil, s'il vous plaît.
(쥬 제트 쥬스트 엉 쿱 도이, 씰 부 플레)

…를 보고 있는데요

Je cherche ...

(쥬 쉘슈)

반바지를 보고 있는데요.

Je cherche un short.

(쥬 쉘슈 엉 쇼흐트)

여행 가방을 보고 있는데요.

Je cherche une valise.

(쥬 쉘슈 윈느 발리쓰)

반지를 보고 있는데요.

Je cherche une bague.

(쥬 쉘슈 윈느 바그)

...좀 볼 수 있을까요?

Je voudrais voir ...

(쥬 부드헤 부아흐)

이 치마 좀 볼 수 있을까요?

Je voudrais voir cette jupe, s'il vous plaît.

(쥬 부드헤 부아흐 쎄트 쥬프, 씰 부 플레)

그 바지 좀 볼 수 있을까요?

Je voudrais voir ce pantalon, s'il vous plaît.

(쥬 부드헤 부아흐 쓰 판탈롱, 씰 부 플레)

저 신발 좀 볼 수 있을까요?

Je voudrais voir les chaussures, s'il vous plaît.

(쥬 부드헤 부아흐 레 슈쒸흐, 씰 부 플레)

MP3 36-03

상품 입어 보기

프랑스어로 '시도해 보다'라는 단어는 essayer입니다.

탈의실은 어디에 있나요?

Où est la cabine d'essayage ?

(우 에 라 카빈 데싸야쥬)

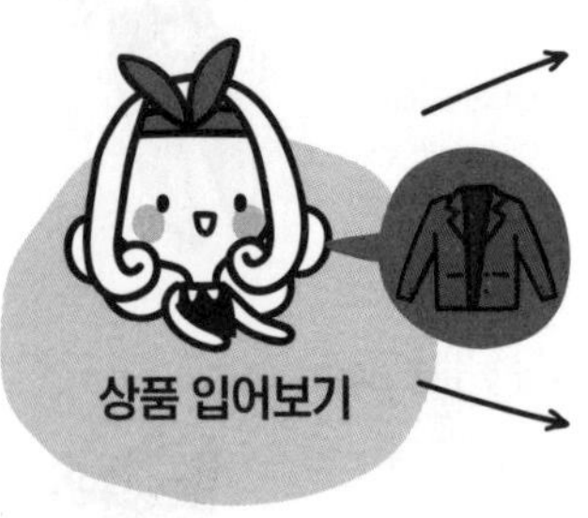

한번 입어 볼게요.

Je voudrais essayer celle ci.

(쥬 부드헤 에쎄예 쎌 씨)

이 옷 좀 입어 볼게요.

Je voudrais essayer ce tailleur.

(쥬 부드헤 에쎄예 스 타이예흐)

괜찮네요

입어보았더니 마음에 든다면 직원에게 이렇게 말하세요.

사이즈가 저한테 잘 맞네요.

C'est ma taille.

(쎄 마 타이)

저에게 잘 맞네요.

Elle me va très bien.

(엘 므 바 트헤 비앙)

퍼펙트하네요.

C'est parfait.

(쎄 팍훼)

완벽해요.

C'est impeccable.

(쎄 텅페캬블르)

별로네요

너무 꽉 끼거나 헐렁하거나, 혹은 길거나 짧은가요? 그럼 이렇게 말해 봅시다.

너무 크네요.

C'est trop grand.

(쎄 트호 그항)

너무 헐렁해요.

C'est trop large.

(쎄 트호 라흐쥬)

너무 짧아요.

C'est trop court.

(쎄 트호 쿠흐)

너무 꽉 끼어요.

C'est trop serré.

(쎄 트호 쎄헤)

너무 길어요.

C'est trop long.

(쎄 트호 롱)

이 색은 마음에 들지 않아요.

Cette couleur ne me va pas.

(쎄트 쿨레흐 느 므 바 파)

다른 색이나 사이즈가 있는지 물어보기

다른 사이즈 있나요?

Est-ce que vous avez une autre taille ?

(에 쓰 크 부 자베 윈느 오트흐 타이)

이것보다 더 큰 사이즈 있나요?

Vous avez la taille au-dessus ?

(부 자베 라 타이 오 데쑤)

이것보다 더 작은 사이즈 있나요?

Vous avez la taille en-dessous ?

(부 자베 라 타이 엉 데쑤쓰)

다른 색 있나요?

Vous avez les autres couleurs ?

(부 자베 레 조트흐 쿨레흐)

다른 디자인 있나요?

Vous avez les autres modèles ?

(부 자베 레 조트흐 모델르)

또는 동사 faire를 사용해 직원에게 우리가 평소 입는 사이즈를 말해 볼 수도 있습니다.

옷 사이즈 la taille(라 따이)

어떤 사이즈 입으시나요?

Quelle est votre taille ?

(퀠 에 보트흐 타이)

저는 S사이즈를 입어요

Je fais du S.

(쥬 페 뒤 에쓰)

저는 M사이즈를 입어요.

Je fais du M.

(쥬 페 뒤 엠)

신발 사이즈 la pointure(라 포앙튀흐)

신발 사이즈가 어떻게 되세요?

Quelle est votre pointure ?

(퀠 에 보트흐 포앙튀흐)

저는 37사이즈를 신어요.

Je fais du 37.

(쥬 페 뒤 트항트 샙트)

저는 6사이즈를 신어요.

Je fais du 6.

(쥬 페 뒤 시스)

MP3 36-04

가격 물어보기

가격을 물어보는 방법은 2가지가 있습니다. 첫 번째 방법은 '얼마'라는 뜻의 combine을 쓰는 표현입니다.

가격이 얼마입니까? (상품이 한 개일 때)	**Ça coûte combien ?** (싸 쿠트 콤비앙)	**Il/Elle coûte combien ?** (일/엘 쿠트 콤비앙)
가격이 얼마입니까? (상품이 여러 개일 때)	**Ils/Elles coûtent combien ?** (일/엘 쿠트 콤비앙)	

가격을 묻는 대상의 성과 수에 따라 Il/Elle 또는 Ils/Elles로 바꿔 쓰는 것을 잊지 마세요.

모자 가격이 얼마인가요?

Ce chapeau, il coûte combien ?

(쓰 샤포, 일 쿠트 콤비앙)

chapeau는 남성형이기 때문에 il을 씁니다.

안경 가격이 얼마인가요?

Ces lunettes, elles coûtent combien ?

(쎄 뤼네트, 엘 쿠트 콤비앙)

lunettes는 여성 복수형이기 때문에 elles를 씁니다.

벨트 가격이 얼마인가요?

Cette ceinture, elle coûte combien ?

(쎄트 썽튀흐, 엘 쿠트 콤비앙)

ceinture는 여성형이기 때문에 elle를 씁니다.

두 번째 방법은 Quel est le prix de … 구문을 사용하는 방법입니다. '…의 가격은 얼마입니까?'라는 뜻입니다.

…는 가격이 얼마입니까?

Quel est le prix de ... ?

(켈 에 르 프히 드)

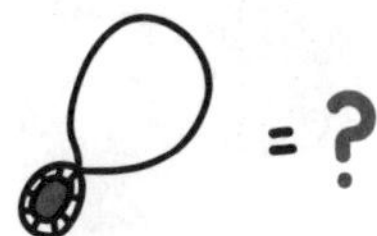

이 목걸이는 가격이 얼마입니까?

Quel est le prix de ce collier ?

(켈 에 르 프히 드 쓰 콜리에)

이 치마는 가격이 얼마입니까?

Quel est le prix de cette jupe ?

(켈 에 르 프히 드 세트 쥬프)

이 신발은 가격이 얼마입니까?

Quel est le prix de ces chaussures ?

(켈 에 르 프히 드 쎄 슈쒸흐)

가격 흥정하기

가격을 알아볼 때 중요한 게 있지요. 바로 가격 흥정입니다.

너무 비싸요.	더 이상 깎을 수 없는 가격인가요?	좀 깎아 주실 수 있나요?
C'est trop cher. (쎄 트호 셰흐)	C'est votre dernier prix ? (쎄 보트흐 데흐니에흐 프히) C'est votre meilleur prix ? (쎄 보트흐 메이에흐 프히)	Pouvez-vous me faire un prix ? (푸베 부 므 페흐 어 프히)

아마 대부분의 상인들은 이렇게 말할 것입니다.

비싼 거 아니에요.

Ce n'est pas cher.

(쓰 네 파 셰흐)

적당한 가격이에요.

C'est raisonnable.

(쎄 헤조나블르)

전혀 비싸지 않아요.

Ce n'est pas cher du tout.

(쓰 네 파 셰흐 뒤 투)

싼 가격이에요.

C'est bon marché.

(쎄 봉 마흐셰)

사기로 결정했을 때

마음에 드는 가격으로 흥정을 마쳤다면, 이걸 사기로 결정했다고 말해 봅시다.

그걸 사기로 결정했어요
Je + le/la/les + prends
(쥬) (르/라/레) (프헝)

현재 우리가 사려는 상품을 특정해서 말하고 있기 때문에 관사로 le/la/les를 써야 합니다. un/une/des는 사용할 수 없습니다.

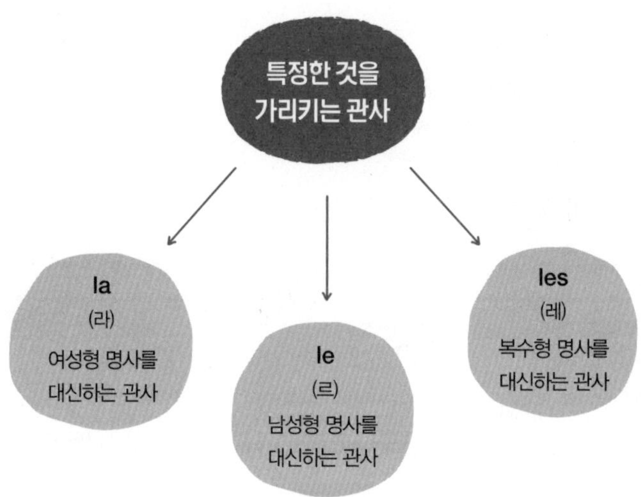

비키니를 살게요.

Je prends le bikini.
(쥬 프헝 르 비키니)

Je le prends.
(쥬 르 프헝)

손목시계를 살게요.

Je prends la montre.
(쥬 프헝 라 몽트흐)

Je la prends.
(쥬 라 프헝)

그 잠옷을 살게요.

Je prends les pyjamas.
(쥬 프헝 레 피쟈마)

Je les prends.
(쥬 레 프헝)

어떻게 지불하실 건가요?

계속해서 돈을 지불하는 방식을 알아봅시다. 현금, 신용카드, 수표로 지불하는 방식을 각기 어떻게 표현하는지 보도록 합시다.

돈을 지불하는 방식

현금으로

en espèces
(엉 네쓰페쓰)

en liquide
(엉 리퀴드)

신용카드로

par carte bancaire
(파흐 캬흐트 방카이흐)

수표로

par chèque
(파흐 셰크)

'돈을 내다'라고 말할 때는 동사 payer(뻬이예)를 사용합니다. 변화형은 다음과 같습니다.

payer 돈을 내다					
Je paie (쥬 뻬)	**Tu paies** (튀 뻬)	**Il/Elle/ On paie** (일/엘/옹 뻬)	**Nous payons** (누 뻬용)	**Vous payez** (부 뻬예)	**Ils/Elles paient** (일/엘 뻬)
나는 돈을 낸다.	너는 돈을 낸다.	그/그녀는 돈을 낸다.	우리는 돈을 낸다.	당신은 돈을 낸다.	그들/ 그녀들은 돈을 낸다.

돈을 지불할 방법 물어보기

어떻게 지불하시겠습니까?

Vous payez comment ?

(부 페예 코멍)

현금으로 지불할게요.

Je paie en espèces.

(쥬 페 엉 네스페쓰)

신용카드로 지불할게요.

Je paie par carte bancaire.

(쥬 페 파흐 캬흐트 방카이흐)

어떤 지불 수단을 선택하든지 간에 뒤에 동사 '돈을 내다 payer'를 붙일 수 있습니다.

현금으로 낼게요.

Je paie en liquide.

(쥬 페 엉 리퀴드)

신용카드로 낼게요.

Je paie par carte bancaire.

(쥬 페 파흐 캬흐트 방꺄이흐)

수표로 낼게요.

Je paie par chèque.

(쥬 페 파흐 셰크)

손님을 보내는 직원

사고파는 게 모두 끝났다면, 마지막으로 판매 직원이 감사하다는 인사를 합니다.

손님 보내기

감사합니다.

Merci beaucoup.

(멕씨 보쿠)

또 오세요.

À bientôt.

(아 비앙투)

ce, cet, cette, ces의 활용

물건을 사러 갔을 때나 옷을 입어 볼 때 또는 계산할 때, 굳이 물건의 이름을 다 말하지 않고 '이거', '이것', '이 옷' 등으로 지칭하곤 합니다. 프랑스어에서 '이 …' 를 나타내는 단어는 ce, cet, cette, ces입니다. 말하는 사람과 듣는 사람 가까이에 있는 대상을 특정해 가리키는 단어입니다. 영어의 this, that, these, those와 비슷하다고 생각하면 됩니다.

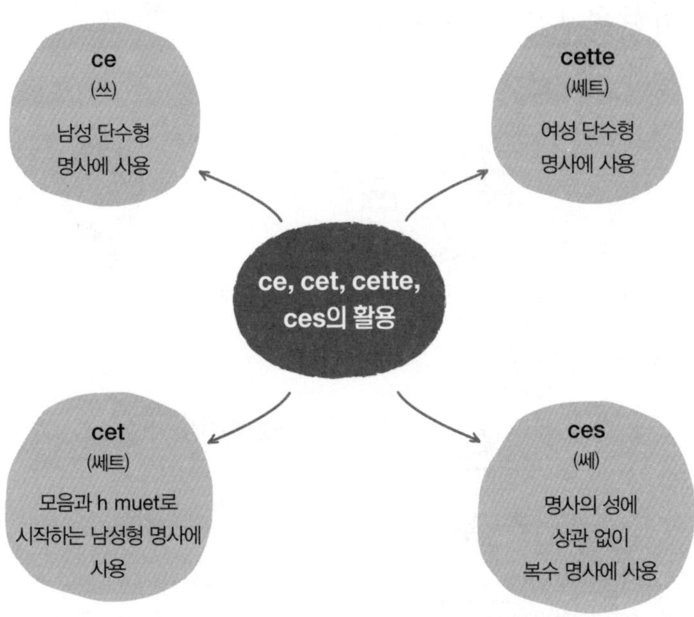

이 책
ce livre
(쓰 리브흐)

이 노래
cette chanson
(쎄트 샹쏭)

이 병원
cet hôpital
(쎄 토텔)

훌륭한 이 식사
cet excellent repas
(쎄 텍썰렁 흐파)

이 탁자들
ces tables
(쎄 타블르)

나는 이 치마를 산다.
Je prends cette jupe.
(쥬 프헝드 쎄트 쥬프)

나는 이 책을 좋아한다.
J'aime ce livre.
(젬 쓰 리브흐)

그는 이 모자를 산다.
Il prend ce chapeau.
(일 프헝드 쓰 샤포)

그들은 이 셔츠들을 산다.
Ils prennent ces chemises.
(일 프헨느 쎄 슈미즈)

아프고 병이 났을 때

La maladie

프랑스 병원의 진료 서비스는 무척 발전된 수준입니다. 국제보건기구는 프랑스의 수준이 병원의 진료서비스와 시설, 인력에 있어 세계 최고 수준이라고 지정했습니다. 그럼에도 진료비는 낮은 편이며, 모두에게 동일한 수준의 진료를 제공합니다.

MP3 37-01

의료와 관련된 다양한 단어들

먼저 진료기관과 의료계에서 일하는 사람들을 지칭하는 단어들을 먼저 알아보도록 합시다.

병원

un hôpital

(엉 노피탈)

의원

un cabinet médical

(엉 캬비네 메디칼)

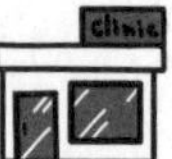

앰뷸런스

une ambulance

(윈느 암뷸렁스)

의사

un docteur, un médecin

(엉 독테흐, 엉 메디썽)

간호사

un infirmier, une infirmière

(엉 잉피흐미에, 윈느 잉피흐미에흐)

치과 의사

un dentiste

(엉 덩티스트)

약사

un pharmacien, une pharmacienne

(엉 파흐마씨앙, 윈느 파흐마씨엔느)

환자

un patient, une patiente

(엉 파씨엉, 윈느 파씨엉트)

의사가 증세를 물어볼 때

의사에게 진단을 받으러 가면 의사 선생님이 우리에게 아픈 증상을 물어봅니다. 병을 진단하고 치료법을 처방하기 위해서지요. 프랑스어로 의사가 환자에게 증상을 물어보는 말들은 다음과 같습니다.

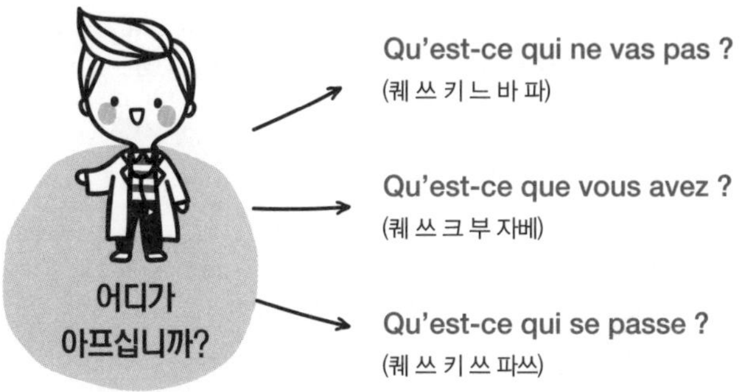

Qu'est-ce qui ne vas pas ?
(퀘 쓰 키 느 바 파)

Qu'est-ce que vous avez ?
(퀘 쓰 크 부 자베)

Qu'est-ce qui se passe ?
(퀘 쓰 키 쓰 파쓰)

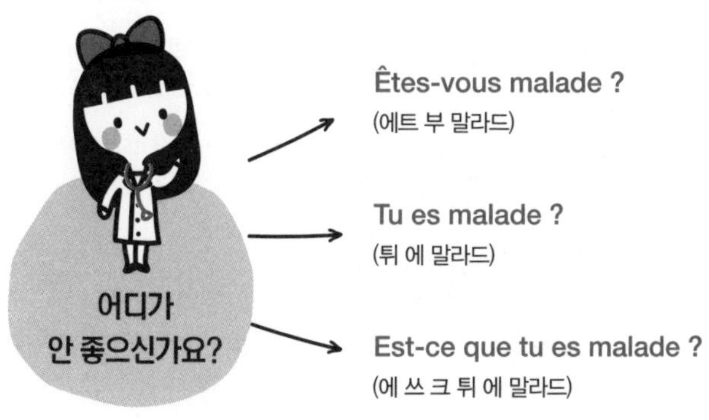

Êtes-vous malade ?
(에트 부 말라드)

Tu es malade ?
(튀 에 말라드)

Est-ce que tu es malade ?
(에 쓰 크 튀 에 말라드)

MP3 37-03

여러 가지 아픈 증상

만약 여러 아픈 증상들이 나타났을 때, 환자가 가장 처음으로 해야 할 것은 그 증상을 설명하는 것입니다. 프랑스어에서는 관용적 표현으로 '있다' 또는 '~이다', '~에 있다' 라는 뜻의 avoir (아부어) 동사를 이용해 나타낼 수 있습니다.

아픈 증상 설명하기

아픈 증상을 설명할 때 간단히 병의 이름과 동사 avoir와 etre를 씁니다.

avoir 동사와 함께 쓰는 아픈 증상

열이 나다	**de la fièvre** (드 라 피브흐)	홍진	**des rougeurs** (데 후줴흐)
유행성 감기	**la grippe** (라 그힙프)	수두	**la varicelle** (라 바히쎌르)
감기	**un rhume** (엉 휨므)	뱃멀미	**le mal de mer** (르 말 드 메흐)
멀미	**le mal des transport** (르 말 데 트항스포흐)	향수병	**le mal du pays** (르 말 뒤 페이)
콧물	**le nez qui coule** (르 네 키 쿨르)	고혈압	**une tension élevé** (윈느 텅씨옹 엘르베)
코막힘	**le nez bouché** (르 네 부쉐)	저혈압	**une tension basse** (윈느 떵씨옹 바쓰)
홍역	**la rougeole** (라 후졸르)		

avoir 가지고 있다					
J'ai (줴)	Tu as (튀 아)	Il/Elle/ On a (일/엘/옹 아)	Nous avons (누 자봉)	Vous avez (부 자베)	Ils/Elles ont (일/엘 종)
나는 …를 가지고 있다	너는 …를 가지고 있다	그는/그녀는 …를 가지고 있다	우리는 …를 가지고 있다	당신은 …를 가지고 있다	그들은/ 그녀들은 …를 가지고 있다

문장으로도 만들어 봅시다.

아픈 증상 설명하기

줄리는 콧물이 난다.

Julie a le nez qui coule.

(줄리 아 르 네 키 쿨르)

나는 홍진이 났어.

J'ai des rougeurs.

(줴 데 후줴흐)

그들은 뱃멀미가 난다.

Ils ont le mal de mer.

(일 종 르 말 드 메흐)

당신은 열이 나네요.

Vous avez de la fièvre.

(부 자베 드라 피브흐)

être 동사와 함께 쓰는 아픈 증상

병이 든	피곤한	천식을 앓는
malade	**fatigué**	**asthmatique**
(말라드)	(파티게)	(아쓰마티크)
감기에 걸린	당뇨병의	변비인
enrhumé	**diabétique**	**constipé**
(엉휘메)	(디아베티크)	(콩쓰티페)

문장 속에서 사용할 때는 주어에 따라 동사를 변형시키는 것을 잊지 마세요.

être …이다, …에 있다					
Je suis (쥬 쒸)	**Tu es** (튀 에)	**Il/Elle/ On est** (일/엘/옹 에)	**Nous sommes** (누 쏨므)	**Vous êtes** (부 제트)	**Ils/Elles sont** (일/엘 쏭)
나는 …이다	너는 …이다	그는/그녀는 …이다	우리는 …이다	당신은 …이다	그들은/그녀들은 …이다

아픈 증상 설명하기

나는 변비야.
Je suis constipé.
(쥬 쒸 콩쓰티페)

우리는 감기에 걸렸다.
Nous sommes enrhumé.
(누 쏨므 엉휘메)

드부아 씨는 피곤해 보인다.
Monsieur Dubois est fatigué.
(무슈 드부아 에 파티게)

다양한 신체 부위가 아플 때

신체의 어떤 부위들이 아프다고 말할 때는 다음 관용어구를 사용합니다.

…가 아파요
avoir mal à ＋ 신체 부위
(아부아흐 말 아)

이 관용어구를 사용할 때는 관사를 주의하세요.

à	+	le	=	au(오)
à	+	la	=	à la(알 라)
à	+	les	=	aux(오)
à	+	l'	=	à l' '아 ㄹ' 와 뒤에 오는 단어의 첫 음절을 연음하여 발음합니다.

다양한 신체 부위가 아플 때

	머리가 아프다 **avoir mal à la tête** (아부아흐 말 아 라 테트)	목이 아프다 **avoir mal à la gorge** (아부아흐 말 알 라 고흐쥬)
배가 아프다(위장) **avoir mal à l'estomac** (아부아흐 말 아 레쓰토마크)		배가 아프다 **avoir mal au ventre** (아부아흐 말 오 벙트흐)
등이 아프다 **avoir mal au dos** (아부아흐 말 오 도)	이가 아프다 **avoir mal aux dents** (아부아흐 말 오 덩)	눈이 아프다 **avoir mal aux yeux** (아부아흐 말 오 유)
다리가 아프다 **avoir mal aux jambes** (아부아흐 말 오 졍브)	귀가 아프다 **avoir mal à l'oreille** (아부아흐 말 아 로헤이)	온몸이 다 아프다 **avoir mal partout** (아부아흐 말 파흐투)

아픈 증상 설명하기

나는 머리가 아프다.

J'ai mal à la tête.

(줴 말 알 라 테트)

그는 온몸이 아프다.

Il a mal partout.

(일 아 말 파흐투)

프랑수아와 필립은 배가 아프다(위장병).

François et Phillippe ont mal à l'estomac.

(프랑수아 에 필립 옹 말 라 레쓰토마크)

여러 가지 알레르기 증상

개털 알레르기, 먼지 알레르기 등등 다양한 알레르기 증상을 말할 때는 etre allergique à … 라는 관용어구를 사용합니다. 우리가 가진 알레르기에 따라 '…에 알레르기가 있다'를 나타내는 뜻입니다.

…에 알레르기가 있다

être allergique + 알레르기 대상

(에트흐 알레흐지끄)

알레르기	해산물 알레르기 aux fruits de mer (오 프휘 드 메흐)	새우 알레르기 aux crevettes (오 크헤베트)
	먼지 알레르기 à la poussière (아 라 푸씨에흐)	동물털 알레르기 aux poils d'animaux (오 푸알 다니모)
고양이털 알레르기 aux poils de chat (오 푸알 드 샤)	개털 알레르기 aux poils de chien (오 푸알 드 시앙)	염소 알레르기(화학원소) au chlore (오 클로흐)

알레르기 증상 설명하기

르두씨와 르두 부인은 개털 알레르기가 있다.
Monsieur et Madame Ledoux sont allergiques aux poils de chien.
(므슈 에 마담 르두 쏭 탈레흐지크 오 푸알 드 씨앙)

나는 동물 털 알레르기가 있다.
Je suis allergique aux poils d'animaux.
(쥬 쒸 잘레흐지크 오 푸알 다니모)

오드리는 새우 알레르기가 있다.
Audrey est allergique aux crevettes.
(오드리 에 탈레흐지끄 오 크헤베트)

아픈 사람 격려하기

만약 친구나 아는 사람이 아프다면 걱정하는 마음을 표현해 주고 격려해야겠지요. 다음 문장들을 사용할 수 있습니다.

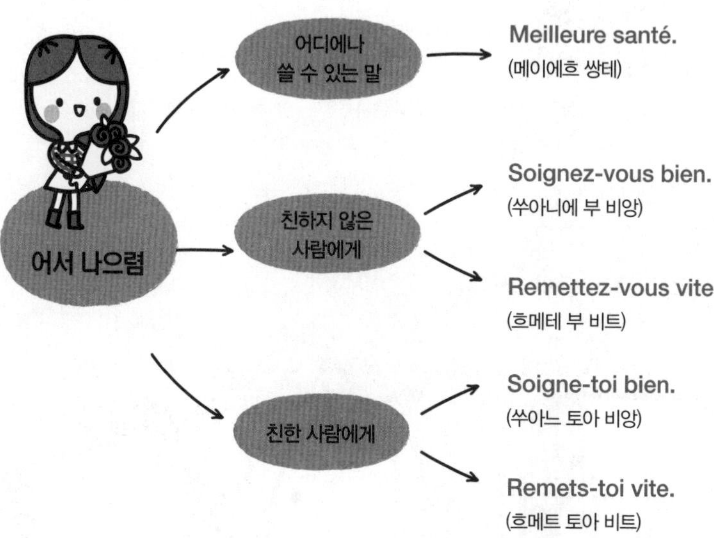
어서 나으렴
어디에나 쓸 수 있는 말
Meilleure santé.
(메이에흐 쌍테)
친하지 않은 사람에게
Soignez-vous bien.
(쑤아니에 부 비앙)
Remettez-vous vite.
(흐메테 부 비트)
친한 사람에게
Soigne-toi bien.
(쑤아느 토아 비앙)
Remets-toi vite.
(흐메트 토아 비트)

방향과 장소

La direction et le lieu

프랑스는 세계에서 가장 많은 관광객들이 찾는 나라 중 하나입니다. 아름다운 지형은 물론이고, 중요한 역사적 사건들과 유적지와 기념물, 예술품, 조형물 등이 온 나라에 널려 있기 때문입니다.

뿐만 아니라 프랑스는 모든 예술 지파를 아우르는 곳입니다. 또한, 음식예술 분야의 문화에서도 오래 전부터 명성을 이어 오고 있습니다. 이런 모든 점들이 전 세계에서 수많은 사람들이 프랑스로 여행을 떠나도록 하는 요소입니다.

그러나 프랑스에 여행가려면 다양한 장소에 대한 단어들을 미리 알아야 길을 잃지 않겠지요.

MP3 38-01

장소에 관한 어휘와 알아 두어야 할 주요한 곳들

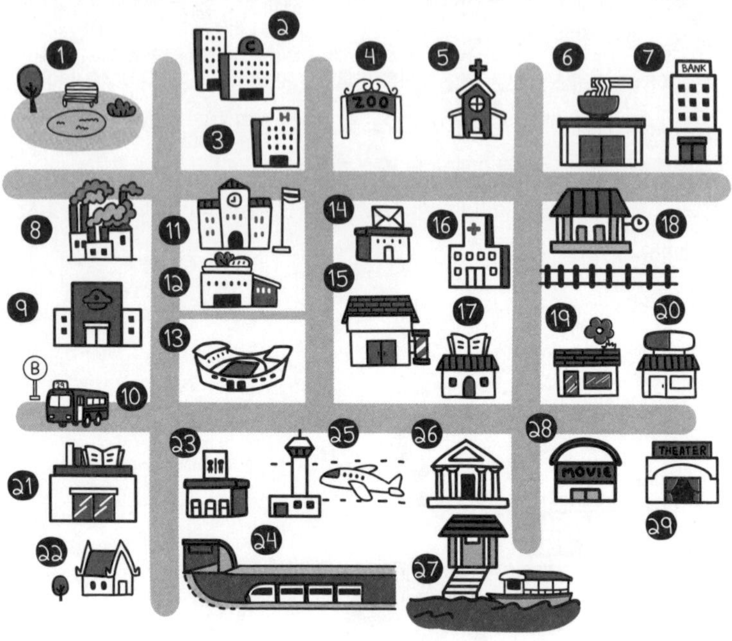

1. 공원	le parc	(르 파흐크)
2. 대학교	l'université (m)	(류니벡씨테)
3. 호텔	l'hôtel (m)	(로텔)
4. 동물원	le zoo	(르 쥬)
5. 교회	l'église (f)	(레글리스)

6. 음식점	le restaurant	(르 헤스토항)
7. 은행	la banque	(라 방크)
8. 공장	l'usine (f)	(류진느)
9. 경찰서	le commissariat de police	(르 코미싸히아 드 폴리스)
10. 버스 정류장	l'arrêt de bus (m)	(라헤 드 뷔스)
11. 학교	l'école (f)	(레 콜)
12. 식당	la cantine	(라 컹틴)
13. 운동장	le stade	(르 스타드)
14. 우체국	la poste	(라 포스트)
15. 미용실	le salon de coiffure	(르 쌀롱 드 크아퓌흐)
16. 병원	l'hôpital (m)	(로피탈)
17. 서점	la librairie	(라 리브헤리)
18. 기차역	la gare	(라 갸흐)
19. 꽃집	la boutique de fleurs	(라 부티크 드 플레흐)
20. 약국	la pharmacie	(라 파흐마씨)
21. 도서관	la bibliothèque	(라 비블리오테크)
22. 사원	le temple	(르 텅플르)
23. 화장실	les toilettes	(레 투아일레트)
24. 지하철	le métro	(르 메트호)
25. 공항	l'aéroport (m)	(레혹포흐)
26. 박물관	le musée	(르 뮤제)
27. 항구	le port	(르 포흐)
28. 영화관	le cinéma	(르 씨네마)
29. 극장	le théâtre	(르 테아트흐)

MP3 38-02

도로와 관련된 어휘

1. 고속도로	l'autoroute (f)	(로토후트)
2. 기찻길	le chemin de fer	(르 솀므 드 페흐)
3. 커브길	le virage	(르 비하쥬)
4. 교차길	le croisement	(르 크와즈멍)
5. 횡단보도	le passage pour piétons	(르 파사쥬 푸흐 피에통)
6. 인도	le trottoir	(르 트호트와)
7. 거리	la rue	(라 휘)
8. 골목길	la ruelle	(라 휘엘르)
9. 다리	le pont	(르 퐁)
10. 지하 도로	le passage sous terrain	(르 파사쥬 쑤 테항)

MP3 38-03

각종 이동 수단들

이어서 볼 이동 수단들은 동사들입니다. 동사를 활용할 때는 주어에 따라 변형시킵니다.

marcher 걷다					
Je marche (쥬 막슈)	**Tu marches** (튀 막슈)	**Il/Elle/On marche** (일/엘/옹 막슈)	**Nous marchons** (누 막숑)	**Vous marchez** (부 막셰)	**Ils/Elles marchent** (일/엘 막슈)
나는 걷는다	너는 걷는다	그는/그녀는 걷는다	우리는 걷는다	당신은 걷는다	그들은/그녀들은 걷는다

conduire 운전하다					
Je conduis (쥬 콩뒤)	**Tu conduis** (튀 콩뒤)	**Il/Elle/On conduit** (일/엘/옹 콩뒤)	**Nous conduisons** (누 콩뒤죵)	**Vous conduisez** (부 콩뒤제)	**Ils/Elles conduisent** (일/엘 콩뒤즈)
나는 운전한다	너는 운전한다	그는/그녀는 운전한다	우리는 운전한다	당신은 운전한다	그들은/그녀들은 운전한다

자전거를 타다

prendre le vélo

(프헝드흐 르 벨로)

자동차를 타다

prendre la voiture

(프헝드흐 라 부아튀흐)

버스를 타다

prendre le bus

(프헝드흐 르 뷔스)

택시를 타다

prendre le taxi

(프헝드흐 르 탁시)

전철을 타다

prendre le métro

(프헝드흐 르 메트호)

기차를 타다

prendre le train

(프헝드흐 르 트항)

배를 타다

prendre le bateau

(프헝드흐 르 바토)

비행기를 타다

prendre l'avion

(프헝드흐 라비옹)

prendre (교통 수단을) 타다					
Je prends (쥬 프헝)	**Tu prends** (튀 프헝)	**Il/Elle/On prend** (일/엘/옹 프헝)	**Nous prenons** (누 프헤농)	**Vous prenez** (부 프헤네)	**Ils/Elles prennent** (일/엘 프헨느)
나는 탄다	너는 탄다	그는/그녀는 타다	우리는 타다	당신은 타다	그들은/그녀들은 타다

무엇을 타고 여행하지?

나는 기차를 탄다.

Je prends le train.

(쥬 프헝 르 트항)

그들은 비행기를 탄다.

Ils prennent l'avion.

(일 프헨느 라비옹)

그는 자전거를 탄다.

Il prend le vélo.

(일 프헝 르 벨로)

당신은 차를 운전합니다.

Vous conduisez.

(부 콩뒤제)

CHAPTER 38

MP3 38-04

장소 찾아가는 길 물어보기

어딘가 길을 떠나게 되면 우리는 벽에 붙어 있는 지도를 먼저 찾아보게 됩니다. 지도를 요청하고 싶을 땐 이렇게 말합니다.

지도 요청

지도 있으신가요?

Vous avez une carte ?

(부 자베 윈느 캬흐트)

어떤 장소에 찾아가는 길을 물어보고 싶을 때, 다음과 같은 문장 구조를 이용할 수 있습니다.

où + est + 장소?

où는 est와 함께 쓰여서 '어디에'라는 뜻을 나타냅니다. est는 '…이다, …에 있다'라는 뜻의 동사 etre의 변형입니다.

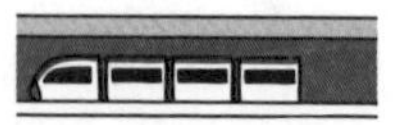

장소 물어보기

은행은 어디에 있나요?

Où est la banque ?

(우 에 라 방크)

경찰서는 어디에 있나요?

Où est le commissariat de police ?

(우 에 르 코미싸히아 드 폴리스)

지하철역은 어디에 있습니까?

Où est le métro ?

(우 에 르 메트호)

où + se trouve + 장소?

'…에 위치하다'라는 뜻의 se trouver를 사용할 수도 있습니다. se trouve의 형태로 변형시켜 사용합니다.

장소 물어보기

영화관은 어디에 있나요?

Où se trouve le cinéma ?

(우 쓰 트호브 르 씨네마)

병원은 어디에 있습니까?

Où se trouve l'hôpital ?

(우 쓰 트호브 로피탈)

공항은 어디에 있습니까?

Où se trouve l'aéroport ?

(우 쓰 트호브 레호포흐)

…로 가는 길 좀 알려 주실 수 있나요?

누군가에게 길을 알려 달라고 부탁할 때는, '…할 수 있다'라는 뜻의 동사 pouvoir를 써서 도움을 요청하는 문장을 만들 수 있습니다.

…로 가는 길을 알려 주실 수 있나요?

Pourriez-vous me dire comment aller à + 장소 + 

(푸히에 부 므 디흐 코멍 탈레 아)

길을 알려달라고 부탁하기

병원으로 가는 길 좀 알려 주실 수 있으신가요?

Pourriez-vous me dire comment aller à l'hôpital ?

(푸히에 부 므 디흐 코멍 탈레 아 로피탈)

은행으로 가는 길 좀 알려 주실 수 있나요?

Pourriez-vous me dire comment aller à la banque ?

(푸히에 부 므 디흐 코멍 탈레 알 라 방크)

루브르 박물관에 가는 길을 알려 주실 수 있나요?

Pourriez-vous me dire comment aller au musée du Louvre ?

(푸히에 부 므 디흐 코멍 탈레 오 뮤제 뒤 루브흐)

길을 묻고 답하는 다른 표현들

이 외에도 길을 묻고 답하는 데 쓰는 알아둘 만한 표현들이 있습니다. 다음을 보겠습니다.

걸어갈 수 있나요?

Est-ce qu'on peut y aller à pied ?

(에 쓰 컹 푸 이 알레 아 피에)

지금 저희 …로 가고 있는 것 맞나요?

On est bien sur la bonne route pour ... ?

(옹 에 비앙 쒸흐 라 본느 후트 푸흐)

여기 …로 가는 길이 맞나요?

C'est la bonne direction pour aller à ... ?

(쎄 라 본느 디헥씨옹 푸흐 알레 아)

또는 간편하게 물어보는 방법도 있습니다. 바로 현재 위치에서 가까이 있는지 멀리 있는지 물어보는 것입니다.

여기에서 먼가요?

C'est loin d'ici ?

(쎄 루앙 디씨)

멀지 않아요.	여기에서 가까운 편이에요.	여기에서 꽤 멀어요.
Ce n'est pas loin.	**C'est assez proche.**	**C'est assez loin d'ici.**
(쓰 네 파 루앙)	(쎄 타쎄즈 프호쉬)	(쎄 타쎄즈 루앙 디씨)

CHAPTER 38

길을 잃었어요

길이 헷갈리고 빙글빙글 돌기 시작했다면 근처의 사람들에게 길을 잃었다고 말해 봅시다. 근처의 사람들이 도와 주고 길을 알려 줄 거에요.

우리들은 길을 잃었어요.

Nous nous sommes perdus.

(누 누 쏨므 페흐뒤)

다른 사람에게 길 알려 주기

반대로 누군가 길을 물어 왔을 때 대답해 주는 입장이라면 어떻게 말할 수 있을까요? 예문을 살펴봅시다.

직진하세요.
Marchez tout droit.
(막쉐 투 드호아)

계속 직진하세요.
Continuez tout droit.
(콩티뉴에 투 드호아)

당신의 왼쪽에 있습니다.
ça sera sur votre gauche.
(싸 쎄하 쒸흐 보트흐 고쉬)

로터리까지 직진하세요.
Prenez tout droit au rond-point.
(프헤네 투 드호아 오 홍 푸앙)

두 번째 길에서 오른쪽으로 도세요.
Prenez la deuxième à droite.
(프헤네 라 두지엠 아 드호아트)

왼쪽으로 도세요.
Tournez à gauche.
(투흐네 아 고쉬)

오른쪽으로 도세요.
Tournez à droite.
(투흐네 아 드호아트)

…을 따라 쭉 걸으세요.
Allez tout le long de ...
(알레 투 르 롱 드)

…길을 따라 가세요.
Vous prenez la rue ...
(부 프헤네 라 흐)

표지판에 써져 있을 거에요.
C'est indiqué.
(쎄 탕디케)

길 모퉁이에 있어요.
C'est au coin de la rue.
(쎄 토 코앙 드 라 흐)

자주 쓰이는 문구

Les phrases courantes

MP3 39-01

책을 마치기 전에, 이 단원에서는 누군가에게 묻거나, 반대로 대답을 해줄 때 자주 사용하는 필수 기본단어를 담았습니다. 책을 펼치자마자 곧바로 써먹을 수 있게끔 참고 페이지로 활용하시고, 지금까지 보았던 문장들을 수시로 반복해서 복습하도록 하세요.

맞아.
Oui.
(위)

아니야.
Non.
(농)

이해가 가지 않아.
Je ne comprends pas.
(쥬 느 콩프헝드 파)

안녕.
Bonjour.
(봉쥬르)

잘 자.
Bonne nuit.
(본 뉘)

괜찮아.
Ce n'est pas grave.
(쓰 네 파 그하브)

고마워.
Merci.
(멕씨)

미안해.
Pardon.
(파흐동)

죄송합니다(남자가 하는 말).
Je suis désolé.
(쥬 쒸 데졸레)

죄송합니다(여자가 하는 말).
Je suis désolée.
(쥬 쒸 데졸레)

맛있어.
C'est bon.
(쎄 봉)

맛없어.
Ce n'est pas bon.
(쓰 네 파 봉)

길을 잃었어(남자가 쓰는 말).
Je me suis perdu.
(주 므 쒸 페흐뒤)

길을 잃었어(여자가 쓰는 말).
Je me suis perdue.
(쥬 므 쒸 페흐뒤)

배고파.
J'ai faim.
(줴 팜)

배불러.

J'ai trop mangé.

(줴 트호 망제)

나는 알아.

Je sais.

(쥬 쎄)

나는 몰라.

Je ne sais pas.

(쥬 느 쎄 파)

맞았어.

C'est exact.

(쎄 테그작트)

오케이.

D'accord.

(코흐)

진짜?

Vraiment ?

(브헤멍)

지긋지긋해.

J'en ai marre.

(정 에 마흐)

좋아, 귀여워, 착하다.

C'est sympa.

(쎄 생파)

너무 덥다.

Trop chaud.

(트호 쇼)

너무 춥다.

Trop froid.

(트호 푸아)

조심해!

Attention !

(아텅씨옹)

도와줘!

Aidez-moi !

(에데 모아)

도와줘!

Au secours !

(오 스쿠흐)

도둑이야! 잡아!

Au voleur! Arrêtez-le !

(오 볼레흐 아헤테 르)

한 번 더 말해 주실 수 있나요?

Pourriez-vous répéter, s'il vous plaît ?

(푸히에 부 헤페테, 씰 부 플레)

천천히 말해 주실 수 있나요?

Pourriez-vous parler lentement, s'il vous plaît ?

(푸히에 부 파흘레 렁트멍, 씰 부 플레)

주요 질문

이것은 뭔가요?
Qu'est-ce que c'est ?
(퀘쓰 크 쎄)

그것은 뭔가요?
C'est qui ?
(쎄 키)

무슨 일인가요?
Qu'est-ce qui se passe ?
(퀘쓰 키 쓰 파쓰)

왜요?
Pourquoi ?
(푸흐쿠아)

어디에서 만날까요?
On se voit où ?
(옹 쓰 부아 우)

가격이 얼마입니까?
Ça coûte combien ?
(싸 쿠트 콤비앙)

당신 어디에 있나요?
Vous êtes où ?
(부 제트 우)

언제 만날까요?
Quand on se voit ?
(퀑 옹 쓰 부아)

이것은 가격이 얼마입니까?
C'est combien ?
(쎄 콤비앙)

당신의 이름은 무엇입니까?
Comment vous vous appelez ?
(코멍 부 부 자플레)

Vous vous appelez comment ?
(부 부 자플레 코멍)

당신은 어느 나라 사람입니까?
D'où venez vous ?
(두 브네 부)

당신의 국적은 무엇입니까?
Quelle est votre nationalité ?
(퀠 에 보트흐 나씨오날리테)

언어와 관련된 질문

당신은 어떤 언어를 씁니까?

Quelle langue parlez-vous ?

(퀠 랑그 파흘레 부)

저는 영어를 씁니다.

Je parle anglais.

(쥬 파흘르 앙글레)

프랑스어 쓸 줄 아나요?

Parlez-vous français ?

(파흘레 부 프항쎄)

네, 저는 프랑스어를 조금 할 줄 압니다.

Oui, je parle un peu français.

(위, 쥬 파흘르 엉 푸 프항쎄)

아니오. 저는 프랑스어를 하지 못합니다.

Non, je ne parle pas français.

(농, 쥬 느 파흘르 파 프항쎄)

영어 할 줄 아는 사람 있나요?

Est-ce que quelqu'un parle anglais ici ?

(에쓰 크 퀠컹 파흘르 앙글레 이씨)

동사의 변형

La conjugaison des verbes

	Je (쥬) 나	Tu (튀) 너	Il/Elle/On (일/엘/옹) 그/그녀	Nous (누) 우리	Vous (부) 당신	Ils/Elles (일/엘) 그들/그녀들
être (에트흐) …이다, …에 있다	**suis** (쒸)	**es** (에)	**est** (에)	**sommes** (쏨므)	**êtes** (에트)	**sont** (쏭)
avoir (아부아흐) 가지고 있다	**ai** (에)	**as** (아)	**a** (아)	**avons** (아봉)	**avez** (아베)	**ont** (옹)
faire (페흐) 하다	**fais** (페)	**fais** (페)	**fait** (페)	**faisons** (프종)	**faites** (페트)	**font** (퐁)
aller (알레) 가다	**vais** (베)	**vas** (바)	**va** (바)	**allons** (알롱)	**allez** (알레)	**vont** (봉)
écouter (에쿠테) 듣다	**écoute** (에쿠트)	**écoutes** (에쿠트)	**écoute** (에쿠트)	**écoutons** (에쿠통)	**écoutez** (에쿠테)	**écoutent** (에쿠트)

	Je (쥬) 나	Tu (튀) 너	Il/Elle/On (일/엘/옹) 그/그녀	Nous (누) 우리	Vous (부) 당신	Ils/Elles (일/엘) 그들/그녀들
parler (파흘레) 말하다	**parle** (파흘르)	**parles** (파흘르)	**parle** (파흘르)	**parlons** (파흘롱)	**parlez** (파흘레)	**parlent** (파흘르)
manger (망줴) 먹다	**mange** (망쥬)	**manges** (망쥬)	**mange** (망쥬)	**mangeons** (망죵)	**mangez** (망제)	**mangent** (망쥬)
acheter (아슈테) 사다	**achète** (아쉐트)	**achètes** (아쉐트)	**achète** (아쉐트)	**achetons** (아슈통)	**achetez** (아슈테)	**achètent** (아쉐트)
chanter (샹테) 노래 부르다	**chante** (샹트)	**chantes** (샹트)	**chante** (샹트)	**chantons** (샹통)	**chantez** (샹테)	**chantent** (샹트)
marcher (막쉐) 걷다	**marche** (막슈)	**marches** (막슈)	**marche** (막슈)	**marchons** (막숑)	**marchez** (막쉐)	**marchent** (막슈)

	Je (쥬) 나	Tu (튀) 너	Il/Elle/On (일/엘/옹) 그/그녀	Nous (누) 우리	Vous (부) 당신	Ils/Elles (일/엘) 그들/그녀들
envoyer (엉부아예) (물건을) 보내다	**envoie** (엉부아)	**envoies** (엉부아)	**envoie** (엉부아)	**envoyons** (엉부아용)	**envoyez** (엉부아예)	**envoient** (엉부아)
regarder (흐갸흐데) (TV를) 보다	**regarde** (흐갸흐드)	**regardes** (흐갸흐드)	**regarde** (흐갸흐드)	**regardons** (흐갸흐동)	**regardez** (흐갸흐데)	**regardent** (흐갸흐드)
donner (도네) 주다	**donne** (돈)	**donnes** (돈)	**donne** (돈)	**donnons** (도농)	**donnez** (도네)	**donnent** (돈)
crier (크희에) 울다	**crie** (크히)	**cries** (크히)	**crie** (크히)	**crions** (크히옹)	**criez** (크히에)	**crient** (크히)
ouvrir (으브히흐) 열다	**ouvre** (우브흐)	**ouvres** (우브흐)	**ouvre** (우브흐)	**ouvrons** (우브홍)	**ouvrez** (우부헤)	**ouvrent** (우브흐)

	Je (쥬) 나	Tu (튀) 너	Il/Elle/On (일/엘/옹) 그/그녀	Nous (누) 우리	Vous (부) 당신	Ils/Elles (일/엘) 그들/그녀들
offrir (오프히흐) 제공하다	offre (오프흐)	offres (오프흐)	offre (오프흐)	offrons (오프홍)	offrez (오프헤)	offrent (오프흐)
découvrir (데쿠브히흐) 발견하다	découvre (데쿠브흐)	découvres (데쿠브흐)	découvre (데쿠브흐)	découvrons (데쿠브홍)	découvrez (데쿠브헤)	découvrent (데쿠브흐)
finir (피니흐) 끝내다	finis (피니)	finis (피니)	finit (피니)	finissons (피니쏭)	finissez (피니쎄)	finissent (피니쓰)
écrire (에크히흐) 쓰다	écris (에크히)	écris (에크히)	écrit (에크히)	écrivons (에크히봉)	écrivez (에크히베)	écrivent (에크히브)
conduire (콩뒤흐) 운전하다	conduis (콩뒤)	conduis (콩뒤)	conduit (콩뒤)	conduisons (콩뒤종)	conduisez (콩뒤제)	conduisent (콩뒤즈)

	Je (쥬) 나	Tu (튀) 너	Il/Elle/On (일/엘/옹) 그/그녀	Nous (누) 우리	Vous (부) 당신	Ils/Elles (일/엘) 그들/그녀들
boire (부아흐) 마시다	**bois** (부아)	**bois** (부아)	**boit** (부아)	**buvons** (뷔봉)	**buvez** (뷔베)	**boivent** (부아브)
dire (디흐) 말하다	**dis** (디)	**dis** (디)	**dit** (디)	**disons** (디종)	**dites** (디트)	**disent** (디즈)
lire (리흐) 읽다	**lis** (리)	**lis** (리)	**lit** (리)	**lisons** (리종)	**lisez** (리제)	**lisent** (리즈)
rire (히흐) 웃다	**ris** (히)	**ris** (히)	**rit** (히)	**rions** (히옹)	**riez** (히에)	**rient** (히)
résoudre (헤주드흐) 해결하다	**résous** (헤주)	**résous** (헤주)	**résout** (헤주)	**résolvons** (헤졸봉)	**résolvez** (헤졸베)	**résolvent** (헤졸브)

	Je (쥬) 나	Tu (튀) 너	Il/Elle/On (일/엘/옹) 그/그녀	Nous (누) 우리	Vous (부) 당신	Ils/Elles (일/엘) 그들/그녀들
plaire (플레흐) 마음에 들다	plais (플레)	plais (플레)	plaît (플레)	plaisons (플레종)	plaisez (플레제)	plaisent (플레)
naître (네트흐) 태어나다	nais (네)	nais (네)	naît (네)	naissons (네쏭)	naissez (네쎄)	naissent (네쓰)
mettre (메트흐) 놓다	mets (메)	mets (메)	met (메)	mettons (메통)	mettez (메테)	mettent (메트)
prendre (프헝드흐) 잡다, 쥐다	prends (프헝)	prends (프헝)	prend (프헝)	prenons (프흐농)	prenez (프흐네)	prennent (프헨느)
comprendre (콩프헝드흐) 이해하다	comprends (콩프헝)	comprends (콩프헝)	comprend (콩프헝)	comprenons (콩프흐농)	comprenez (꽁프흐네)	comprennent (콩프헨느)

	Je (쥬) 나	Tu (튀) 너	Il/Elle/On (일/엘/옹) 그/그녀	Nous (누) 우리	Vous (부) 당신	Ils/Elles (일/엘) 그들/그녀들
apprendre (아프헝드흐) 배우다	apprends (아프헝)	apprends (아프헝)	apprend (아프헝)	apprenons (아프흐농)	apprenez (아프흐네)	apprennent (아프헨느)
vendre (벙드흐) 팔다	vends (벙)	vends (벙)	vend (벙)	vendons (벙동)	vendez (벙데)	vendent (벙드)
entendre (엉텅드흐) 듣다	entends (엉텅)	entends (엉텅)	entend (엉텅)	entendons (엉텅동)	entendez (엉텅데)	entendent (엉텅드)
attendre (아텅드흐) 기다리다	attends (아텅)	attends (아텅)	attend (아텅)	attendons (아텅동)	attendez (아텅데)	attendent (아텅드)
répondre (헤퐁드흐) 대답하다	réponds (헤퐁)	réponds (헤퐁)	répond (헤퐁)	répondons (헤퐁동)	répondez (헤퐁데)	répondent (헤퐁드)

	Je (쥬) 나	Tu (튀) 너	Il/Elle/On (일/엘/옹) 그/그녀	Nous (누) 우리	Vous (부) 당신	Ils/Elles (일/엘) 그들/그녀들
croire (크호아흐) 믿다	**crois** (크와)	**crois** (크와)	**croit** (크와)	**croyons** (크호아용)	**croyez** (크호아예)	**croient** (크와)
s'asseoir (싸쑤아흐) 앉다	**m'assois** (마쑤아)	**t'assois** (타쑤아)	**s'assoit** (싸쑤아)	**nous assoyons** (누 자쑤아용)	**vous assoyez** (부 자쑤아예)	**s'assoient** (싸쑤아)
s'endormir (썽도흐미흐) 자다	**m'endors** (멍도흐)	**t'endors** (텅도흐)	**s'endort** (썽도흐)	**nous endormons** (누 정도흐몽)	**vous endormez** (부 정도흐메)	**s'endorment** (썽도흐므)
voir (보아) 보다	**vois** (보아)	**vois** (보아)	**voit** (보아)	**voyons** (보용)	**voyez** (보예)	**voient** (보아)
savoir (싸보아) 알다	**sais** (쎄)	**sais** (쎄)	**sait** (쎄)	**savons** (싸봉)	**savez** (싸베)	**savent** (싸브)

	Je (쥬) 나	Tu (튀) 너	Il/Elle/On (일/엘/옹) 그/그녀	Nous (누) 우리	Vous (부) 당신	Ils/Elles (일/엘) 그들/그녀들
partir (파흐티흐) 출발하다	**pars** (파흐)	**pars** (파흐)	**part** (파흐)	**partons** (파흐통)	**partez** (파흐테)	**partent** (파흐트)
venir (브니흐) 오다	**viens** (비앙)	**viens** (비앙)	**vient** (비앙)	**venons** (브농)	**venez** (브네)	**viennent** (비엔느)
tenir (트니흐) 지니다	**tiens** (티앙)	**tiens** (티앙)	**tient** (티앙)	**tenons** (트농)	**tenez** (트네)	**tiennent** (티엔느)
mourir (무히흐) 죽다	**meurs** (메흐)	**meurs** (메흐)	**meurt** (메흐)	**mourons** (무홍)	**mourez** (무헤)	**meurent** (메흐)
pouvoir (푸부아흐) 가능하다	**peux** (푸)	**peux** (푸)	**peut** (푸)	**pouvons** (푸봉)	**pouvez** (푸베)	**peuvent** (푸브)
vouloir (불루아흐) 원하다	**veux** (부)	**veux** (부)	**veut** (부)	**voulons** (불롱)	**voulez** (불레)	**veulent** (벨르)

파본이나 내용상 오류 등 책에서 발견한 문제점을 알려주시면 독자 여러분을 위해 다음 재판 인쇄판에서 수정하겠습니다. 책에 관한 비평이나 칭찬의 말도 아래 연락처로 보내주시기 바랍니다.

홈페이지 www.hyejiwon.co.kr
블로그 blog.naver.com/hyejiwon9221
페이스북 www.facebook.com/hyejiwon9221